广东省区县级教师培训体系及能力建设研究

曲中林　杨小秋　胡海建　著

哈爾濱工程大学出版社
Harbin Engineering University Press

内容简介

广东省区县级教师培训体系及能力建设的研究关涉广东省“强师工程”及教师队伍的建设质量,影响广东省打造南方教育高地战略的推进。本书通过全面分析广东省区县级教师培训机构现状,准确把握广东省区县级教师培训机构的职能定位,探索广东省区县级教师培训机构的运行机制,科学谋划广东省区县级教师教育机构的发展思路与建设策略。

本书的适用对象为教育管理工作者、教师教育理论研究人员、教师培训机构的培训者以及广大中小学教师。

图书在版编目(CIP)数据

广东省区县级教师培训体系及能力建设研究 / 曲中林,杨小秋,胡海建著. —哈尔滨:哈尔滨工程大学出版社,2020.2

ISBN 978-7-5661-2525-5

Ⅰ.①广… Ⅱ.①曲… ②杨… ③胡… Ⅲ.①教师培训-研究-广东 Ⅳ.①G451.2

中国版本图书馆 CIP 数据核字(2020)第 024124 号

选题策划 苏 莉
责任编辑 张忠远 张 昕
封面设计 李海波

出版发行 哈尔滨工程大学出版社
社　　址 哈尔滨市南岗区南通大街 145 号
邮政编码 150001
发行电话 0451-82519328
传　　真 0451-82519699
经　　销 新华书店
印　　刷 北京中石油彩色印刷有限责任公司
开　　本 787 mm×1 092 mm 1/16
印　　张 10
字　　数 249 千字
版　　次 2020 年 2 月第 1 版
印　　次 2020 年 2 月第 1 次印刷
定　　价 55.00 元

http://www.hrbeupress.com
E-mail:heupress@hrbeu.edu.cn

前　言

区县级教师培训机构是我国教师职后教育不可替代的成人教育机构，是以促进本地区中小学、幼儿园教师专业发展，提升教师专业水平，提高教育教学质量为基本任务的教师培训、教学研究的重要基地。习近平总书记做了“百年大计，教育为本；教育大计，教师为本”重要指示，这是我国当前做好“以县为主”基础教育管理体制下的区县级教师培训机构建设工作的指导思想。《中共中央 国务院关于全面深化新时代教师队伍建设改革的意见》要求：“面向全体中小学校长，加大培训力度，提升校长办学治校能力，打造高品质学校。”促进学校品质提升，打造高品质学校，成为新时代区县教育改革发展的新要求。

目前，我国教师发展不平衡、不充分的问题还普遍存在，涉及不同教育层次、不同学校、不同区域之间，区县乡村学校、薄弱学校教师队伍建设亟待强化。加强区县教师培训机构的建设是解决教师专业发展的重要途径之一，如何促进区县级教师培训机构专业化建设也成为摆在我们面前的一道必答题。

我国基础教育的教师约1 100万人，近80%集中在县域及以下学校，其素质直接决定了我国基础教育质量。区县级教师培训机构以教师进修学校为主体，以电教、教研中心等为补充，其在教师继续教育、业务水平提高中有着极其重要的地位①。在区县级教师培训机构建设中，要研究各类教师培训中课程设计、教员教学实施、学员考核评价、后勤服务等关键环节，进一步强化适合成人培训的研究工作，深化对教师培训规律的认识、理解和把握，并将之自觉转化为区县级教师培训机构的基本能力。

《中共广东省委、广东省人民政府关于全面深化新时代教师队伍建设改革的实施意见》（粤发〔2018〕25号）中提出：到2022年，全省教师培养培训体系进一步健全，职业发展通道进一步畅通，教师管理体制机制更加完善，待遇提升保障机制更加健全，教师职业吸引力明显增强。到2035年左右，全省教师综合素质、专业化水平和创新能力大幅提升，稳居国内先进地区行列。建立符合教育规律的教师发展体系，培养造就数以十万计的骨干教师、数以万计的卓越教师、数以千计的教育家型教师。

加强和改进中小学教师继续教育工作，促进教师终身学习和专业发展。转变培训方式，推动信息技术与教师培训的有机融合，实行线上线下相结合的混合式研修。加强培训支持体系建设，健全以省、市、县中小学教师发展中心为主体的教师发展支持体系，充分发挥省级中小学教师发展中心的引领、带动、辐射作用，市、县整合培训、教研、电教、科研等相关资源，推进本级教师培训中心建设。2020年前，广东省各地级市和县（市、区）建成1所中小学教师发展中心，省里对粤东西北地区市、县（市、区）教师发展中心建设给予适当补助。支持在基础条件好、教学质量高的中小学建设教师发展学校，承担教师跟岗培训、师范生实习等任务。建立健全与学校整体发展、教师专业成长相统一的校本培训制度。建立各级教师、校长培训专家库，积极开展培训者培训。严格落实中小学教师5年一周期全员培训制

---

① 民进中央.加强县级教师培训机构建设[J].民主，2015(11)：28－29.

度。加大乡村教师培训力度,着力提高粤东西北地区乡村教师队伍整体水平。

加强教师培训工作,建立健全分级负责、精准培训制度体系。按照“统筹规划,精准施训,精细管理”的要求,省市县校分级负责、分类组织开展递进式教师培训,全面落实教师全员培训年度任务。研究制定符合广东省实际的层次分明、相互衔接的精准培训课程体系,提高培训的针对性和精准度。扎实推进教师培训机构管理系统建设,强化各级各类教师培训项目的全过程管理,加强和规范培训学时学分登记,提升教师培训的信息化管理水平。

本书通过对广东省区县级开展的各类教师培训活动进行研究,找寻区县级教师培训工作“困”在何处,找出并分析存在的问题,找准新的“打开方式”,并试图通过对教师培训中的组织管理、培训课程内容、评估体系、保障措施等进行研究,构建起符合教师学习规律,培训教研教学相沟通,因地制宜,灵活有效,科学合理的省、市、县、校四级教师培训体系,才能确保区县级教师培训机构与新时代同行,与教育发展同步,从而更好地服务于县域教师教育事业,实现建设一支优秀的县域教师队伍的时代目标。

著　者

2019 年 12 月

目　　录

第一章 总　　论

十年树木，百年树人；教育大计，教师为本。优质的教育离不开强有力的教师培训。区县级教师培训机构作为承担农村中小学教师培训的基层培训机构，自其建立以来一直为提升中小学教师队伍专业化发挥着重要作用。随着社会的发展，国家对教育事业越来越重视，人们对教育的期望也越来越高，自《乡村教师支持计划（2015—2020）》颁发以来，如何将农村中小学教师打造成一支师德高尚、技艺精湛、结构均衡、充满活力的队伍已成为区县级教师培训机构必须面对的现实课题。本章对广东省区县级教师培训相关问题进行初步研究，以期为破解区县级教师培训机构的现实困境提供基本的理论依据。

第一节　研究背景与价值

一、研究背景

国家发展，教育先行；教育发展，教师先行。中小学教师肩负基础教育的重担，其总体素质的优劣，决定着基础教育水平的高低。中小学教师的培养与培训如何同步于基础教育教学改革发展的进程，是当今中国普遍关心与迫在眉睫的问题。教育部等相关部门先后印发了《教育部关于加强县级教师培训机构建设的指导意见》（教师〔2002〕3 号），《教育部 国家发展改革委 财政部关于深化教师教育改革的意见》（教师〔2012〕13 号），《教育部关于深化中小学教师培训模式改革全面提升培训质量的指导意见》（教师〔2013〕6 号），《乡村教师支持计划（2015—2020 年）》《中共中央 国务院关于全面深化新时代教师队伍建设改革的意见》（中发〔2018〕4 号）等诸多文件，明确提出"要加快推进县级教师培训机构改革与建设"。中小学教师的专业素质直接影响基础教育的水平，新时期的教育任务对广大教师的素质和能力提出了更高的要求，中小学教师的专业素质亟须得到有效提升。现在很多人都认识到，加强中小学教师队伍建设，大力发展中小学教师培训有着非常重要的意义。目前，我国广大中小学教师的培训主要集中在县级教师培训机构，所以县级教师培训机构对促进中小学教师专业成长，对加强本区域中小学师资队伍建设，特别是对农村中小学教师的指导发挥着至关重要的作用。因此，县级教师培训机构的建设问题与中小学教师队伍的建设息息相关。可是由于一些历史的和现实的原因，区县级教师培训机构在发展过程中遇到了诸多难题和阻力，严重阻碍了中小学教师队伍的建设和发展。

（一）区县级教师培训是学习型社会中构建教师终身学习体系的需要

1972 年，联合国教科文组织在其编著的《学会生存》一书中就明确指出："每一个人必须终身持续不断地学习，终身教育是学习化社会的基石。”①当代社会处于知识经济时代，科技发展迅速，知识更新日新月异，信息技术改变着整个人类的生活。为此，我国在《国家中长期教育改革与发展规划纲要(2010—2020)》中郑重提出“基本形成学习型社会”的战略目标，并明确指出要“树立终身学习观念，为持续发展奠定基础”。

学校作为教育和学习的主要基地和终身学习体系的重要环节，要进一步发挥学历教育、非学历教育、继续教育和职业技术培训教育等多种功能。广大教师作为社会文化与文明的传承者和学校教学活动的主导者，应当率先成为终身学习的模范。又由于教师所传授的知识是随着时代和社会的变化而变化的，教师不可能通过一个阶段的学习来掌握所从事教育工作的所有知识与技能，因此学习型社会呼唤着教师终身学习体系的建立和完善，教师的在职教育越来越受到人们的关注。

(二)区县级教师培训是提高农村教师素质的重要途径

现阶段我国农村中小学教师数量多、分布地域广、素质偏低，他们去外地参加培训学习的机会又很少，因此更需要得到区县级教师培训机构的培训与指导。区县级教师培训机构主要负责农村中小学教师培训工作。我国教师培训共分四个层次，即国家级、省(自治区、直辖市)级、地(市)级、县(区)级。教育部1999年颁布的《中小学教师继续教育规定》(中华人民共和国教育部令第7号)第三章中详细规定：“国务院教育行政部门宏观管理全国中小学教师继续教育工作；制定有关方针、政策；制定中小学教师继续教育教学基本文件，组织审定统编教材；建立中小学教师继续教育评估体系。省、自治区、直辖市人民政府教育行政部门主管本地区中小学教师继续教育工作；制定本地区中小学教师继续教育配套政策和规划；全面负责本地区中小学教师继续教育的实施、检查和评估工作。市(地、州、盟)、县(区、市、旗)人民政府教育行政部门在省级人民政府教育行政部门指导下，负责管理本地区中小学教师继续教育工作。针对农村中小学教师的培训，主要归县级教师培训机构负责。”教育部2002年颁布的《教育部关于加强县级教师培训机构建设的指导意见》(教师〔2002〕3号)中指出：“县级教师培训机构是由县级人民政府领导、县级教育行政部门主管、以实施本地区中小学教师继续教育工作为主要任务，并具有与教师教育相关的管理、研究、服务和教育信息资源开发与利用等职能，具有独立法人资格的办学实体。”

根据《教育部关于加强县级教师培训机构建设的指导意见》(教师〔2002〕3号)中有关加强区县级教师培训的要求，可知区县级教师培训不仅关系我国整体教育事业的发展，还是提高农村中小学整体素质的重要途径。该意见指出：“根据《教师法》中‘广大中小学教师享有参加进修或培训的权利，履行不断提高教育教学水平义务’的要求，必须高度重视和进一步加强县级教师培训机构建设，为广大中小学教师享受进修或培训的权利和履行业务提高的义务提供必要的基础设施和组织保障。”为贯彻落实《中共中央 国务院关于深化教育改革全面推进素质教育的决定》(中发〔1999〕9号)和《国务院关于基础教育改革与发展的决定》(国发〔2001〕21号)，完善以现有师范院校为主体的、有中国特色的教师教育体系；为落实《中小学教师继续教育规定》和《中小学校长培训规定》要求，建立和健全中小学教师继续教育制度，扎实推进中小学教师继续教育，必须进一步加强区县级教师培训机构建设，使

① 联合国教科文组织国际教育发展委员会. 学会生存：教育世界的今天和明天[M]. 华东师范大学比较教育研究所，译，北京：教育科学出版社，1996：241.

其成为我国教师教育体系不可缺少的重要组成部分。为进一步优化区县级教师培训机构的资源配置，拓展其服务功能，切实提高区县级教师培训机构为广大中小学教师进修服务的能力和水平，更好地开展基础教育新课程师资培训工作，推动农村基础教育的改革和发展，必须进一步加强区县级教师培训机构建设，使县级教师培训机构成为广大农村中小学教师终身学习和提高专业水平的重要阵地。

（三）政府和社会高度重视区县级教师培训机构的建设和发展

我国师范教育体制由三级向二级转轨后，有些教育行政部门的人员认为，区县级教师进修学校的历史使命已经完成，它的存在变得可有可无，于是许多区县级教师进修学校的建制都被行政部门撤销了。事实上，如果区县级教师培训机构的生存状态得不到改善，广大中小学教师的专业发展无疑会受到不同程度的影响。

广东省认真学习上级文件，积极推进县级教师培训机构的改革与建设，并涌现出一大批在优化资源配置、实现资源共享、为中小学教师服务方面取得显著成绩，为新课程师资培训做出突出贡献的县级教师培训机构，有力地促进了基础教育的改革和发展。2018 年 12 月 5 日，由广东省教育厅主办、肇庆学院省级中小学教师发展中心承办的 2018 年市县级教师发展中心负责人高级研修班在肇庆学院开班。广东省委教育工委委员、省教育厅副厅长王创出席名师工作室揭牌及研修班开班仪式。王创作题为“全面贯彻习近平总书记视察广东重要讲话精神，加快推进市县级教师发展中心建设”的重要讲话。他指出：大力推进市县级教师发展中心建设是全省教育系统学习贯彻习近平总书记视察广东重要讲话精神和全国教育大会精神，以及推进我省新师范建设的重要举措，建设市县级教师发展中心是加快实现广东教育现代化、完善教师培训体系、落实精准培训的有效途径。应该努力将各市县级教师发展中心建设成为“教育理念先进、文化底蕴深厚、师资队伍精良、结构布局合理、功能作用突出、管理水平一流”的教师专业发展共同体，助推我省高素质专业化创新型教师队伍建设。王创就加快推进市县级教师发展中心建设提出三点意见：第一，认清新形势，深刻把握建设市县级教师发展中心的重要意义；第二，牢记新使命，加快推进市县级教师发展中心建设；第三，落实新要求，为市县级教师发展中心发展创造良好环境。

（四）发挥区县级教师培训机构职能，增加培训受众人数，全面提升县域教师质量

学历补偿教育曾经是县级教师培训机构的一个重要职能，在完成学历补偿教育后，其职能定位具有模糊性，跟不上当前教育改革与发展的时代需要，与当前中小学教师的继续教育培训工作的需要也不相适应，从而严重影响了其作用的发挥。部分县级教师进修学校仍然存在着教育资源配置不均衡的现象，如师资水平较低且学科配备不足，校园硬件设施配备不齐，教研开展不够，对中小学校本培训开展指导不力等。如何重新明确区县级教师培训机构的价值取向，如何重新定位区县级教师培训机构的职能，如何让区县级教师培训机构很好地满足中小学教师的专业发展需求，这些问题的求解都显得十分重要。改善区县级教师培训机构的办学条件，强化其培训功能，合理开发和利用各种政策资源、人力资源、培训资源、信息资源等教育资源，以便更好地服务于当地教师的专业发展要求。

诺贝尔经济学奖得主加里·贝克尔认为，在一切资本中，只有对人自身的投资才是最有价值的资本。投资于人是促进社会发展和现代化的根本路径，尤其可使知识社会中教师素质的影响力更加凸显。教师不仅仅是执行变革的力量，也是变革的对象；教师不仅仅要

成就变革,教师发展本身也是教育变革的一个基本的、内在的目标。在政府关注和政策倾斜下,近几年全国各地学校教学楼、图书馆、教学设备等硬件设施已经能够满足需求,但是与硬件相配套的师资水平等方面却无法满足需求,教育软实力亟待提升。由于各种条件的限制,一些自上而下的教师培训,特别是省市一级和国家级的培训,还属于一种“稀缺资源”,受众人数很少。由于没有明确的制度保障,各级财政对教师培训投入的经费十分有限,仅有的一些专项培训也主要针对骨干、优秀教师等人群,培训面小、量小,缺乏中小学教师的全员培训,严重制约了在职教师队伍素质的提高,教师教育能力和专业素养提高处于自发状态。免费的公益性区县级教师培训可使受众人数增多,可以大幅度提高县域教师质量①,提升县域教师队伍整体水平。

(五)加强对区县级教师培训体系及能力建设学术研究的必要性

与中小学相比,区县级教师培训机构有其特殊性,其主体性质、办学模式、办学目标、培养对象、培养方式等方面都有很大不同。当前,虽然已经有更多的人开始关注区县级教师培训机构的生存与发展,并对其开展研究,但人们对区县级教师培训机构的研究还是滞后于对中小学的研究,无论从对区县级教师培训机构研究的成果数量看,还是从研究的主题内容看,研究的深度还不够,研究的现状不太乐观。

探索区县级教师培训体系与能力的建设和发展问题,寻求行之有效的解决策略,让区县级教师培训机构的职能得到充分发挥、作用不断提升,使其更好地服务于中小学教师的专业成长、服务于基础教育的健康发展,这已经成为当前必须重视的研究课题。

二、应用价值

截至2018年,广东省下辖119个县级行政区,其中包括60个市辖区、20个县级市、36个县和3个自治县。本书主要以区县级教师培训机构为研究“面”,通过分析、比较、归纳、总结,发现地方政府和区县教育局对地方教师培训机构的重视不足影响着学校办学功能的发挥,区县级教师培训机构自身存在着许多制约教育资源开发和利用的问题,影响着教师专业发展水平的提升。针对问题,本书探索了拓展区县级教师培训机构办学功能的对策与建议。

基于落实国家乡村教师置换培训和广东省“强师工程”精神、提高广东省区县级教师培训机构的数量和质量的需要,进行相关课题研究意义重大。本书通过对当前典型区县级教师培训机构的深度调查,通过对这些“点”的研究,进行经验的总结和推广,有助于重新确立区县级教师培训机构的价值取向,有利于重新定位区县级教师培训机构的工作职能,有利于促进区县级教师培训机构更好地开展培训工作。培训体系建设可提升培训的现实能力、满足中小学教师的专业发展需求,对助力中小学教师教学水平提升具有积极的现实指导意义。同时,对于解决教师工学矛盾、促进教育均衡发展具有重要现实作用。

---

① 曲中林. 公益性教师培训的现实与未来[J]. 教育理论与实践,2012(13):28-31.

三、学术价值

《中国教育改革和发展纲要》(国发〔1994〕39 号)指出:“振兴民族的希望在教育,振兴教育的希望在教师”“一个学校能不能为社会主义建设培养合格人才,培养德、智、体全面发展,有社会主义觉悟、有文化的劳动者,关键在教师。”《中共中央 国务院关于全面深化新时代教师队伍建设改革的意见》(中发〔2018〕4 号)要求,“面向全体中小学校长,加大培训力度,提升校长办学治校能力,打造高品质学校”。促进学校品质提升,打造高品质学校,成为新时代区县教育改革发展的新要求。因此,建设一支政治素养过硬、业务水平精湛、具有高尚师德的结构合理且相对稳定的教师队伍,是教育教学质量得以不断提高的关键所在。本书从培训体系及能力建设这个视角去审视区县级教师培训机构的建设与发展具有一定的理论意义,有利于把握区县级教师培训机构在建设与发展过程中遇到的瓶颈,有助于制定促进中小学教师专业发展的相关政策,从而丰富中小学教师教育的学术理论体系,不断发展、完善终身教育思想。

第二节　核心概念的界定

一、教师培训

我国学者黄祯玉基于教师职业生涯发展的视角,认为有必要针对青年教师设计相关的培训课程,且培训应具有较强实效性,需要基于青年教师的实际需求或所面临的问题,设计培训的各个环节,主要包括青年教师的基本素养、课堂管理方法、教学过程设计模式、人际沟通方式和技巧、学生有效管理等①。任学印以新入职的年轻教师作为研究对象,对年轻教师培训提出了一些基本原则,主要包括本位性原则,即培训目标的指向性,以新入职的年轻教师为本位;时间性原则,培训应该选择最佳时机,以确保年轻教师对培训内容的良好吸收和掌握,保障培训效率和效果;发展性原则,本着有利于年轻教师个人职业生涯发展的目的开展培训;个性化原则,针对不同学科和不同岗位分别对教师开展不同内容和不同形式的个性化培训;经验性原则,重点在培训中向年轻教师渗透在长期的教育教学工作中总结的先进技术和宝贵经验;协作性原则,需要培训主客体双方的共同参与和相互协作,有效保障培训的实效性②。

二、中小学教师继续教育

继续教育概念于 1979 年引入我国工程教育领域,1999 年正式引入教育领域。1999 年

① 黄祯玉. 基于职业生涯发展需求的新手教师培训工作:来自马来西亚华文独立中学的经验[J]. 外国教育研究,2007(1):20 – 24.

② 任学印. 试论教师入职教育应遵循的原则[J]. 外国教育研究,2005(2):42 – 46.

教育部出台的《中小学教师继续教育规定》中指出:“中小学教师继续教育是对取得教师资格的中小学在职教师为提高思想政治和业务素质进行的培训。”中小学教师继续教育包括学历教育培训和非学历教育培训。2008 年教育部《示范性县级教师培训机构评估标准》将非学历教育培训分为新任教师培训、教师岗位培训、骨干教师培训、教育技术培训、学历培训、新课程培训、全员培训、小学校长培训等。所谓中小学教师继续教育,是国家为使基础教育适应经济社会发展形势,而规定的已获取教师资格证书的全体教师——无论是“新”教师,还是“老”教师——都要不断提高思想政治和业务素质,不断更新教育方法和教育理念,不断掌握各种教育新技能、新知识。中小学教师接受继续教育培训是终身教育理论在教师培训领域的贯彻,是教师应履行的义务,也是教师应享受的权利。中小学教师接受继续教育培训,应将理论联系实际,增强提升专业理论、专业技能、专业素质的积极性和主动性,以更好地适应教育教学发展的实际。

三、区县级教师培训

区县中小学教师培训,是在特定的区(县),由相关部门组织的对本区域教师进行的在职培养活动。目前国内比较流行的培训模式有高校引领、区域进修、部门主导、校本研训、市场服务和混合培训等类型。

区县教师发展中心(或教师进修学校)通常承担着发展教师和提升质量的重任,而这两者中,前者是前提和基础。

由于区县级教师培训工作是以区县政府及教育行政部门为责任主体、县级教师培训机构具体实施、中小学校落地及教师参与的,所以教师培训品质提升其实质是培训机构品质的提升。

四、区县级教师培训机构

对于区县级教师培训机构的概念,学者们有各种各样的表述。李冀的解释是:为了提高中小学教师的政治素养、业务素质及其教育管理水平而设置的学校,即为教师进修学校。教师进修学校具有中等师范教育的性质,一般是在县一级设立,其办学形式有学历(中等师范)班、学科讲座等,其学习方式有脱产和业余两种①。孙玉洁的看法是:县级教师培训机构既不是一个行政机关部门,也不是一个纯粹的科研学术机构,其是一个事业单位,是一个学术指导部门,主要从事中小学教育教学指导,将中小学教师继续教育培训作为主要工作内容,具有一定的教育事务管理职能和教学业务管理职能,具有综合性和相对独立性等特点②。顾松麒认为:县级教师培训机构是一个办学实体,具有独立的法人资格,是教师教育体系中的一个重要组成部分,是开展中小学教师继续教育培训工作、构建新型的学习型组织的学习与资源中心;其主要承担本区域内中小学教师的继续教育培训工作,促进中小学教师进行终身学习,提升中小学教师的专业水平③。

① 李冀. 教育管理辞典[M]. 海口:海南出版社,1989.

② 孙玉洁. 浅谈区(县)教育指导机构职能整合之策略[J]. 中国教育学刊,2003(10):62-64.

③ 顾松麒. 新时期县级教师培训机构建设与发展的若干思考[J]. 当代教育论坛(教学版),2007(11):68-69.

《教育部关于加强县级教师培训机构建设的指导意见》(教师〔2002〕3号)提出:"县级教师培训机构是由县级人民政府领导、县级教育行政部门主管、以实施本地区中小学教师继续教育工作为主要任务,且具有与教师教育相关的管理、研究、服务和教育信息资源开发与利用等职能,具有独立法人资格的办学实体。"

本书的区县级教师培训机构是指,为了配合本地区的教育行政部门开展中小学教师的教育与管理工作、促进中小学教师专业发展,以及推动学习型社会建设而由政府在区县级设立的具有独立法人资格的事业机构,而区县级是指中国现行行政区划上的县级行政区,包括县、自治县、县级市、市辖区、旗、自治旗等。

区县级教师培训机构的职能包括以下几个方面。第一,依据《中华人民共和国教育法》(简称《教育法》)、《教师法》《中小学教师继续教育规定》《中小学校长培训规定》,以及国家、省、市(地)中小学教师继续教育的有关法规、方针和政策,实施对本地区义务教育阶段教师、幼儿园教师和小学校长的继续教育;为本地区中小学校开展教师校本培训提供指导和服务;承担本地区基础教育新课程、教材和教法培训等,成为本地区开展中小学教师继续教育工作的培训、研究和服务中心。第二,配合当地教育行政部门做好本地区内有关中小学教师继续教育和实施中小学教师资格制度的组织、协调、评价和服务工作,成为本地区中小学教师教育政策咨询和指导中心。第三,指导中小学教师在教学实践中学习和研究,推动中小学教师开展教改实验,不断提高中小学教师的专业化水平。第四,为本地区中小学校开展校本培训和日常教学提供信息技术和现代教育技术的服务,为通过现代远程教育手段开展教师继续教育提供帮助和支持。同时,为广大教师研修学习提供必要的场所、设施、设备和资源等,辅导和帮助广大中小学教师充分利用各种信息资源开展自主学习。

五、培训管理

管理一词是管理学领域研究中的重点词汇,它主要包含两方面的含义,一是在一定的情境下有针对性地制订行动方针或行为计划;二是这些行动方针或行动计划的执行需要以特定的方式方法和程序为指导。因此,在现实情境下,管理方式方法或手段的执行需要考虑众多约束条件,并针对具体的问题提出切实可行的解决办法,因而具有较强的指导性、可行性和实效性。由前面关于青年教师培训的概念可知,培训管理符合管理的一般原理、原则及条件,因而培训管理是指在一定的培训目标和培训原则的指导下,将教师培训作为一项完整的管理项目实施过程化管理,针对培训目的有针对性地制订培训方案和培训计划,重点体现对培训过程的有效管理,同时在培训过程中需要将培训主体、培训客体、培训内容和培训方式等作为重点管理要素进行系统化管理,以增强培训的效率和效果。

第三节 相关理论基础

一、研究的理论基础

区县级教师培训机构是落实教师职后继续教育、具有成人教育性质的机构,它是中小学教师终身教育的平台。本书通过对区县级教师培训机构的能力建立进行相关研究,促进教师培训和校本教育的开展,以达到提升中小学教师专业水平的目的。本书主要基于以下四个基本理论开展研究,即终身教育理论、教师专业发展理论、校本培训理论、经验学习理论。

(一)终身教育理论

终身教育通俗地说就是"学无止境",追溯古代哲学思想与教育思想,如梭伦的"活到老,学到老",也如曹操的"老骥伏枥,志在千里;烈士暮年,壮心不已"。在科技发展、经济增长、教育普及的大时代背景下,经联合国教科文组织及相关国际组织的大力推动,终身教育理论才真正形成系统并得到各国政府的广泛认可及大力提倡。

2010 年《国家中长期教育改革和发展规划纲要(2010—2020 年)》明确指出,继续教育发展方向应"构建灵活开放的终身教育体系"。2016 年"十三五"规划提出要"推进教育现代化",大力发展继续教育。

1965 年,法国教育家保尔·朗格朗在其代表作《终身教育引论》中明确提出了终身教育思想,指出,"必须把教育看作是贯穿于人的整个一生与人的发展各个阶段的持续不断的过程。"①现在终身教育已成为世界各国共识,我国也将全民终身教育摆在重要地位。教师作为社会文明的传承者,更要加大继续教育力度,要将持续不断的学习贯穿于其职业生涯的始终,做终身教育的积极践行者。教师也只有通过不断的继续教育,才能与时俱进地发展自己的教学能力,提高自身教育教学水平,以达到专业发展的目的。教师进修学校在引领教师的在职培训、进修,促进专业能力、专业素质提升,推动教师终身教育理念得以贯彻落实方面发挥着重要作用②。终身教育理论的部分重要文献见图 1-1。

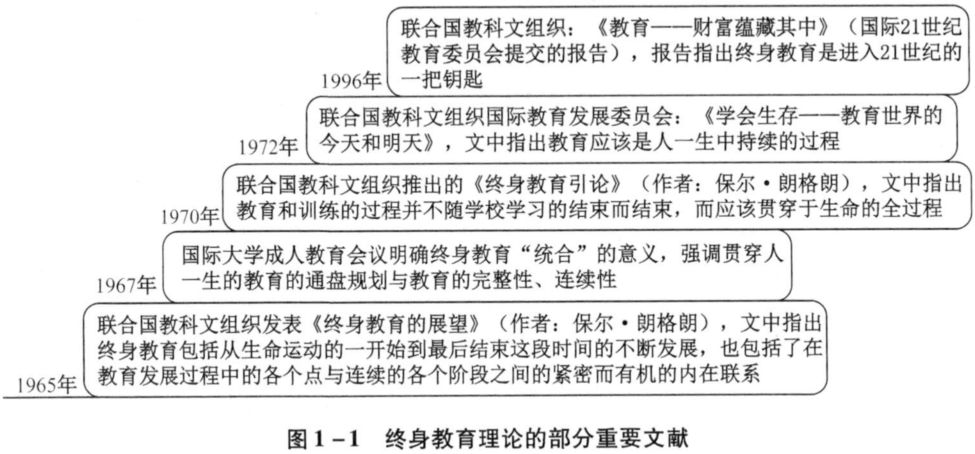

图 1-1　终身教育理论的部分重要文献

(二)教师专业发展理论

教师专业发展理论是基于"教书育人"为社会分工体系中一种专门职业事实出发,是关于教师"作为履行教书育人工作职责的专门角色定位"去建构教师职业技能发展路线图的

① 保尔·朗格朗. 终身教育引论[M]. 周南照,陈树清,译. 北京:中国对外翻译出版公司,1985.

② 储爱霞. 县级教师进修学校教育资源个案研究[D]. 漳州:闽南师范大学,2017.

设计、规划与解析的系统。教师专业发展是指教师以教书育人为使命,为达到尽职尽责的目的,需通过不断学习、实践提高履职能力,持续性地臻于成熟完善的发展进程。教师专业发展主要指教师个体的、内在的专业化提高,其内涵包括教师专业知识的发展、专业技能的娴熟、专业情意的健全。教师的专业发展不仅仅是时间的延续,同时也是专业发展内涵的持续改变。教师个体专业发展必将带来教师总体专业化程度的提高。

该进程是以下三维度的统合发展。

1. 教师专业知识的与时俱进

教师对学生的教育,不仅是传递知识、传授技能,也是传承文化、锤炼素质。教师应具有完备的专业知识结构,具有以下三方面知识的合成。(1)深厚的学科知识。学科知识是教师传授知识、技能的必备基础,中小学教师应系统而透彻地理解所教学科知识。(2)扎实的教育知识。中小学教师应熟悉教育理论,掌握教学技能,懂得教育规律,能根据学生身心发展特点、个性和品德形成的规律,选择合适的教学方式因材施教。在教学中实现"传道、授业、解惑"的目标,引导学生养成良好的自主学习习惯。(3)宽广的文化知识。所谓"学高为师,德高为范",教师要渗透文化素质教育,不仅要有知识、技能,还应有文化修养,拥有比较广博的文化基础知识,以人格魅力感染、影响学生。

2. 教师专业技能的精益求精

教学技能是教师在教学过程中运用学科知识、教育学知识、心理学知识,设置教学内容,利用教学设备等为完成具体教学任务、实现教学目标所选取的操作性活动方式。它包括教学设计技能、课堂教学技能、教育教学研究技能、多媒体教学使用技能、指导学习方法等。

3. 教师专业情意的臻于完善

教师专业情意是教师专业自我觉醒,是一种潜意识的自然流露,是与教学环境长期磨合的心灵幸福感的体验,包括自我意象、自我尊重、满意度和心理动机等。

教师的专业发展是与学生成长、成才相伴随的动态过程。它通常包括初入行业的摸索阶段、胜任工作的完善阶段与游刃有余的自在阶段。教师的专业发展是教育、教学、教研、内涵素养历经累积的量变向质变跨越的动态进程。中小学教师专业发展必将促进中小学校办学质量提高,保障基础教育人才培养目标实现,惠及学生成长、成才需要。

教师专业发展理论为在职教师培训的开展提供了理论支持,继续教育是实现此历程的重要形式,培训进修是继续教育的重要手段。县级教师进修学校作为中国当下乃至今后一段时期组织实施中小学教师培训进修的重要机构,要依据教师专业发展理论,使教师进修学校的培训内容、培训模式及培训方法选择等更具科学性、针对性和系统性。

(三)校本培训理论

校本培训又称校本研修。郑金洲认为,校本教研"为了学校,在学校中,基于学校"。李化树认为,"校本教研是为了学校发展,立足于学校并在学校中开展的一种开放式、发展性、教育研究实践活动"。

校本培训是促进教师专业发展的桥梁和纽带,一端连着学校的发展,一端连着教师的个人发展。其最大的特点是在培训的同时与教学工作紧密结合,最大限度减少工学矛盾,同时注重同行切磋、互助,以教师所任职学校为培训场所,最大限度利用本校优势资源,立足本校教师教学短板和弱项,灵活机动地安排培训内容进行有针对性的培训。校本培训根据现实条件因地制宜安排时间、内容,针对学校的自身特点和每位教师的个体特点,高度灵活、机动、有效,可提高教师参与积极性,减轻教师和学校的负担,维护正常的教学秩序,实现继续教育个性化。因此,校本培训是学校在探索教师专业发展过程中,立足于课堂教学实践,着眼于学校自身条件,联系教师自身实际情况,提出的提升教师专业发展的重要活动。

(四)经验学习理论

在职教师的成长经历了注重理论知识传授、关注实践经验、提倡理论知识与实践经验相结合三种倾向。经验学习理论提出了学习的循环模式,从已有的具体经验出发,先通过反思观察,再进行行动实践,最后得到新的具体经验。即"新"教师利用自身原有的经验,通过职场环境积极实践获得新的知识,并将自身原有的经验体系不断重组、不断改造的过程①。

二、研究方法

(一)文献资料法

明确研究目的后,本书作者进行了大量的文献搜集与整理,主要包括以下几个方面:一是政策文本,了解针对区县级教师培训机构的相关政策规定;二是关于区县级教师培训机构的相关著作;三是有关区县级教师培训机构的一些学术研究成果,主要有教育学、管理学和政策学等学科期刊文献;四是区县级教师培训机构的档案材料,如学校组织机构沿革、学校发展大事记等。

(二)访谈调查法

为了对问题进行更深入的研究,实现研究目的,既了解事情的实际情况,又了解人们的思想态度,本书作者采用了访谈调查法,通过和他人交谈收集相关资料。主要以广东省为例,对省内一些区县级教师培训机构的校级领导、二层骨干、一线教师及后勤人员,就区县级教师培训机构发展的相关问题进行了访谈。通过访谈调查,了解在机构改革与发展中存在的问题、分析原因并提出对策建议,为区县级教师培训机构职能的准确定位及发展路径提供实践依据。

(三)问卷调查法

问卷调查的主要目的是全面了解区县级教师培训机构职能定位与发展的具体情况和相关信息。问卷调查的主要对象是广东省的部分区县级教师培训机构及相关教师。问卷调查的主要内容涉及培训机构的基础条件、师资状况、整合情况、工作任务、经费来源、作用发挥等方面。通过问卷调查,获取了大量的第一手研究资料。

---

① 常海洋.经验学习的特质及其在新入职教师培训中的实践路径[J].中小学教师培训,2018(7):13-16.

第四节 研究文献综述

本书作者利用 CNKI 学术期刊、万方学位论文数据库、维普数据等中文数据库检索当前国内对区县级教师培训机构、中小学教师培训、农村教师培训、教师专业发展研究的文献，发现国内外学者从多方面对县级教师培训机构的相关现象和问题进行了切中要害的分析，也提出了切合实际的合理化对策，这些研究成果主要涵盖以下方面。

一、国外关于中小学教师培训的研究[①]

随着社会经济和科学技术水平的快速发展，人们对知识的需求日益增多，因而对承担教育重任的教师的期望也逐渐增高，全世界范围都认识到建设一支政治素养过硬、业务水平精湛、具有高尚师德的教师队伍的重要意义，由此人们开始广泛关注教师培训问题，以提升教师的综合素质。许多国家为了有效保障教师培训的实施效果，陆续出台了一系列配套的法律法规和制度要求等文件。20 世纪中期开始，美国、德国、日本、英国、法国等发达国家率先在教育领域进行全面改革，其中一个重要方面即是较传统教育更加侧重通过进修或培训等方式提高教师职业水平，并且以立法的形式将教师培训作为教师在其职业生涯过程中必须履行的一项义务，并在经济上给予充分支持，最终教师培训逐渐演变成一种制度化任务。这不仅赋予了教师参加培训的权利和义务，同时还通过立法使教师参加培训的时间、经费等得到了充分保障，切实提高了教师参加培训的积极性和主动性。

在国外，许多国家的教师培训主要以教师所在单位为组织主体，政府、其他教育机构、社会团体等作为参与方积极参与其中，以需求为导向开展各种类型培训，具有一定的专业性、多样性和灵活性，尤其是政府和社会团体等组织的参与为教师培训提供了良好的培训平台、环境和便利条件。通过文献回顾发现，当前国外关于教师培训方面的研究成果主要集中于以下几个方面。

（一）关于教师培训载体的研究

传统的面授或灌输式培训已不再适合网络和信息技术飞速发展的现代社会，因而国外在教师培训得到社会广泛关注以后便开始探索培训的载体问题，网络培训现已成为教师培训的主要载体。美国从 20 世纪 90 年代起，随着互联网突飞猛进的发展，开始尝试通过网络对教师进行培训，时至今日，美国的网络培训已基本惠及全体教师，其网络培训技术和网络培训体系处于世界领先水平[②]。另外，基于课程的培训也成为发达国家教师培训的主要途径，这也是在推动教师专业化发展中所采取的主要培训形式，例如 SPARK（Sport, Play, and Active Recreation for Kids）课程已成为美国基础教育阶段体育专业教师必须接受的培训项目之一[③]。目前 SPARK 课程教师培训已经形成成熟的培训体系，其在培训目标、培训时间、

① 申霞. 青年教师区级培训管理研究[D]. 大连：辽宁师范大学，2016.

② 郈冬梅，洪兴科. 美国网络教师培训策略和实践的研究及启示[J]. 现代情报，2004(8)：185－186.

③ 尹志华，施家瑜，汪晓赞，等. 美国 SPARK 课程的教师培训[J]. 体育学刊，2010(6)：68－72.

培训内容、培训形式、培训策略、培训评价等方面均对我国中小学教师培训具有很大启发。

（二）关于教师培训模式的研究

国外关于教师培训模式的探讨大都以教师专业学习理论为基础，强调理论与实践的有机结合，例如，澳大利亚维多利亚州在教师专业学习理论的指导下，将教师培训模式分为两种类型，一是校内外资源整合，主要包括五个方面：(1)实习与见习。重点针对初任教师，初任教师从入职开始便在学校领导小组和辅导制共同体的帮助下全面承担起教师的主要职责，实习内容不仅包括教学，还需要参加教学研讨、教工会议、家长会等活动；(2)校内培训。主要针对教师个体，从实际问题出发，由学校领导或具有经验的“老”教师负责组织进行个体培训或小规模培训；(3)校外咨询和辅导。通过由学校或其他社会组织聘请的校外专家、同行等对教师进行专业咨询或培训；(4)校外研讨。组织教师参与由教育部相关部门、教育教学专业团体、协会等组织的教学研讨会；(5)学习共同体与个人相互促进。主要通过指导观摩、专业对话、教研辅导、专业阅读、网络学习等形式构建学习共同体，从而促进共同体和个体的共同提升①。

国外关于教师继续教育模式的研究。美国采取 PDS(Professional Development Schools)培训模式；德国采取逐级培训的网络继续教育模式②。韩国在职教育机构可分为机关中心进修、学校中心进修、个人中心进修，分别对应不同的培训层级和培训内容(图 1－2)③。法国建立了省、学区和国家三级组织模式(图 1－3)，对中小学教师进行继续教育④。日本师资培训研修总体上分为行政研修、自主研修和校内研修，以信息技术为基础的现代远程培训模式在教师培训中发挥着越来越重要的作用，为教师自主研修提供便利⑤。

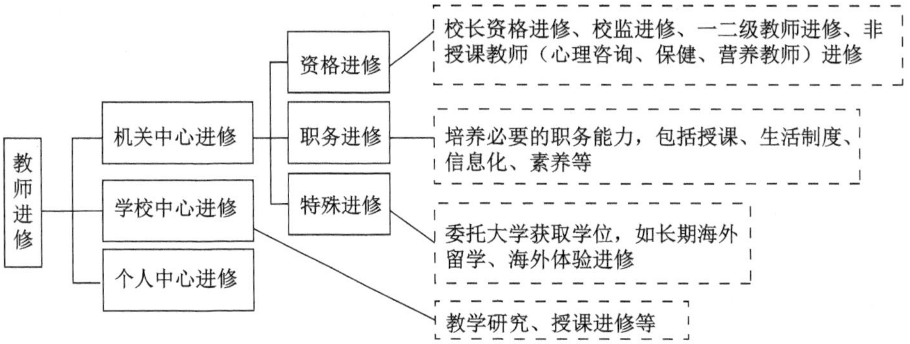

图 1－2　韩国教师进修机构及进修模式

---

① 袁丽，刘维兰，黄运红. 澳大利亚维州基于教师专业学习理念引领下的初任教师培训模式述评[J]. 外国教育研究，2012(5)：12－19.

② 王福华. 国外教师继续教育模式梳理与启示[J]. 中小学教师培训，2014(1)：62－64.

③ 赵君亚. 中韩两国教师在职教育及其政策的不同[J]. 科教导刊(上旬刊)，2015(5)：9－10.

④ 苏文锦. 法国教师教育考察综述[J]. 中国大学教学，2002(2)：55－58.

⑤ 刘双喜，单小艳，郑越. 日本在职教师培训模式及其启示[J]. 黑龙江高教研究，2014(2)：47－49.

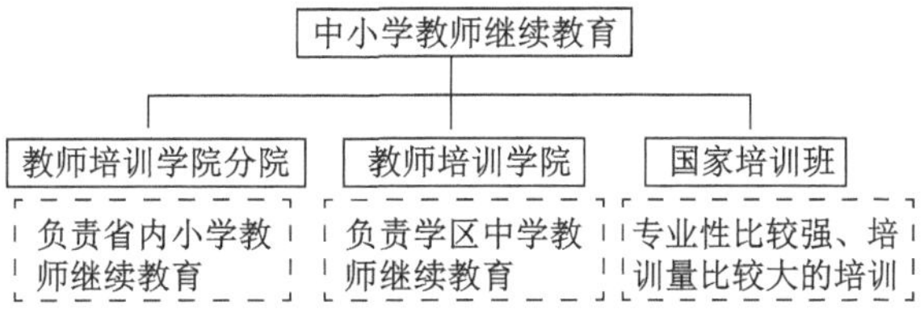

图 1－3 法国教师继续教育三级模式

（三）教师培训制度的研究

美国等发达国家在教师培训制度上具有全方面保障，虽然没有地区性或全国性的教师培训行政管理机构，但各教师群体可以均衡地获得关于教师培训方面的信息，所有教师参与培训的机会均等，同时教师还可申请教师发展基金。教师管理机构、社会教育团体、各区域教师协会等均具有完善的教师培训制度，能够因地制宜地开展培训，有效地保障了教师培训的效率和效果[①]。

（四）教师培训管理体系的研究

国外关于教师培训管理的研究主要侧重于培训管理机制，如教师聘用标准、教师培训考核机制、教师培训保障机制等。虽然国外发达国家在教师聘用上没有统一的标准，也没有全国统一的教师任职资格标准，但各个学校均具有自己的一套严格的教师聘用准则。且均建立了完善的教师评估考核体系，根据各自的侧重点分别给予教学、科研、公共服务等方面的衡量标准。值得一提的是，发达国家比较重视通过培训来提升教师的业务水平，在培训经费、培训时间、培训项目安排上给予充分的保障，并广泛开展教师进修推进项目，例如，美国教师协会推广的“未来教师培训计划”，为青年教师的职业发展开创了一个良好的开端。

美国在教师培训方面一直处于世界领先水平，其教师培训管理具有一些显著特点，如自主性、市场性、竞争性、激励性等。自主性是指学校对教师培训不做硬性要求，教师可以根据自身的实际情况和业务需要有选择性地参加感兴趣的培训项目；市场性强调运用市场机制来管理教师培训，受训教师和培训机构间可以互相选择，教师管理部门不对培训计划做要求和指导；竞争性体现为教师之间以及学校之间的竞争；激励性主要是教师管理机构巧妙地运用激励措施潜移默化地激励教师不断提高业务水平[②]。

总之，国外研究注重紧密联系教师培训与教师专业发展之间的关系，对教师培训制度、培训模式、培训层次等有着多层次、多维度的深入研究。但在微观层面上，由于国外大多数国家没有设立县级教师培训专门机构，发达国家的教师培训功能一般由综合性大学或高等院校专门学院承担，因此缺少对具体的县级教师培训的个案研究，也没有涉及县级教师培训机构与中小学教师专业发展相互关系的相关研究[③]。

---

① 卢伟. 中美高校教师培训制度的比较研究[J]. 继续教育研究，2012(4)：167－171.

② 刘凤英，韩玉启，糜海燕. 美国高校教师培训与管理的借鉴意义[J]. 江苏高教，2007(5)：142－144.

③ 储爱霞. 县级教师进修学校教育资源个案研究[D]. 漳州：闽南师范大学，2017.

二、国内关于区县级教师培训的研究

（一）区县级教师培训体系建设与培训模式研究

黎琼锋的学位论文中认为，受许多主、客观因素的影响，贫困地区教师队伍的总体素质还低于全国平均水平。提高贫困地区教师的素质是推动贫困地区基础教育事业发展的关键，教师培训是提高教师素质的有效途径，因此，研究贫困地区教师培训问题极为重要。贫困地区中小学教师队伍的总体现状是：教师数量不足，分布不平衡，代课教师比例过高，教学水平偏低，教师队伍的整体素质不高①。潘纯良提出，县级教师发展中心承担着促进所在区域教师发展、教学研究、教育科研等工作，其核心价值直接关系到其工作效能的发挥。总结以往的实践经验，针对当下的现实问题，县级教师发展中心应追求的核心价值是：淡化行政色彩，建设专业机构；凸显学术力量，聚集专业人才；强化服务功能，提供专业服务②。

汪文华认为，作为中小学教师培训实施主体之一的区县级教师培训机构，面临着诸多建设发展困境：定位不够明确，地位不够突出；教师整体素质偏低，能力较弱；经费保障不力，办学条件较差；发展被边缘化，底气动力不足。实现区县级教师培训机构的建设发展，需要加快区县级教师发展中心建设步伐，尽快建立健全教师培训标准体系，加大教师培训工作专项督导力度，推进区域教师研修学院建设试点③。

关于培训模式的研究。辛继湘、李金国选用比较法，对“静听—接受”培训模式和“研究—体验”培训模式的特征和优缺点进行比较，提出“研究—体验”培训模式④。许勤提出，打造“三三制”培训模式，即教师培训机构“固定培训 + 教师创新奖励 + 远程网络培训”各占投入的三分之一⑤。张淮江、汪文华提出“校本 + 远程 + 集中”的培训模式⑥。吴民祥认为，探究式培训模式能促进受训教师民主与合作精神的养成，能有效提高受训教师的学习及研究能力⑦。乔伟、卜琰、刘海蓉等在文章中首先根据“送培下乡”模式的意义原则和宗旨提出了县级教师培训机构主导下的“送培下乡”培训模式的内容与流程、职责与分工，最后提出了县级教师培训机构主导下的“送培下乡”培训模式的保障以提高县级教师的教育教学素养⑧。曲中林提出“巡陪”教师培训模式，“巡陪”即为巡回培训之意，即培训部门根据培训任务，有计划地分批组织不同种类的“巡陪”团到基层中小学进行理论与实践紧密结合的现场培训⑨。刘永康提出教育教学研修工作是教师发展中心的核心工作。通过对研修工作的

---

① 黎琼锋. 贫困地区中小学教师培训体系研究[D]. 桂林：广西师范大学，2002.

② 潘纯良. 论县级教师发展中心的核心价值追求[J]. 江苏教育研究，2018(Z4)：74－77.

③ 汪文华. 县级教师培训机构建设发展策略研究：基于A省的专项调研[J]. 当代教师教育，2015(1)：80－84.

④ 辛继湘，李金国. 从“静听—接受”到“研究—体验”：中小学教师培训模式的变革[J]. 中小学教师培训，2015(1)：17－19.

⑤ 许勤. 试论中小学教师培训模式的创新[J]. 兰州教育学院学报，2016，32(2)：162－163.

⑥ 张淮江，汪文华. 中小学教师混合式培训模式研究与实践：以安徽省无为县“校本 + 远程 + 集中”教师培训为例[J]. 教书育人(校长参考)，2016(1)：48－51.

⑦ 吴民祥. 探究式培训：一种高效能的中小学教师培训模式[J]. 教育发展研究，2004(5)：62－65.

⑧ 乔伟，卜琰，刘海蓉. 县级教师培训机构主导下的“送培下乡”培训模式研究[J]. 西部素质教育，2018(17)：97－98.

⑨ 曲中林. “巡陪”：教师培训模式的新探索[J]. 中国教师，2013(3)：41－43.

宗旨、原则、路径等进行探索，结合研修实践，对研修环节进行创新性实践，建立“123 研训一体化模式”，并按全员发展、骨干提升、精英辐射三个阶段，从研究、培训、实践三条路径共九个环节分别阐述①。

（二）关于区县级教师培训机构职能的研究

一些学者对于新时期区县级教师培训机构的职能进行了研究，取得了一些研究成果。学者李再湘指出，区县级教师培训机构的建设存在着重视程度不够的问题，对区县级教师培训机构的性质认识不足、定位模糊，既不是中小学，也不像大中专院校，既不是行政单位，也不像纯粹的教学单位，它总是在夹缝中求生存②。

刘美扬、颜亚华等人通过调查分析，指出区县级教师培训机构存在着工作重心偏离、主业不主的现象，许多教师培训机构热衷于搞与教师教育主业无关的副业，而副业并没有成为教师教育工作的补充或资源支撑，同时各种培训资源整合难以实现，导致出现政出多门的现象，造成师资、设备和经费的极大浪费③。黄丽娴以花都区初中语文教研为例，总结了现行初中语文教研实践的特点和问题，并在总结归纳花都区现行初中语文教研机制的优势与不足的基础上，提出三种解决花都区初中语文现行教研制度问题的方法，分别是以教研需求调查制度优化行政主导式制度、以分层教研制度丰富年级教研制度、以多样评价制度补充教研学分制度，建设良好的教研生态，提高教研效果④。

苗培周、胡秀丽等人认为，有很多区县级教师培训机构对自身的职能定位缺乏明确认识，由此势必会影响其功能的发挥⑤。李金辉对区县级教师培训机构“职能弱化”的原因进行了分析，并指出区县级教师培训机构的培训职能、服务职能、研究职能和指导职能等应得到强化⑥。张学证从各利益相关者的视角对区县级教师培训机构困境的成因进行了分析，并指出应从外部环境支撑和寻求内涵式发展两方面去努力，从而走出困境⑦。陈振华认为，培训功能是教师进修学校的重要功能，要在教师培训指导、督促与服务功能中具体落实⑧。王晓平认为，教师培训有四大功能，一是补充旧知识、技能和策略，二是帮助教师观念转型，三是促进教师适应变革，四是促进教师专业成长⑨。

对于区县级教师培训机构的职能，郑新蓉认为，在县域范围内，建立可持续的、互动的教师支持系统，是教师培训机构改革的方向，该培训机构承担中小学教师的能力建设、培训的后续服务和培训质量的监测等工作，以此提高中小学教师的培训质量，从而促进学生的教育质量。在此过程中，区县级教师培训机构应充分发挥对中小学教师继续教育的培训、

---

① 刘永康. 县级教师发展中心研训一体化的探索[J]. 江苏教育，2018(78)：45 – 48.

② 李再湘. 湖南省县级教师培训机构现状调查报告[J]. 教师(综合版)，2009(17)：14 – 19.

③ 刘美扬，颜亚华，肖志泉. 县级教师培训机构现状及其发展对策：以湖南省为例[J]. 当代教育论坛(教学研究)，2011(12)：44 – 45.

④ 黄丽娴. 基于教师专业发展的区(县)级教研机制研究：以花都区初中语文教研为例[D]. 广州：广州大学，2016.

⑤ 苗培周，胡秀丽. 县级教师培训机构面临的发展困境及其对策建议[J]. 江苏第二师范学院学报，2011(6)：42 – 46.

⑥ 李金辉. 社会转型期县级教师进修学校职能弱化研究：以吉林省 D 县教师进修学校为例[D]. 长春：东北师范大学，2008.

⑦ 张学证. 县级教师进修学校职能转变中的问题研究[D]. 重庆：西南大学，2008.

⑧ 陈振华. 远程培训模式下教师进修学校功能的转变[J]. 教师，2011(1)：116.

⑨ 王晓平. 教师培训：从功能、模式到管理[J]. 继续教育研究，2013(2)：55 – 57.

服务、管理和研究的职能,起到学习与资源中心的作用。练清华认为,县级教师进修院校作为最基层的教师培训机构,在乡村教师培训中具有不可替代的地位和作用,其职能的发挥与运用,将直接影响着乡村教师培训的实效性。文章从县级教师进修院校的职能定位入手,阐述其作为组织者、实践者、引导者、服务者的角色在乡村教师培训中所发挥的作用,及对乡村教师培训工作开展的推动①。

从以上对于区县级教师培训机构职能的研究成果来看,学者更多地关注培训机构需要具有什么职能,而对于区县级教师培训机构的职能问题缺乏更深入的实证研究。教师培训机构的职能是其办学的导向,在这样一个价值多元的开放社会,加强区县级教师培训机构的职能研究,对其职能准确定位,寻求有效的发展路径,对促进中小学教师的专业发展显得十分重要。

(三)关于区县级教师培训机构存在问题的研究②

随着教师教育体系从三级转向二级,区县级教师培训机构在完成中小学教师学历补偿教育工作以后,其自身并没有与时俱进,逐渐显现出一些缺陷。一些学者对此也进行了相关研究,得出了一些结论。

第一,区县级教师培训机构很不被重视。有些地方政府和教育行政部门视教师进修学校为包袱,觉得教师进修学校可有可无,对区县级教师培训机构进行"边缘化"处理,将其或撤、或并、或转,严重影响了中小学教师培训工作的顺利开展。王志显认为县级教师教育机构存在发展不均衡、建设不规范、体制不健全等问题③。

第二,区县级教师培训机构的建设缺乏有力的政策保障。大多数区县并没有按国家要求把区县级教师培训机构的建设放在优先发展,且适度超前的战略位置上,在中小学教师教育的规划、投入、建设等方面,没有按照先一步和高一筹的要求,切实给予重点保证,导致经费不足,运转困难,使区县级教师培训机构不适应中小学教师继续教育的新需求。

第三,大多数区县级教师培训机构的教师队伍建设与基础教育发展的要求不相适应,存在高学历教师比例不高、专职学科教师配备不齐、培训教师的管理需要加强等问题④。

第四,培训机构自身管理水平不高。有些教师培训机构的领导班子思想比较封闭、成就动机不强、管理比较混乱,还有些教师培训机构的教工思想松懈、动力不足,如此导致区县级教师培训机构的日常管理比较松散,这严重影响了其运转效率。

(四)关于区县级教师培训机构能力建设与发展的研究

《教育部关于加强县级教师培训机构建设的指导意见》(教师〔2002〕3号)发布后,区县级教师培训机构的建设与发展状况引起了教师教育的研究者和实践者的广泛关注。学者顾松麒认为教师培训机构的建设与发展有三种模式:一是独立发展,即区县级教师培训机构不断强化自身的造血功能,充分挖掘自身的各种资源;二是整合发展,将县教师进修学校、县教研室和教学仪器站等进行整合,相互渗透、相互配合、统筹安排;三是合并发展,将

---

① 练清华.乡村教师培训背景下县级教师进修院校职能运用研究[J].福建基础教育研究,2018,117(9):18-20.

② 宋娟.湖南省县级教师培训机构职能定位与发展路径研究[D].长沙:湖南师范大学,2015.

③ 王志显.新时代县级教师教育机构的发展与思考[J].中国教育学刊,2019(4):53-56.

④ 范光基.论县级教师培训机构教师队伍存在的主要问题:以福建省为例[J].莆田学院学报,2012(6):78-80.

县教师进修学校、电教站、教研室等合并为一个机构，使资源进一步优化，并进行统一配置和管理。

很多地方在整合县域内中小学教师继续教育资源中进行了大胆尝试，实行“四位一体”的建设与发展模式，即区县级教师进修学校、电教站、教科室与教研室合并，通过不断优化资源配置形成合力，开展师训、干训、教研、科研和信息技术等工作①。李文平提出，县级教师进修学校是开展教师继续教育培训的重要场所，其所开展的教师进修培训工作的有效性大小不仅直接关系到受训教师专业素质能否得到有效提升，同时也关系到其课堂教学是否朝着有益的方向发展。但是由于近年来中小学教师学习补偿教育的逐渐完成和师范教育体制的顺利转轨，县级教师进修学校培训的有效性在逐渐下降，在这种情况下，继续开展教师进修培训具有重要意义②。这些地方的开创性工作为县域内中小学教师教育资源的整合提供了新的思路，对区县级教师培训机构的建设与发展有重要的参考和借鉴意义。多数学者认为县域内中小学教师教育资源的整合是大势所趋，要求将区县级教师进修学校、教研室和电教站等部门合并，实现资源共享和互补。但是在合并的过程中也遇到了一些问题，如功能定位出现偏差、心理融合困难、师资队伍素质难以适应研训一体化的工作要求等③。

关于教师培训机构专业化发展的研究，研究者们认为，在培训专业化发展目标之下，教师培训机构也应当以专业化发展为核心要务。刘潇认为，教师培训机构要通过提高专业化发展重要性的认识、发展专业化的组织机构、培养专业化的管理者、建设专业化的师资队伍、开展专业化的培训研究工作等方式提升教师培训机构的专业化水平……教师培训机构的专业化建设是机构自身发展和教师教育发展的必由之路④。李春美等人提出要通过学习型组织再造教师培训机构，这种学习型组织不是单纯意义上学习的组织，而是一种集学习、工作、培训于一体的组织⑤。卢健认为，通过机构文化建设可以提升机构的软实力，具体包括价值观文化建设、活动文化建设、情感文化建设、制度文化建设等方面⑥。魏非等人提出建构信息化管理系统实现教师培训管理的专业化⑦。

通过对区县级教师培训机构建设与发展的相关研究进行梳理，我们发现，区县级教师培训机构的建设与发展状况确实引起了大家的关注。但我们也应当看到，研究者大多是区县基层教师培训机构的人员及少数教育行政部门的人员，还没有形成有力的研究合力，研究的内容也主要集中在区县级教师培训机构的地位与作用、办学模式和教师素质等几个方面，对区县级教师培训机构办学功能转型的深入研究和关注不够。

（五）关于教师培训资源开发的研究⑧

教育资源是指教育过程中所占用、使用和消耗的人力、物力和财力资源，即教育人力资源、物力资源和财力资源的总和。教育资源根据资源来源可分为外部资源与内部资源。外

① 刘明远. 江苏中小学教师培训机构的现状及走向[J]. 江苏教育学院学报（社会科学版），2008，24（2）：17 – 21.

② 李文平. 提高县级教师进修学校培训的有效性对策 [J]. 课程教育研究，2017（8）：49.

③ 薛迪军. 教师进修学校、教研室合并遇到的现实问题[J]. 中小学教师培训，2009（1）：30 – 31.

④ 刘潇. 加强教师培训机构专业化建设的思考[J]. 继续教育研究，2011（8）：82 – 84.

⑤ 李春美，赵东权. 学习型组织创建与教师培训机构再造的思考[J]. 中小学教师培训，2004（12）：19 – 21.

⑥ 卢健. 论新时期教师培训机构文化建设[J]. 河南教育学院学报（哲学社会科学版），2012，31（1）：72 – 74.

⑦ 魏非，姜昌华. 从简单迁移到系统重构：信息技术支持的教师培训管理研究与实践[J]. 现代远程教育研究，2013（5）：60 – 68.

⑧ 储爱霞. 县级教师进修学校教育资源个案研究[D]. 漳州：闽南师范大学，2017.

部资源包括政策资源、经费拨款等；内部资源包括人力资源、课程资源、信息资源等。国内学者对具体的资源开发做了大量而有成效的研究。

一是人力资源开发方面。葛立国认为，针对集幼儿、小学、初中、高中教育一体化的学校，应从人力资源规划、招募与挑选、配置与开发、评价与薪酬四个方面进行资源开发①。曾小娟提出，立足当前农村教师人力资源困境，从以教师为本的人力资源师人力资源规划，教师招聘与配置、教师培训与开发等角度开发农村教师人力资源②。

二是课程资源开发方面。邓友平提出，从转变课程资源观念、强化课程资源意识，充分开发和利用社会资源和自然资源，构建有利于课程资源开发与利用的课程评价体系等方面进行课程资源开发与利用③。彬彬提出，合理构建课程资源的结构和功能，要根据地域差异、民族差异、学生差异，有针对性地开发利用适合的、包括地域性课程资源在内的各类课程资源，提高课程资源的实效④。聂振华认为，课程资源开发的途径，主要有让教材走进生活，让生活融入教材，多维度、多角度的开发，从点到面式开发，体验式开发和情境式开发⑤。唐亚娟指出，专题探究性教学课程资源开发应发挥教师引导作用，整合教材资源信息，引导课堂资源发掘，用心搜集生活资源，有序开发网络资源⑥。

三是信息资源开发方面。马费成、赖茂生指出，信息资源开发模式分为需求驱动型开发模式和价值驱动型开发模式⑦。王云娣提出了信息资源协同开发的模式，分为水平开发模式、垂直开发模式与集约开发模式⑧。苏炜认为，山西省广播电视大学在开展远程培训实践中，设计开发出效果较好的培训体系，即一站式课程服务模式、一体化学习过程模式和课程包学习资源模式的联合架构⑨。

（六）关于区县级教师培训的个案研究

杨虹认为，海南省市县级教师机构近年来发展较快，主要表现在机构整合效果明显、培训模式与培训机制不断创新、培训质量显著提升、人员队伍素质明显提高、示范性培训机构雏形显现。同时也凸显出较多问题。根据现状和问题，海南省市县级教师培训机构发展应关注几点：明确定位，突出地位，凸显特色；以评促建，加大国家级示范性县级教师培训机构建设力度；建立市县教师培训机构行业组织及教师培训专业标准体系；利用高校资源促进机构提升；加大财政投入，灵活管理机制；构建学习型机构文化⑩。

林晓辉研究发现：浙江省J市县级教师进修学校的培训能力得到了较好的发挥；不同影响因素下的教师进修学校培训能力间存在显著差异；影响因素各因子水平与进修学校培训能力间存在显著中度正相关性；通过对影响因素和教师进修学校培训能力建立回归模型，

---

① 葛立国. 一体化学校人力资源管理个案研究[D]. 长春：东北师范大学，2012.

② 曾小娟. 农村中小学教师人力资源开发调查研究：以湖南省娄底市涟源县为例[D]. 长沙：湖南师范大学，2009.

③ 邓友平. 课程资源开发与利用的问题与对策[J]. 课程. 教材. 教法，2009(3)：9－11，34.

④ 彬彬，孔凡哲，教师利用与开发课程资源的现状反思与改进对策[J]. 教育理论与实践，2015(1)：56－60.

⑤ 聂振华. 武川县课程资源的开发研究[D]. 呼和浩特：内蒙古师范大学，2016.

⑥ 唐亚娟. 专题探究性教学课程资源开发的意义及路径[J]. 教育理论与实践，2017，(5)：48－50.

⑦ 马费成，赖茂生. 信息资源管理[M]. 2版. 北京：高等教育出版社，2014.

⑧ 王云娣. 基本公共服务均等化视阈下的信息资源协同开发研究[J]. 情报资料工作，2016，37(6)：63－67.

⑨ 苏炜. 中小学教师远程培训课程内容与方式的研究：网上培训课程模式研究[J]. 山西广播电视大学学报，2015(3)：15－20.

⑩ 杨虹. 海南省市县级教师培训机构现状调查及发展策略研究[J]. 南昌教育学院学报，2019，34(2)：37－40.

发现各因素均可显著预测进修学校培训能力状况。根据研究结论，该研究建议县级教师进修学校可以突破墙围，区域联动，扩大社会支持；加强师资队伍建设，提升专兼职教师培训能力；适度调整教师培训标准，进行资金的合理分配；建立健全教师培训管理的制度体系①。

总的来说，区县级教师培训的个案研究比较多，研究的省域宽广，有一定的研究深度。除上述个案研究以外，相关研究还有以下几例。黄海容、王娅萍在《重庆与世界》（2018 年 6 期）撰文《基于县域视角下教师全员培训途径实现探究——以重庆市忠县小学教师全员培训为例》；马如彪，李金融《楚雄师范学院学报》（2016 年 8 期）撰文《对县级教师培训团队置换脱产研修模式的研究与思考——以楚雄师范学院为例》；汪文华在《当代教师教育》（2015 年 1 期）撰文《县级教师培训机构建设发展策略研究——基于 A 省的专项调研》；宋娟的湖南师范大学硕士论文《湖南省县级教师培训机构职能定位与发展路径研究》（2015 年）；赵明仁在《中小学教师培训》（2014 年 11 期）撰文《西北地区县级教师培训机构建设的问题及对策》；左长旭在《上海教育科研》（2013 年 8 期）撰文《以“四位一体”提升区县级教师培训机构内涵品质——以南京市玄武区教师进修学校为例》，等等。

① 林晓辉. 浙江省 J 市县级教师进修学校培训能力及其影响因素研究[D]. 金华：浙江师范大学，2018.

第二章　广东省区县级教师培训机构现状

区县级教师培训机构的设置和培训工作开展情况，直接影响着教师队伍素质提升和当地教育的发展。区县级教师培训机构是实施中小学教师继续教育的重要阵地，是我国教师教育体系不可缺少的有机组成部分。在教育改革发展新时期，“国培计划”（中小学教师国家级培训计划的简称），“省培计划”（中小学教师省级培训计划的简称）等培训项目的大规模实施，5年一周期360学时全员培训要求的提出，科学构建教师培训体系的现实需求，以及基础教育课程改革的不断深化，促使各地更加重视区县级教师培训机构建设。2017年，广东省教育厅要求每个区县规范区县教师培训机构，统称某区县教师发展中心，这对广东省区县级教师培训机构的发展具有重要意义。

第一节　区县级教师培训机构的历史沿革

我国以教研室、进修校为代表的区县级教育研究、教师培训机构大致经历了20世纪五十年代起步创建，六七十年代调整、停滞，八九十年代恢复与发展，21世纪改革中创新等几个典型发展阶段。当前我国各区县级教师培训机构的名称可谓五花八门，诸如教育教学研究与教师培训中心、教师学习与资源中心、教师进修学校、教师发展研究中心等。本书将各区县有关教师培养培训的机构均定义为区县级教师培训机构。

一、区县级教师培训机构的创建与起步阶段

追溯区县级教师培训机构的历史，最早可到中华人民共和国成立初期。建国伊始，百废待兴，教育发展更是急切，但当时合格师资奇缺，于是培训在职教师，使之达到合格标准，以满足教育发展需要，是一项非常紧迫的工作要求。教育部和财政部于1953年联合发布了《关于1953年中等学校及小学教师在职业余学习的几件事项的通知》，其中明确要求，教师进修院校由各地筹办，省市教育厅局筹办，或者委托师范院校开办函授学校，同时选择具有条件的区县筹办教师培训业余学校①。中小学教师培训机构从此开始陆续建立起来②。

“文化大革命”期间，各地进修院校或停办或撤销。党的十一届三中全会以后，我国教育事业的发展又进入了新的历史时期。教育部于1978年颁发了《关于恢复或建立教育学院或教师进修学院报批手续问题的通知》，该通知颁发后，各级教师进修院校又开始陆续恢复或建立起来。

20世纪70年代以后，教师进修学校的主要职责是协助落实九年义务教育的全面普及，

① 温寒江.师资培训概论[M].北京：北京师范大学出版社，1989.

② 宋娟.湖南省县级教师培训机构职能定位与发展路径研究[D].长沙：湖南师范大学，2015.

同时主要工作职责是开展中小学教师的学历补偿教育。研究表明，历史上的教师进修学校在小学教师学历补偿教育和九年义务教育阶段教师教育培训方面做出了积极的贡献，培养了一大批学历达标，能力较强，业务娴熟的合格师资。

20 世纪 80 年代以来，全国各县区几乎都健全了教师进修学校、教育研究室、教仪电教站，这些机构在促进区域教育发展和教师素质提升中发挥了重要的作用，功不可没。在全球范围内，就基础教育而言，以进修学校或类似机构进行在职教师培训，是大多数国家的共同做法。而以教研室为主要载体的教育教学研究制度，却是中国教育的独有特色。这或许是之前几十年中国的基础教育领先全球、“赢在起点”之妙招。有位华裔美籍学者曾在 2005 年北京师范大学中美教育中心举办的座谈会上感叹道：“我发现中国有一个特别的机构——教研室，这个机构太厉害了，它对于保证中国基础教育的质量，特别是在教育总体条件和经费投入（包括师资队伍的学历水平）都不理想的情况下，发挥了不可替代的作用。”借此设想：若能把“教研”与“师培”有机结合，形成“研培一体”新机制，针对师资入职“先天不足”的客观实际，为适应素质教育和课程改革要求，以校本研修为抓手，加强“后天提升”，也许是未来若干年解决“上好学”问题的实用之招，也许还能借此找到解决中国教育“输在终点”问题的好方法①。

1980 年教育部召开全国师范教育工作会议，国务院还批发了《教育部关于进一步加强中小学在职教师培训工作的意见》，该意见指出教师进修院校承担中小学教师培训的重要职责。1985 年，中共中央和国务院颁布《关于教育体制改革的决定》，明确要求切实办好教师进修院校，并利用现有设施，分期分批轮训教师。原国家教育委员会于 1986 年颁发了《关于加强在职中小学教师培训工作的意见》，该意见明确了中小学教师培训工作的总体要求和安排，自此，中小学教师培训工作进入到全面发展的新时期。

二、区县级教师培训机构的发展

进入 21 世纪后，教师教育体系进行了结构性调整，新的教师培训工作使教师进修院校、教研室的办学任务也面临转型。2002 年，《教育部关于加强县级教师培训机构建设的指导意见》中要求进一步加强以县级教师进修学校为主的各种县级培训机构建设，引导县级教师进修学校和县级电教、教研、科研等相关部门的资源整合与合作，形成合力，建设现代化的新型培训机构。2004 年，教育部又发文要求，各地要优化资源配置，形成合力，构建“多功能、大服务”，上挂高等教育机构、下联中小学的县级教师学习与资源中心。2005 年，教育部启动示范性县级教师培训机构评估认定工作。在教育部文件精神指导下，加强县级教师培训机构建设的工作在全国各地高调展开、艰难推进、成效逐显。

2011 年，《教育部关于大力加强中小学教师培训工作的意见》（教师〔2011〕1 号）要求：“充分发挥县级教师培训机构的服务与支撑作用。积极推进县级教师培训机构改革建设，促进县级教师进修学校与相关机构的整合和联合，加强县级教师培训机构基础能力建设，促进资源整合，形成上联高校、下联中小学的区域性教师学习与资源中心，在集中培训、远程培训和校本研修的组织协调、服务支持等方面发挥重要作用。”根据 2011 年统计，全国县级教师培训机构有 2 370 所，已经整合的机构有 1 000 所左右，而其中发展较好的仅有 700

---

① 谢祖福. 县级教师培训机构建设问题探究[J]. 中小学教师培训，2013(12)：11－13.

所左右①。区县级教师培训机构必须认真落实国家精神，加强自身建设，切实承担起管理与培训本区域内中小学(幼儿园)教师的重任。同时，在我国目前以县为主的教育管理体制条件之下，“国培计划”的有效实施要惠及中小学(幼儿园)教师，必须依靠区县级教师培训机构的服务与支持。区县级教师培训机构很好地服务与支持了“国培计划”②。

2012 年《国务院关于加强教师队伍建设的意见》(国发〔2012〕41 号)要求：“推动各地结合实际，规范建设县(区)域教师发展平台。”2013 年，《教育部关于深化中小学教师培训模式改革全面提升培训质量的指导意见》(教师〔2013〕6 号)指出，“各地要依托现有资源，加快推进县级教师培训机构与教研、科研和电教等部门的整合，建设县级教师发展中心，发挥其在全员培训的规划设计、组织实施和服务指导等方面的功能。”自此，县级教师发展中心开始取代县级教师培训机构及县级教师进修学校等。

截至 2013 年，我国有中小学(含幼儿园)教师 1 200 多万人，如此大规模的教师全员培训，必须有健全完善的培训体系加以支撑。当时有师范院校(专科及以上)161 所，按每所院校平均每年培训 2 000 名教师计算，可培训教师 32 万人，仅占教师总数的 2.7%。可见，师范院校能够承担的教师培训任务非常有限，教师全员培训工作的开展必须要发挥县级教师培训机构的基础作用。原来以学历补偿为主业的县级教师进修学校面临更复杂的任务，更大范围的培训对象，培训内容、方式、方法的要求更高。面对新的挑战，县级教师进修学校必须要转型，转变职能。但是，在县级教师进修学校转型过程中，由于各地重视程度、建设力度的不同，学校的发展出现极大分化。部分学校与教研、科研、电教等部门整合，成立新的教师培训机构，基本上解决了发展的困境。

2015 年，由国务院办公厅印发的《乡村教师支持计划(2015—2020 年)》中，“整合高等学校、县级教师发展中心和中小学校优质资源，建立乡村教师校长专业发展支持服务体系”的要求，第一次将县级教师发展中心正式写进国家级文件。

目前的情况是，不少省份的县级教师发展中心没有实质性建立，究其原因应该是机构合并难以进行所导致的。不少县级教师培训机构(主要是区县教师进修学校)认为，建立县级教师发展中心就是将县级教研室和电教馆等部门并到区县教师进修学校来，成为一个独立法人单位。这可能是对“整合”的曲解或误读。区县教师进修学校、区县教研室和区县电教馆等，原为不同的单位，人事管理渠道和人员编制等隶属不同，如果将多个部门合并为县级教师发展中心，会遇到许多体制性的阻力，推进十分困难。当然，也有一些地方建立了县级教师发展中心，据说一块“牌子”下，来自教师进修学校、教研室和电教馆的人员还是在各自的体制内(一个中心三个部门)，各做各的事情，名为“中心”实为“分体”，只不过在一个“中心”决策层的领导下，可以更好地统筹工作而已，本质上是师训、教研和电教等的功能性合作③。

近些年，各地根据教育部的指导意见，结合实际，在教师进修学校、教育研究室、教仪电教站、电大分校(工作站)等机构中，选择了“二合一”“三合一”“四合一”等整合方式。几年实践下来，呈现若干状态，大致归为三类：一是整合较好，二是整而未合，三是尚未整合。对

① 朱永新. 关于加强县级教师培训机构建设的提案[EB/OL]. http://blog.sina.com.cn/s/blog_4aceb7d930102eb1e.html.

② 罗先德. “国培计划”话语下县级教师培训机构如何作为[J]. 中小学教师培训，2013(5)：3 - 5.

③ 汪文华. 中国县级教师发展中心建设需要“三去”[N]. 中国教育报，2015 - 09 - 08(06).

"尚未整合"的状态，建议其主管部门及相关机构人员明确两点：一是整合势在必行；二是整合遵从实际，不必求全，而求实用。实践证明，以"研培一体"为基调，研制机构整合方案，选择如前面所述的进修学校、教研室"二合一"方式，或者进修学校、教研室、电教站"三合一"方式的整合，是符合实际需要、容易获得成功的方案。"整而未合"的状态，即虽然机构和资源归"整"在一起，但是其人心和职能还没有融"合"在一起。解决这类问题，需要研判原因、找准对策。

从历史角度看，教研室、进修学校、教仪站在此前数十年中，早已经历了由合到分的变革，分开管理、独立履职已有三十年左右的历史。新时期面对由分到合的变革，从内在因素看，影响融合的问题主要有两个方面：一是"老熟人、新同事"共识不足；二是"新机构、老工作"缺少交集。整合进来的一些机构（部门）职能及人员职责之间缺少必要的交合，以致因"各行其是，不相往来"而"貌合神离"。避免和消除这类现象的基本思路有三：第一，对整合进机构的全员先从思想认识和目标上多引导，促其在"磨合"中产生共识，形成"志同"感；第二，从角色意识和行动上去唤醒，让大家在交流中产生"道合"感；第三，从职能、职责上多创设结合点，使其在"合作"中催生共识，形成"相辅相成"的认同，达到"水乳交融"的状态①。

第二节　广东省区县级教师培训机构的现状分析

当前，区县级教师培训有政策、有制度、有经费，同时又有强大的教师发展需求，各方面环境条件已然具备，高质量的教师培训似乎理应水到渠成。然而近年来，"无用论""粗放型""负向功能""脱离实践""技术理性模式"的质疑却一直困扰着区县级教师培训②。

一、全国层面的现状分析

从国家层面看，教师国培体系建立健全。2012—2018 年，中央财政累计投入教师"国培计划"专项经费超过 137 亿元，培训各级各类教师超过 1 200 万人次，有力带动了各地 5 年一周期 360 学时的教师全员培训。到 2022 年，要基本健全教师培养、培训体系，支撑各级各类教师的专业发展。教师职称制度得到较大改进，广大教师职业发展通道比较畅通。教师管理体制机制障碍破除取得重大进展，事权、人权、财权相统一的管理体制普遍建立。教师待遇提升保障机制更加完善，教师职业吸引力明显增强。总体上，教师队伍规模、结构和素质能力基本满足各级、各类教育发展需要。教师国培体系得以建立。国家构建起了较为完备的大中小学和幼儿园教师国培体系。

对教师来说，让广大教师在实践中学习，在学习中积累，在积累中成长。聚焦乡村教师，始终紧紧围绕"下得去、留得住、教得好"这个难点问题。乡村教师队伍专业水平得到明显提升。通过实施"特岗计划"，5 年来，中西部省份得到中央财政的支持，共招聘 28 万名特岗教师，增加了乡村教师数量，极大优化了乡村教师结构，提升了乡村教师整体水平。2013 年，教育部启动集中连片特困地区乡村教师生活补助政策，截至 2018 年，已经安排专

① 谢祖福．县级教师培训机构建设问题探究［J］．中小学教师培训，2013（12）：11－13．
② 魏非．面向混合式研修的教师培训机构能力成熟度模型研究［D］．上海：华东师范大学，2016．

项经费140亿元,覆盖了725个贫困县,惠及130多万名乡村教师,乡村教师"下不去、留不住、教不好"的难题有所缓解。

乡村教师队伍建设明显加强。通过实施"特岗计划",2012—2018年中央财政支持中西部省份共招聘51万名特岗教师,持续为乡村教育输入"新鲜血液",优化了乡村教师队伍结构。2013年教育部启动集中连片特困地区乡村教师生活补助政策,截至2018年,已经安排专项经费153亿元,覆盖725个贫困县,惠及130多万名乡村教师。

在对区县级教师培训现状的研究方面,李新翠[①]在2018年通过网络在线调研的方式,对全国30个省份(西藏自治区未收集到数据)的9 911名教师进行问卷调查,按地区划分,东部地区教师4 654人,约占47.0%,中部地区教师2 417人,约占24.4%,西部地区教师2 840人,约占28.7%;按城乡划分,城市教师2 678人,约占27.0%,县镇教师4 790人,约占48.3%,乡村教师2 443人,约占24.6%;按学段划分,幼儿园教师725人,约占7.3%,小学教师5 152人,约占51.9%,初中教师2 824人,约占28.5%,高中教师1 210人,约占12.2%。此外,该调研还对不同地区的10家县级教师培训机构负责人和部分教师进行了深度访谈,考察县级教师培训的现状及问题,并据此提出改进和提升县级教师培训质量的对策建议。

(一)近八成教师认为县级教师培训内容实用性较强

该调研从量和质两方面考察县级教师培训的总体状况。"量"主要由县级教师培训项目的数量来反映,"质"则从县级教师培训的课程体系、培训内容、培训模式和培训效果等方面来考察。具体结果如下。

1. 过半数的教师认为县级教师培训活动数量较多

就教师培训活动的数量而言,分别有12.0%和39.7%的教师认为县级教师培训活动"非常多"和"比较多",31.7%的教师认为"一般",分别有10.7%和5.9%的教师认为县级教师培训活动"比较少"和"非常少"。

2. 近八成教师认为县级教师培训内容实用性较强

调查显示,51.3%的教师表示所在县级教师培训机构自主研发了培训课程体系,48.7%的教师表示所在机构没有自主研发课程体系。

就培训内容的系统性而言,14.7%的教师选择"非常系统化",59.8%的教师选择"有一定体系",9.6%的教师选择"没有规律",11.8%的教师选择"随机安排",4.1%的教师选择"非常碎片化"。

就培训内容的实用性而言,32.5%的教师选择"能够引领教师发展",47.3%的教师选择"能够满足自身需求",9.5%的教师选择"无关痛痒",4.9%的教师选择"零散陈旧",5.7%的教师选择"脱离教学实际"。

3. 公开课、研究课指导等方式最受一线教师欢迎

数据显示,33.9%的教师认为公开课、研究课指导是县级教师培训最有效的方式,27.5%的教师选择"教师集中培训",14.5%的教师选择"教研员听评课",8.2%的教师选择"校本教研指导",6.1%的教师选择"课题研究指导",5.9%的教师选择"连片教研",2.4%

---

① 李新翠.把握需求提升县级教师培训实效:基于全国30个省份近万名教师的调查分析[N].中国教育报,2018-10-09(08).

的教师选择“干部培训”,1.5% 的教师选择“论文写作指导”。

由此可见,公开课、研究课指导这种更加贴近一线教师实践的培训方式是最受欢迎的。

4. 超六成教师认为县级教师培训效果较好

就县级教师培训的效果而言,17.5% 的教师选择“非常好”,45.3% 的教师选择“比较好”,31.1% 的教师选择“一般”,3.7% 的教师选择“比较差”,2.4% 的教师选择“非常差”。

(二)县级教师培训存在区域、城乡、学段、教龄和职称差异

从县级教师培训数量、内容和效果三个方面考察其在东中西部、城乡、学段、教龄和职称之间的差异,发现县级教师培训存在以下问题。

1. 东部地区县级教师培训明显好于中部和西部地区

数据显示,县级教师培训在培训数量、内容和效果三个方面均存在显著的区域(东部、中部和西部)差异,且均有东部最高、中部次之、西部最低的趋势特征。

2. 对低学段教师的培训总体好于对高学段教师的培训

统计分析表明,县级教师培训在培训数量、内容和效果三个方面均存在显著的学段差异。随着学段的升高,县级教师培训数量、内容和效果呈现出普遍下降的趋势,这说明对低学段教师培训的力度和效果好于高学段。对县级教师培训机构个案的研究结果显示,幼儿园、小学和初中学段教研员数量明显多于高中学段教研员数量。因此,县级教师培训机构对低学段教师的培训能力强于高学段教师。

3. 县级教师培训存在明显的县镇“塌陷”特征

数据表明,在培训数量、内容和效果三个方面,县级教师培训均存在显著的城乡差异,呈现出县镇“塌陷”的趋势,即城区最高、乡村次之、县镇最低。这一结果的出现可能与近几年各级政府高度重视乡村教师队伍建设有关。《乡村教师支持计划(2015—2020 年)》提出组合拳式的战略举措,旨在全方位提升乡村教师队伍建设,相比之下,县镇教师得到的政府投入和培训支持较少。

4. 县级教师培训中,中级发展阶段教师培训效果最差

数据显示,县级教师培训在培训数量、内容和效果三个方面均存在显著的教龄差异,5 年以下和 16 年以上教龄教师对县级教师培训的评价明显高于 5 ~ 15 年教龄的教师。

此外,显著的职称差异也同时存在,未评职称教师和高级及以上职称教师对县级教师培训的评价显著高于三级教师、二级教师和一级教师。

进一步对受访对象访谈能够解释这一现象。初级发展阶段,教师对县级教师培训评价较高,是因为他们刚刚走上教师岗位不久,缺乏一些基础性的教育教学方法、班级管理方法、师生沟通方法等,县级教师培训恰恰能满足这一需要。而高级发展阶段教师的评价相对较高,可能是因为他们中的很大一部分人已经成为县级教师培训的培训者。中级发展阶段教师已经积累了一定的实践经验,在教育教学常规工作中游刃有余,需要更高位的引领和支持,而县级教师培训机构的高位引领还存在很大的改进空间,访谈中有教师特别提到,希望县级教师培训能够提供更多专家引领和名师引领机会。

二、广东省区县级教师培训机构的现状分析

广东省,简称“粤”,是中华人民共和国省级行政区,省会广州市。名由岭南东道、广南东路演变而来。广东省位于南岭以南,南海之滨,与香港、澳门、广西、湖南、江西及福建接

壤,与海南隔海相望。截至2018年底,广东省全省常住人口11 346.00万人,是全国第一人口大省。广东省下辖地级市21个、市辖区65个、县级市20个、县34个、自治县3个。广东省2018年有各级各类学校专任教师128.3万人,各阶段专任教师人数统计如图2－1所示,广东省2018年义务教育阶段有70万教师,占教师总数的60%,广东省2014—2018年义务教育阶段教师队伍情况如图2－2所示。

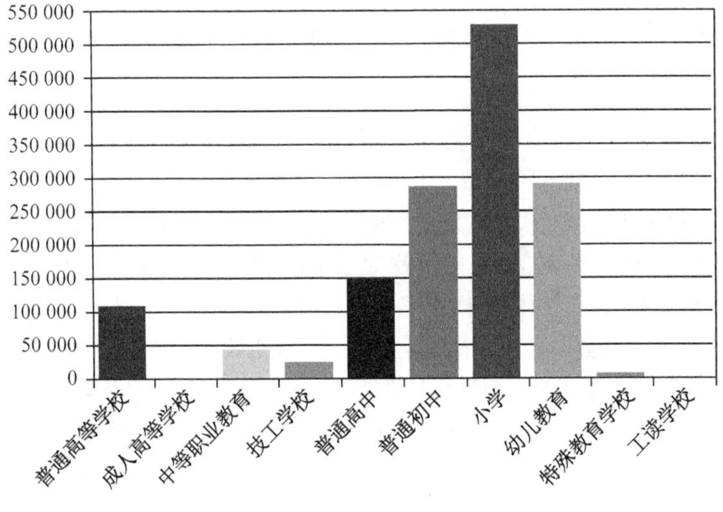

图2－1 广东省2018年各阶段专任教师人数(单位:人)①

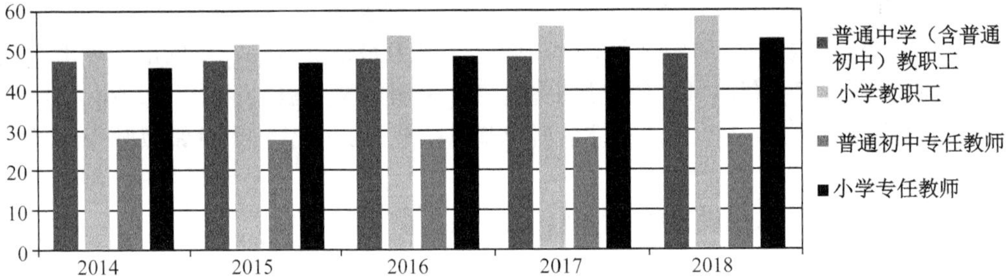

图2－2 广东省2014—2018年义务教育教师队伍情况(单位:万人)②

2018年12月5日,由广东省教育厅主办、肇庆学院广东省中小学教师发展中心承办的2018年市县级教师发展中心负责人高级研修班在肇庆学院开班,来自广东省全省51名各市县级教师发展中心负责人参加。在为期1周的培训中,本书作者向51名各市县级教师发展中心负责人发放了《广东省区县级教师培训机构能力建设调查问卷》(见本章末附件),收回有效问卷43份,并分别对这些中心负责人进行了访谈。同时,本书作者有选择地实地走访和调研了怀集县教师发展中心、封开县教师进修学校等10余家广东省区县级教师培训机构,搜集第一手调研资料,对问卷、访谈和调研资料进行了深度分析。

① 数据来源:广东省教育厅网站,http://ygzw.gdedu.gov.cn/jysj.

② 数据来源:广东省教育厅网站,http://ygzw.gdedu.gov.cn/jysj.

(一)填报机构所在区域

在收回的43份调查问卷中,粤东地区有10所区县级教师培训机构,粤西地区有10所,粤北地区有8所,珠三角地区有15所,见表2-1。

表2-1　填报调查问卷机构所在区域

地区	粤东地区	粤西地区	粤北地区	珠三角地区
数量/所	10	10	8	15

(二)填报机构名称

调查统计,此前,包括广东省在内的我国很多地方的区县级教师培训机构名称是“教师进修学校”,而此次调查显示区县级教师培训机构名称五花八门,诸如“教师进修学校”“教科研中心”“教师发展中心”“教研室”“教育发展事务中心”“教育科学研究院”等,一些区县挂靠在职教中心或职教中学,设“进修部”,见表2-2。而粤东地区、粤西地区和粤北地区的县级教师培训机构名称普遍为“教师进修学校”。多数区县级教师培训机构的负责人希望未来的名称是“教师发展中心”。

表2-2　截至2018年广东省区县级教师培训机构的名称统计

名称	教师进修学校	教科研中心	教师发展中心	其他
数量/所	17	10	9	7
占比/%	39	23	20	16

(三)资源整合

从调查统计看,目前区县级教师培训机构大多数没有完成培训、教研、科研、电教、电大几个机构之间的整合;未进行机构整合,但经常与其他相关机构合作开展教师培训的单位较多;完成了培训、教研、电教等机构之间的整合的单位只为少数。

区县级教师培训机构目前的主要工作任务各有不同,也各有侧重,从调查情况看,区县级教师培训机构承担的主要工作任务依次为师训、干训、电教、科研、教研等。区县级教师培训机构几乎不再承担学历教育,见表2-3。

表2-3　截至2018年广东省区县级教师培训机构承担的主要工作任务统计

任务	师训	干训	教研	科研	电教	其他
数量/所	41	38	9	14	36	12
占比/%	95	88	20	32	83	30

(四)填报机构基础条件

从占地面积看,各区县级教师培训机构占地面积从686.67平方米到102 000平方米不等,建筑面积从 768 平方米到 6 500 平方米不等。

从教室配备情况看,各区县级教师培训机构的普通教室从 4 间到 45 间不等,多媒体教室普遍不多,最多的多媒体教室有 46 间,其他功能室相对较少。如深圳市某区教师培训机构现有各种培训室 45 间,其中 500 座报告厅 1 间、300 座报告厅 1 间、200 座报告厅 1 间、120 座小报告厅 1 间、100 座教室 7 间、56 座教室 8 间、书画室 1 间、音乐室 1 间、舞蹈室 1 间、录播室 1 间、61 座计算机房 2 间、钢琴练习室 20 间。

从图书阅览室方面看,粤东西北区县级教师培训机构多无图书阅览室,无藏书、杂志、报纸和音像资料,珠三角地区少数单位相关条件较好,最多的藏书 67 789 册、杂志 40 多种、报纸 20 余种。

一些区县级教师培训机构无计算机,有的区县级教师培训机构有计算机,数量从十几台到 220 台、360 台、392 台不等。

从填报机构基础条件看,各区县级教师培训机构办学条件差别很大,除珠三角个别培训机构条件较好外,粤东西北区县级教师培训机构办学条件普遍较差,有待大幅度改善。

(五)填报机构的网络建设

区县级教师培训机构有网站的有 15 家,占比 34.8%,多数机构没有自己的网站;机构能为本地区网络体系提供服务的有 12 家,占比近 30%,相对数量较少。

(六)填报机构的部门设置

从调查情况看,区县级教师培训机构的部门设置差别较大。一些区县级教师培训机构没有设置专门的部门,而是根据培训任务临时组织人员参与培训工作。如广州市某区 15 位工作人员分工负责小学校长(园长)培训、全员培训、骨干教师培训、专项培训、普通话培训及测试、信息技术应用能力提升培训等项目;一些区县级教师培训机构设置专门的部门,设置专门部门最多的是教师培训、干部培训、小学教研、信息技术教研等,其他部门设置较少,见表 2-4。

表 2-4 截至 2018 年广东省区县级教师培训机构的部门设置

部门	教师培训	干部培训	教育科研	中学教研	小学教研	学前教育教研	德育教研	心理教研	信息技术教研	其他
数量/个	24	26	12	15	17	9	6	2	16	6
占比/%	56	60	28	35	40	21	14	5	37	14

(七)填报调查问卷机构的师资配备

从调查情况看,不论是义务教育阶段,还是高中阶段,多数区县级教师培训机构都配备了语文、外语、数学、历史、地理、科学、生物、物理、化学、体育、艺术、音乐、美术、思想品德、历史与社会、品德与生活、品德与社会、信息技术等专职教师(教研员、研修员、师训教师等),有的培训机构也配备了相关专业的兼职教师。在专职教师中,没有具有博士学位的教师,珠三角地区个别学校具有一定数量的具有硕士学位的高学历教师。从整体上看,具有高级职称的教师占比较大。

从专任教师人数看,区县级教师培训机构专任教师数量从 4 到 60 人不等。

（八）区县级教师培训机构对培训者开展培训的内容

培训者是指在培训与发展过程中具体承担培训任务，向受训者传授知识与技能的人。它在培训中处于关键地位，其素质、意愿能力及方法的选择都关系到培训效果和质量。区县级教师培训机构对培训者开展培训的内容主要以教育科研、学科业务知识、新课程等为主，见表2－5。

表2－5　广东省区县级教师培训机构对培训者开展培训的内容

内容	教育科研	新课程	信息技术	学科业务知识	培训技巧	中外优秀文化知识	其他
数量	38	25	16	36	18	6	7
占比/%	88	58	37	83	49	14	16

（九）区县级教师培训机构对培训者开展培训采用的方式

教师培训的有效方法需要建立在对学习者学习规律的把握上。对于不同的培训项目、不同的培训对象，要采取不同的培训方法。作为教师培训机构管理者，要在研究培训对象的知识建构性、社会性、情境性和复杂性等方面的因素后，积极探究有效的培训方式方法。区县级教师培训机构对培训者开展培训采用的方式主要以请专家讲课、网络研修、下校指导教育教学活动等为主，见表2－6。

表2－6　广东省区县级教师培训对培训者开展培训采用的方式

培训方式	请专家讲课	下校指导教育教学活动	组织教师开展课题研究	组织教师外出学习、考察	网络研修	其他
数量	38	30	5	6	37	2
占比/%	88	76	11	14	86	4

（十）2017—2018年，区县级教师培训机构开展的非学历培训情况

由于数据统计较为困难，因此多数回收的问卷没有给出区县级教师培训机构开展的非学历培训情况的准确数据。但多数区县级教师培训机构都很肯定地表示：开展了非学历培训这项工作。以广州市某区为例，相关培训数据见表2－7。

表 2-7　广州市某区开展的非学历培训情况

培训内容	中小学校长培训	新教师岗前培训	教师岗位培训	骨干教师培训	新课程培训	全员培训	农村中小学教师参加集中培训(3 天及以上/次)
数量/人次	119	309	0	1 154	0	177 140	0

(十一)区县级教师培训机构开展培训的方式

区县级教师培训机构开展培训的方式主要以面授辅导、现场教学、参观考察为主,见表 2-8。在访谈中,很多教师也认为这三种方式效果好。

表 2-8　广东省区县级教师培训机构开展培训的方式

培训方式	面授辅导	现场教学	专题研讨	情景模拟	互动体验	参观考察	其他
数量	41	36	21	5	17	38	6
占比/%	95	83	49	11	37	88	14

(十二)2017—2018 年,区县级教师培训机构组织送教下乡(校)情况

《教育部办公厅关于印发乡村教师培训指南的通知》(教师厅〔2016〕1 号)提出区县教育行政部门要将送教下乡培训纳入乡村教师全员培训规划,制订送教下乡培训周期计划与年度计划。原则上同一乡镇、同一学科每年送培不少于 4 次,每次不少于 2 天,确保送教下乡培训实效。县级教师发展中心(培训教研机构)会同高等学校,根据教育行政部门相关要求,做好培训需求调研,确定培训主题,研制实施方案,实施送培。但实际情况是,广东省多数区县级教师培训机构没有组织送教下乡(校)活动,组织相关活动的机构较少,见表 2-9。

表 2-9　2017—2018 年,广东省区县级教师培训机构组织送教下乡(校)情况

次数	101 次及以上	51~100 次	31~50 次	30 次及以下	未组织
数量	1	13	6	2	22
占比/%	2	30	14	4	51

(十三)区县级教师培训机构经费情况

由于数据统计较为困难,因此一些回收的问卷没有给出区县级教师培训机构经费情况。从给出的区县级教师培训机构经费情况来看,如粤西某县 2017 年度,机构用于教师培训的经费共计 366.1 万元,其中区县财政预算内拨款 149.7 万元,教育附加费拨付 216.4 万元,教育行政部门拨款 78 万元,专项经费 149.7 万元;粤东某县 2017 年度,机构用于教师培训的经费共计 61.29 万元,全部来自教育行政部门拨款;另一粤东某县 2017 年度,机构用于教师培训的经费共计 29 万元:在 2017 年度,粤北某县教师培训机构用于教师培训的经费共

计26万元。

深圳市某区2017年度,机构用于教师培训的经费共计1 737万元,其中区财政预算内拨款1 737万元;广州市某区2017年度,机构用于教师培训的经费共计1 788万元;东莞市某教师培训机构2017年度,机构用于教师培训的经费共计2 515.47万元,其中教育行政部门拨款1 006.8万元、专项经费1 508.67万元。

从上述数据对比中可以看到,经济发达的珠三角地区的区县级教师培训机构的教师培训经费投入多、较为充足,而经济相对落后的粤东西北地区对教师培训经费的投入数量有限。

第三节　广东省区县级教师培训的主要成绩及存在的问题

一、广东省区县级教师培训的主要成绩

(一)区县级教师培训机构整合速度不断加强,培训资源整合效果显著

根据《教育部关于进一步加强县级教师培训机构建设的指导意见》(教师〔2002〕3号),广东省各区县级教师培训机构按照小实体、多功能、大服务的原则,进行了机构整合。近些年,各区县教师进修学校、电教馆、教研室等逐步进行整合完善。初步统计,截至2018年,广东省至少有19个区县级教师培训机构已经完成整合,形成了具备培训、研究、指导、电教、资源开发等多种功能的教师培训机构,促进了资源的整合与合作,优化了资源配置。

为借鉴省外市级教师发展学院、县级教师发展中心组织、建设与管理经验,进一步提升区县教师培训机构整合当地教师培训、教研、电教等资源的能力,充分发挥区县教师培训机构服务本地教师专业发展的功能,由广东省教育厅主办,中国教师教育网承办的广东省区县教师培训机构负责人省外培训班于2018年7月8日上午在重庆开班,来自广东省全省各县(市)区的50位学员参加。本次培训除集中组织学习《新时期教师培训机构机制创新的思考与实践》《互联网+背景下的教学新生态》《如何让培训更有效》《本土化教师培训团队建设》《基于行动学习的校本研修》《教师、学校、教育行政部门多维关系下研训人员的应对和发展》等专题报告外,还安排现场考察重庆、成都两市的5个教师培训机构。在重庆市沙坪坝区教师进修学院、南岸区教师进修学院、江北区教师进修学院,成都市青羊区教育科学研究院、武侯区教师继续教育中心等5个单位学习关于机构整合和资源建设、体制机制的建立健全、机构管理和运作、研训一体化特色做法等经验介绍,为广东省县区教师发展中心建设、资源整合、教师培训模式改革和创新提供良好的思路和方向。

(二)培训模式与培训机制不断创新

在中央、广东省有关政策文件的指导下,广东省各区县级教师培训机构能够结合地方教育实际、教师队伍现状、教师培训工作发展趋势,开展各类培训,例如,深圳市坪山区成立于2009年,2017年建立行政区。建区之初,坪山区共有中小学23所,教师1 502人,无特级教师,高级教师仅占5.2%。坪山区教育工作设两个教育管理部门:教育科和教育科学研究

管理中心。教育科学研究管理中心负责全区的教育督导、教育科研、教师培训、学科教研、名师管理、德体卫艺、学前教育、职教特教、家庭教育等。教师培训从零起步开始有益的探索。该区教师培训强调“面向全员、突出骨干、倾斜实操”，奉行“专业、质量、实效、服务”。每年完成的常规培训有全员培训、校园长与教研员业务培训、公需课程培训、网络选课培训、新教师培训等，近年来强化了青年教师培训、骨干教师培训、教育信息能力培训、学历提升培训等①。

广东省茂名市电白区培训模式与培训机制不断创新，精准培训，不落一师②。该区滨海小学曾想打造足球特色学校，但遭遇了师资水平不高的“拦路虎”。近年来，该校借电白区“强师工程”等“东风”，选派优秀教师外出拜师学艺。很快滨海小学就成为球坛“黑马”，该校夺得茂名市 2018 年“市长杯”足球联赛小学男子组冠军。

近年来，电白区直面教育短板弱项，狠下决心，精准发力，消解师资不均衡痛点，切实抓好控辍保学、精准资助等工作，实施对口帮扶、集团化办学等，促进城乡学校教育教学质量“齐步走”。电白区筑巢引凤、支教交流、培训提升并举，为师资队伍“强筋壮骨”。“雁飞千里靠头雁，我们先培训提升校长等关键少数，辐射引领更多教师”，电白区委副书记、区长华翠介绍说。该区开展师资培训供给侧改革，根据教师发展梯度需求分层、分类培训。电白区还向教师发放高层次学历提升专项奖励等“大红包”，引导教师在学历、能力上“通关升级”。2018 年，电白区引进 100 多名硕士及以上高层次人才，有近 2 000 名教师在职提升学历，精准培训 1.3 万名教师。

(三)不断加强区县级教师培训机构能力建设，培训质量逐步提升

中央、省市等各级政府对教育的重视，使教师培训也越来越受到关注。各区县教师培训机构通过各类培训项目的实施，创新培训模式，运用多元的培训方式，坚持师德教育和业务培训双提升，合理安排培训内容，狠抓培训跟踪，培训质量显著提升。培训提升了当地教师的职业理想和师德水平，进一步更新了专业知识和专业技能，促进了当地教师专业发展，在本地区基础教育课程改革、教育教学质量提升过程中发挥了重要作用③。

区县级教师培训机构是教师培训体系的基础组成部分，在中小学教师全员培训尤其是农村教师培训中发挥着核心作用，区县级教师培训机构的建设，对中小学教师队伍建设具有重要的基础作用。而当下师范院校能够承担的教师培训任务非常有限，教师全员培训工作的开展必须要发挥县级教师培训机构的基础作用。原来以学历补偿为主业的区县级教师进修学校面临更复杂的任务，更大范围的培训对象，培训内容、方式、方法的要求更高。面对新的挑战，区县级教师进修学校必须要转型，转变职能。如珠海市金湾区教育科研培训中心是金湾区教育局所属公益一类事业单位，主要承担金湾区中小学教育、学前教育等的课程、教学、评价等研究、指导、服务工作，在不断提升区县级教师培训机构能力建设的同时，该机构在教师专业发展中的作用越发明显。

---

① 李显明. 县区教师培训的困境与突破[J]. 未来教育家，2018(1)：22－23.

② 刘盾，王友文，禹跃昆. 茂名电白：城乡教育质量“齐步走”[N]. 中国教育报，2018－12－25(07).

③ 杨虹. 海南省市县级教师培训机构现状调查及发展策略研究[J]. 南昌教育学院学报，2019，34(2)：37－40.

（四）通过开展区县级教师培训机构负责人及培训教师的专题培训，专职、兼职教师培训队伍素质明显提高

从机构人员类别看，区县级教师培训机构专职、兼职培训教师的职称、学历越来越高，而且努力吸收来自基础教育一线的教师充实到教师培训队伍中。此外，深圳市龙岗区教师进修学校、珠海市金湾区教育科研培训中心、肇庆市怀集县教科研中心等一些区县培训机构先后组织培训者培训或派员参加国家、省级培训，提高培训者的管理能力、指导能力、培训能力，提升培训专业水平。通过实施国培项目、省培项目、本市县项目，培训者队伍得到了锻炼，培训能力得到进一步提升。

2016 年 12 月 27 日，广东省县级教师培训机构负责人研修班在华南师范大学石牌校区开班，该研修班由广东省中小学教师培训中心、华南师范大学基础教育培训与研究院主办。广东省教育厅巡视员李学明，广东省教育厅中小学教师继续教育指导中心主任谢小胜，华南师范大学副校长沈文淮，广东省中小学教师培训中心常务副主任、中国教育学会副会长吴颖民出席开班典礼并讲话。此次研修班为期 3 天，采取世界咖啡、专题讲座、体验交流、参观访谈、互动研讨等多种课程形式进行，研修内容丰富。广东省 5 家国家级示范性教师培训机构进行了培训模式的现场展示，6 家省级示范性教师培训机构进行改革经验的分享交流，北京师范大学郑新蓉教授应邀作学术报告。研修期间，广东省中小学教师培训中心和华南师范大学倡议成立广东省县级教师培训机构专业委员会，得到了来自全省各地学员的积极响应。此次研修有效地提升了广东省区县级教师培训机构负责人的综合素质。

（五）示范性教师培训机构显现，助推区县级教师培训机构培训能力的提升

广东省各市县级教师培训机构也在不断进行机构自身的改革与建设，建立区域性教师学习研究中心、资源中心、服务中心。据《深圳晚报》2018 年 10 月 11 日报道，深圳市龙岗区成立的区教师发展中心，依托国家级示范性县级教师培训机构——龙岗区教师进修学校，深入开展新教师—教坛新秀—骨干教师—学科带头人—教育专家的五阶梯式培养工作。龙岗区率先启动教育系统优才工程，开创了“基于‘双力驱动’的区域教师优化提升工程”，还推出“卓越校长培养计划”，建立“后备校长—新任校长—在职校长—骨干校长—卓越校长”成长机制，为校长专业成长，提供成果转化、跟踪指导、引领辐射的体系化服务。

全国示范性县级教师培训机构创新模式高端研讨会荔湾专场于 2014 年 10 月 9 日下午在广州市荔湾区乐贤坊小学举行。此次研讨会受广东省教育厅委托，由广东省中小学教师培训中心、教育部“国培计划”——海外培训项目执行办公室、全国教师教育学会省级教师继续教育中心协作委员会联合主办，华南师范大学基础教育培训与研究院承办。

荔湾专场以广州市荔湾区实施的新型教师研训模式——“二元五次”常态课研究为范例，向与会者作了交流和分享。参加本次活动的嘉宾共 150 多人。来自全国各省市的国家级示范性教师培训机构的负责人；华南师范大学基础教育培训与研究院直属党支部书记，教育部委托《中小学德育》主编、副社长，广东省中小学校长联合会副秘书长，教育部第二批“国培计划”专家库专家王清平；华南师范大学基础教育培训与研究院干训中心副主任，广东省中小学新一轮百千万人才培养工程项目执行办主任助理，广州市第三期卓越校长班领班人崔世泉博士；华南师范大学基础教育培训与研究院童汝根博士；广州市名家工作室主持人、荔湾区教育发展研究中心主任何彪；荔湾区教育局师资科副科长庞寒风；广州市第三

期卓越校长培养对象的30多位校长；荔湾区属小学的教学行政及实验学校骨干教师，以及中心培训部的全体同事。研讨会由荔湾区教育发展研究中心副主任陈俊芳主持。

乐贤坊小学语文科组以"基于合作的课堂观察实践研究"为切入口，以问题解决为中心，通过合作教学设计—教学及同伴观课—反思及评估修正—修订后再教及观课—再反思及成果分享的"二元五次"常态课研训模式，以语言训练与表达为主题，展开了课例《猫》的研讨活动。研讨中，教师们根据教学问题，选取观察点，设计观察量表，依靠学科组、年级组的平台合力解决教学中的问题症结。荔湾专场的成功举办，从一个侧面展示了荔湾区"二元五次"的研修成果。同时，也让来自全国的与会者更加深入了解了荔湾区教育教学现状，感受到校本研训能切实地促进教师合作体中每一位成员的发展。

二、广东省区县级教师培训存在的主要问题及原因

在多方努力下，近些年，广东省区县级教师培训取得了一定成绩，一定程度上提升了县域教师队伍的整体素质，推动了县域教育质量的提升。但是广东省区县级教师培训及培训机构在发展过程中还存在诸多亟待解决的问题。调研结果表明：当前广东省区县级教师培训机构职能被弱化；教学基本条件严重滞后；教学专业师资良莠不齐；县域内优质教师教育资源"整而不合"；培训机构职能存在错位与缺位和机构职能主次不明，机构的核心职能——培训职能没有得到凸显。

（一）区县级教师培训机构定位不够明确，发展边缘化

在现行国家体制下，各个中小学教师培训机构的定位对于其发展的自主权、发展方向、发展规模都有较大影响。通过调查，广东省一些区县级教师培训机构行政归属、级别界定、职责划分不明确，特别是有的培训机构不具有独立法人地位，导致培训机构行事举步维艰，项目的实施也经常遇到阻力。个别区县培训机构校本研修指导、培训服务等功能不突出，和教育局人事股、培训股等相关部门职能有所交叉，处境尴尬，导致培训机构没有地位认同感、归属感。还有个别区县只看重学校发展，甚至只看重学校升学率，忽视与教师发展、学校发展息息相关的教师培训机构，培训机构的发展被边缘化，受重视程度不够。

（二）区县级教师培训机构发展不均衡

根据教育部有关规定，各省市在县级层面相继成立了教师进修学校，承担着县域在职教师的培养培训任务。但是，研究资料显示，从全国层面看，目前全国3 000多个县，也只有2/3的县建有教师进修学校，还没有形成全面覆盖的教师培训机构格局①。

广东省现有的区县级教师培训机构的发展也很不均衡，珠三角地区的一些区县级教师培训机构规模、软硬件建设、教师队伍等符合国家标准，但粤东西北地区的相当多的区县级教师培训机构不论是办学规模，还是发展建设等方面都还相差很远，与本地普通高中相比有较大差距。特别是信息化设备设施、网络环境资源和远程学习支持等难以满足培训信息化、管理信息化的需要，甚至有些区县级教师培训机构只是一个有名无实的空架子，这些学校校舍陈旧，教育教学设施老化，设备极其短缺，培训教师队伍建设落后，根本不能发挥其

① 王志显.新时代县级教师教育机构的发展与思考[J].中国教育学刊，2019(4)：53－56.

应有的功能作用。

随着教育改革的不断深入，虽然一些区县将区县级教师进修学校和一些教研、电化教育、教学仪器等部门合并，成立了综合性的教师培训机构，名称改为教师发展中心，但其功能和作用并没有发生太大的改变，在促进教师专业发展、推进教育教学改革方面所起的作用并不是很明显。出现这种状况的原因虽然很多，但主要原因在于区县级政府部门和教育行政部门对教师培训机构存在的作用、建设发展的意义缺乏足够的认识和重视，还没有做到思想认识到位、组织建设到位、投入保障到位，有的地区甚至认为教师培训机构可有可无，更是对其发展与建设漠不关心。

从广东省全省范围看，无论是教师进修学校，还是调整重组后的教师发展中心，区县级教师培训机构的不均衡发展在一定程度上影响了广东省基础教育事业的发展，延缓了县域义务教育均衡发展的进程。

（三）区县级教师培训机构建设不规范

为加强区县级教师培训机构建设，教育部于21世纪初的2个10年间开展了2次县级教师培训机构达标创建和示范评选活动，先后评出近400所示范性县级教师培训机构。从评估数据和具体情况看，区县级教师培训机构仍需大力加强规范化建设，以更好地满足县域教师继续教育和在岗培训的需要。建设不规范主要表现为基础条件建设不规范，如占地面积、校舍容量、专业教室、实践基地、现代远程教育设施等不达标；师资队伍建设滞后，如专、兼职教师结构、数量不匹配，名师与学科骨干教师数量不多；功能发挥方面存在着教育理念落后，培训方式和手段陈旧，业务指导实效较差等问题①。

这种情况的出现有其深刻的历史原因，但从实践层面分析，主要是由于政府部门和教育行政主管部门对区县级教师培训机构的规划、管理和投入不到位，导致其建设与发展困难重重，不用说机构的硬件建设，甚至连起码的办公经费都难以保障，有些教师培训机构的教师无法正常工作，在很大程度上禁锢了区县级教师培训机构的生存与发展。还有一些区县级教师培训机构长远规划意识不强、管理不力、创新不足，制约了教师培训机构的规范化建设和发展。

（四）区县级教师培训机构体制不健全

按照教育部要求和区县级教师培训机构建设发展趋势，县级教师进修学校整合进修、教研、科研、仪器、电教等部门的职能，合并建成教师发展中心或资源服务中心等教师培训机构，整合后的区县级教师培训机构的组织融合性、规划长远性、合作主动性、功能协调性等都有待进一步强化和提高。

在教师培训经费筹措和拨付方面存在区域保障不均衡、与教师培训需求不匹配，甚至教师培训费“零运转”的问题，经费管理和使用方面还存在效率不高等问题，致使教师培训的培训质量不高。虽然广东省实施的“强师工程”拨付的教师培训经费是充足的，但从总体上看，仅经济发达的珠三角地区区县级教师培训机构经费充足，而经济相对落后的粤东西北地区区县级教师培训机构教师培训经费相对短缺。

人事管理和队伍建设上，很多区县级教师培训机构的管理跟不上快速发展的教育形

---

① 王志显.新时代县级教师教育机构的发展与思考[J].中国教育学刊，2019(4)：53－56.

势，制度不完备，管理松散混乱，有些机构或人员短缺或人浮于事，综合素质和业务能力低下，还有些教师调入教师培训机构就是为了能够工作清闲，从而使一些机构无法承担，也不能很好地完成现阶段对教师的各项培训任务。总体而言，一些区县级教师培训机构人员队伍素质低、老龄化、专业性不强、结构不合理等问题，严重制约了广东省区县级教师培训机构的发展。

（五）区县级教师培训机构培训文化缺失

机构文化是教师培训机构的核心价值观，是机构持续发展的核心动力①。教师培训文化是考量教师培训是否实现真正变革的深层要素，培训文化的认同、共享、信守程度在某种程度上反映了教师培训内涵式发展的程度。从教师培训文化的视角审视教师培训工作现状，通过丰富课程文化、完善制度文化、夯实团队文化、聚焦宣传文化等途径和策略，开拓特色化教师培训之路应成为加强教师培训文化建设、助推教师培训改革与发展的着力点②。通过问卷调查发现，多数的培训机构表示没有培训文化，一些培训机构认为有培训文化，但却回答不出是什么，说明培训文化只是一些静态的文字，并没有真正融入工作中。这在一定程度上反映了很多区县级教师培训机构都是做执行工作，是政府的传话筒、项目实施者，对于自身工作、自身发展的思考较少。这导致培训机构缺乏良好的专业精神，专业认同感、责任感、服务精神不强，培训机构持续发展动力不强。

附件：广东省区县级教师培训机构能力建设调查问卷③

尊敬的领导、老师您好！

为完成当前广东省区县级教师培训机构的调查和研究，针对现实中的一些问题提出相关对策和建议，有助于重新确立广东省区县级教师培训机构的价值取向，有利于重新定位广东省区县级教师培训机构的工作职能，有利于促进广东省区县级教师培训机构更好地开展培训工作。通过培训体系建设，可以提升培训的现实能力、满足中小学教师的专业发展需求，为此，我们开展了本次问卷调查活动。

我们将对调查资料实行严格的保密措施，所有数据均仅用于此次活动的统计研究。祝您工作愉快、家庭幸福！

【问卷填写说明】

1. 本次调查的区县级教师培训机构指的是广东省内由区县级人民政府领导、区县级教育行政部门主管、以实施本地区中小学教师继续教育工作为主要任务，并具有与教师教育相关的管理、研究、服务和教育信息资源开发与利用等职能，具有独立法人资格的办学实体。

---

① 杨虹. 海南省市县级教师培训机构现状调查及发展策略研究[J]. 南昌教育学院学报，2019，34(2)：37－40.

② 孟祥瑞. 教师培训文化建设的实践探索与思考[J]. 科教导刊（下旬），2016(3)：56－58.

③ 该问卷根据2008年10月全国教师教育学会专题调研组的《全国县级教师培训机构现状专题调查问卷》编辑而成。

2. 填空题请在空白处填上符合您机构情况的内容、数据，若没有符合您机构情况的内容、数据，请在空白处填“0”。

3. 选择题请在符合您机构情况的选项前的括号内打“√”。除特殊指定题目外，其他各题只需选 1 项。

一、填报机构所在区域

1. 粤东地区(　　)。

2. 粤西地区(　　)。

3. 粤北地区(　　)。

4. 珠三角地区(　　)。

二、填报机构名称

5. 曾经的区县级教师培训机构名称是(　　　　　　　　　　　　)。

6. 现在的区县级教师培训机构名称是(　　　　　　　　　　　　)。

7. 未来的区县级教师培训机构名称可能是(　　　　　　　　　　)。

8. 您希望的区县级教师培训机构名称是(　　　　　　　　　　　)。

三、资源整合

9. 机构具体情况是：

(　)A. 完成了培训、教研、科研、电教、电大几个机构之间的整合；

(　)B. 完成了培训、教研、电教几个机构之间的整合；

(　)C. 未进行机构整合，但经常与其他相关机构合作；

(　)D. 未进行机构整合，也未与其他相关机构合作。

10. 机构目前承担的主要工作任务是(本题为多项选择)：

(　)A. 师训；(　)B. 干训；(　)C. 党建；(　)D. 教研；

(　)E. 科研；(　)F. 电教；(　)G. 学历教育；(　)H. 社会培训；

(　)I. 其他(请注明)：________________。

四、填报机构基础条件

［校舍情况］

11. 机构占地______平方米，建筑面积______平方米。

12. 教室配备：

普通教室______个，多媒体教室______个，语音教室______个，

综合实验室______个，微格教室______个，心理咨询室______个，

图书馆______个，普通阅览室______个，电子阅览室______个，

计算机教室______个，多功能报告厅______个，其他______个。

［资源配置］

13. 图书阅览室藏书______册，杂志______种，报纸______种，音像资料总量______学时。

14. 机构拥有计算机______台。

15. 机构配备摄录播设备______套。

［网络建设］

16. 机构是否有网站：

(　)A. 是；(　)B. 否。

17. 本地区是否实现了“校校通”工程：

(　)A. 是；(　)B. 否。

18. 机构是否与“校校通”相连：

(　)A. 是；(　)B. 否。

19. 机构是否为本地区网络体系提供服务：

(　)A. 是；(　)B. 否。

[部门设置]

20. 机构设置以下哪些业务部门（本题为多项选择）：

(　)A. 教师培训；(　)B. 干部培训；(　)C. 教育科研；

(　)D. 中学教研；(　)E. 小学教研；(　)F. 学前教育教研；

(　)G. 德育教研；(　)H. 心理教研；(　)I. 信息技术教研；

(　)J. 其他（请注明）：________________。

21. 机构拥有下列哪种类型的实验基地（本题为多项选择）：

(　)A. 完全由机构主办的附属学校；

(　)B. 机构参与教学与管理工作的基地学校；

(　)C. 机构派教师到学校参与教学、校本研修等活动的实验点；

(　)D. 未设立实验基地；

(　)E. 其他（请注明）：________________。

[师资配备]

22. 机构为以下哪些学科配备了专职教师（教研员、研修员、师训教师等）（本题为多项选择）：

(1) 义务教育阶段：

(　)A. 语文；(　)B. 外语；(　)C. 数学；(　)D. 历史；(　)E. 地理；

(　)F. 科学；(　)G. 生物；(　)H. 物理；(　)I. 化学；(　)J. 体育；

(　)K. 艺术；(　)L. 音乐；(　)M. 美术；(　)N. 思想品德；

(　)O. 历史与社会；(　)P. 品德与生活；(　)Q. 品德与社会；

(　)R. 信息技术；(　)S. 其他（请注明）：____________________；

(2) 高中阶段：

(　)T. 语文；(　)U. 外语；(　)V. 数学；(　)W. 思想政治；

(　)X. 历史；(　)Y. 地理；(　)Z. 物理；(　)AA. 化学；

(　)BB. 生物；(　)CC. 艺术；(　)DD. 音乐；(　)EE. 美术；

(　)FF. 信息技术；(　)GG. 通用技术；(　)HH. 体育与健康；

(　)II. 研究性学习活动；(　)JJ. 社区服务；(　)KK. 社区实践；

(　)LL. 其他（请注明）：____________________；

(3) 综合：

(　)MM. 科研；(　)NN. 电教；(　)OO. 心理；(　)PP. 德育；

(　)QQ. 学前；(　)RR. 其他（请注明）：____________________。

五、干部、教师队伍情况

23. 机构有校级领导______人。其中：

(1) 男______人，女______人；

(2)汉族______人,少数民族______人;

(3)56 岁及以上____人,46~55 岁____人,36~45 岁____人,35 岁及以下____人;

(4)博士研究生______人,硕士研究生______人,大学本科______人,大学专科______人,高中(中专)及以下______人;

(5)高级职称______人,中级职称______人,初级职称______人,无职称______人。

24. 机构教职工总数______人。其中:

专职教师(含兼任课程的行政人员)______人,在编后勤人员______人。

25. 专职教师中:

(1)男______人,女______人;

(2)汉族____ 人,少数民族______人;

(3)56 岁及以上____人,46~55 岁____人,36~45 岁____人,35 岁及以下_____人;

(4)博士研究生______人,硕士研究生______人,大学本科______ 人,大学专科______人,高中(中专)及以下______人;

(5)高级职称______人,中级职称______人,初级职称______人,无职称______人。

(6)特级教师____ 人,省级学科带头人____人,县级以上骨干教师____ 人;

(7)较熟练使用计算机______人;

(8)有中小学教育教学经历 16 年及以上____人,11~15 年____人,6~10 年______人,5 年及以下______人;

(9)目前在市级以上单位单独立项的科研课题______项,参与全国规划办课题子课题研究______项;

(10)目前获得市级以上教育科研奖____ 人;在省级以上刊物发表科研成果_____人。

26. 兼职教师中:

(1)来自义务教育阶段学校______ 人,来自高中阶段学校______ 人,来自高校或科研部门______人;

(2)特级教师______人,省级学科带头人______人,县级以上骨干教师______人。

27. 对本机构教师开展的培训者培训内容有(本题为多项选择):

(　)A. 教育科研;　(　)B. 新课程;　(　)C. 信息技术;

(　)D. 学科业务知识;(　)E. 培训技巧;　(　)F. 中外优秀文化知识;

(　)G. 其他(请注明):____________________________。

28. 对本机构教师开展培训者培训采用的方式有(本题为多项选择):

(　)A. 请专家讲课;　(　)B. 下校指导教育教学活动;

(　)C. 组织教师开展课题研究;(　)D. 组织教师外出学习、考察;

(　)E. 网络研修;　(　)F. 其他(请注明):________________。

六、整体作用发挥

29. 目前机构开展的学历培训有(本题为多项选择):

(　)A. 专科;　(　)B. 本科;　(　) C. 研究生课程班;

(　)D. 未开展学历培训;　(　)E. 其他(请注明):________________。

30. 2017—2018 年,机构开展的非学历培训项目及完成情况(本题为多项选择):

(1)是否开展中小学校长培训:

(　)A. 是,共培训______人,其中,农村校长______人;　(　)B. 否;

(2)是否开展新教师岗前培训：

(　)C. 是，共培训______人，其中，农村教师______人；　(　)D. 否；

(3)是否开展教师岗位培训：

(　)E. 是，共培训______人，其中，农村教师______人；　(　)F. 否；

(4)是否开展骨干教师培训：

(　)G. 是，共培训______人，其中，农村教师______人；　(　)H. 否；

(5)是否开展新课程培训：

(　)I. 是，共培训______人，其中，农村教师______人　(　)J. 否；

(6)是否开展全员培训：

(　)K. 是，共培训______人，其中，农村教师______人　(　)L. 否；

(7)农村中小学教师参加集中培训(3天及以上/次)：

3次及以上______人，2次______人，1次______人，从未参加______人。

(8)开展其他培训(请注明)：______________________。

31. 机构开展培训的方式有(本题为多项选择)：

(　)A. 面授辅导；(　)B. 现场教学；(　)C. 专题研讨；(　)D. 情景模拟；

(　)E. 互动体验；(　)F. 参观考察；(　)G. 函授辅导；

(　)H. 其他(请注明)：______________________________。

32. 机构采取哪种方式开展远程培训(本题为多项选择)：

(　)A. 光盘；　(　)B. 网络；　(　)C. 卫星；　(　)D. 未开展远程培训。

33. 2017—2018年，远程培训授课：

(　)A. 201学时及以上；　(　)B. 101~200学时；　(　)C. 51~100学时；

(　)D. 不足50学时；　(　)E. 未开展远程授课。

34. 2017—2018年，机构领导下校指导工作不足20天____人，21~30天____人，31~40天______人，41天及以上______人。

35. 2017—2018年，专职教师下校指导工作51天及以上______人，41~50天______人，31~40天______人，不足30天______人。

36. 2017—2018年，本机构共组织送教下乡(校)：

(　)A. 101次及以上；　(　)B. 51~100次；　(　)C. 31~50次；

(　)D. 30次及以下；　(　)E. 未组织。

七、经费情况

37. 2018年度，机构用于教师培训的经费共计________万元。其中，区县财政预算内拨款________万元，教育附加费拨付________万元，教育行政部门拨款________万元，专项经费________万元，自筹经费________万元。

八、简答题(如地方不够，可另加附页)

38. 您机构在教师培训、自身教师队伍建设等方面有哪些成功的做法和经验？您机构的办学特色体现在哪里？

39. 您认为目前区县级教师培训机构的发展存在哪些问题？原因是什么？

40. 您认为解决上述问题的途径和对策是什么？您对教师培训机构的发展有哪些意见和建议？

第三章　广东省区县级教师培训机构的职能定位

当前我国区县级教师培训机构的名称五花八门，背后体现的是区县级教师培训机构定位的不明确、不清晰。有的区县将教师培训构仅仅定位于培训与教研，有的融入了科研、决策咨询等职能①。教育部要求区县级教师培训机构要建成“小实体、多功能、大服务”的格局。为适应新形势的要求，区县级教师培训机构的职能要实现转变，使其真正成为“学习与资源中心”，切实承担起区域内教育培训相关工作的多项职能。

第一节　广东省区县级教师培训机构职能定位的背景

区县级教师培训机构是我国现代教师培训体系的重要组成部分，在推进教师专业化发展中具有不可替代的作用。当前，区县级教师培训机构应明确其职能定位的背景，立足学生，面向广大基层教师，充分发挥组织、协调、指导、管理和服务职能，以提高教师整体素质为目标，构建起实力雄厚的现代教师学习与资源中心。区县级教师培训机构只有明确了自身的职能定位，才能明确发展方向。

一、“八个一”：2018 年，中国“教师队伍建设年”

改革开放 40 年的发展，我国教育事业取得了伟大的历史性成就，教育总体水平达到世界中上国家平均水平，教育发展的主要矛盾已经发生转变，教师队伍质量高低成为影响我国教育事业健康持续发展的根本因素。在这一战略背景下，2018 年，新时代教师队伍建设国家行动全面展开，优先谋划，优先部署，以前所未有的气魄深度推进内涵建设和质量提升，“八个一”助力中国教师队伍发展“加速度”。2018 年与历史上任何时期彰显的不同之处在于全方面、立体化探索教师队伍建设的中国道路、中国方案，同时也为广东省区县级教师培训的机构指明了发展的方向。新时代、新方向、新征程、新使命，国家全面推进教师队伍建设中重点、难点问题的解决。2018 年是“货真价实”的中国“教师队伍建设中”。

（一）2018 年，“八个一”彰显中国“教师队伍建设年”

“教师队伍建设”是 2018 年的教育热点话题。“八个一”坚持教育优先发展战略，全面加强教师队伍建设，把教师队伍建设工作置于教育事业发展的重点支持战略领域，这既是一项重大的政治任务，更是一项根本性的民生工程。

---

① 杨程. 建设更加专业化的区县教师发展机构[N]. 中国教育报，2018－08－07(03).

1. 一次大会新定位：尊师重教，战略思考

2018年9月10日，全国教育大会在北京召开。习近平总书记出席会议并发表重要讲话，习近平总书记指出，坚持把教师队伍建设作为基础工作。他强调，建设社会主义现代化强国，对教师队伍建设提出新的更高要求，也对全党、全社会尊师重教提出新的更高要求。习近平总书记对教师队伍建设的重要论断，是新时代、新形势下对教师地位和作用的新思考、新定位，强调了从战略和全局高度充分认识教师工作的极端重要性，对于新时代加强教师队伍建设具有重大意义。

2. 一个意见明目标：顶层设计，新型教师

2018年1月20日，《中共中央 国务院关于全面深化新时代教师队伍建设改革的意见》（中发〔2018〕4号）（以下简称《意见》）印发，对新时代教师队伍建设做出顶层设计，强调教师地位"特别重要"。这是中华人民共和国成立以来第一次以党中央名义专门印发加强教师队伍建设的文件，具有里程碑意义和战略意义。全面深化新时代教师队伍建设改革的目标是培养造就党和人民满意的高素质、专业化、创新型教师队伍。《意见》明确了新时代教师队伍建设的目标任务：经过5年左右的努力，教师培养培训体系基本健全，职业发展通道比较畅通，事权、人权、财权相统一的教师管理体制普遍建立，待遇提升保障机制更加完善，教师职业吸引力明显增强。教师队伍规模、结构、素质能力基本满足各级各类教育发展需要。

3. 一批计划定规格：分层规划，全面推进

一是2018年3月，教育部、国家发展改革委、财政部、人力资源社会保障部、中央编办联合印发的《教师教育振兴行动计划（2018—2022年）》（教师〔2018〕2号）发布，从师德教育、培养规格层次、教师资源供给、教师教育模式、师范院校作用5个方面，明确了10大行动，以建强做优教师教育。二是2018年9月17日，教育部印发《关于实施卓越教师培养计划2.0的意见》（教师〔2018〕13号），提出经过5年左右的努力，办好一批高水平、有特色的教师教育院校和师范专业，师德教育的针对性和实效性显著增强，课程体系和教学内容显著更新，以师范生为中心的教育教学新形态基本形成，实践教学质量显著提高，协同培养机制基本健全，教师教育师资队伍明显优化，教师教育质量文化基本建立。

4. 一则要点总要求：总体部署，创新队伍

2018年1月22日，教育部印发《教育部教师工作司2018年工作要点》（教师司函〔2018〕1号），提出2018年教师工作的总体要求是：认真学习贯彻党的十九大精神，以习近平新时代中国特色社会主义思想为指导，加强师德师风建设，培养高素质教师队伍，倡导全社会尊师重教。以落实《中共中央 国务院全面深化新时代教师队伍建设改革的意见》（中发〔2018〕4号）为抓手，完善教师队伍建设顶层设计，做出深化教师工作改革总体部署，写好奋进之笔、完成得意之作，造就党和人民满意的高素质专业化创新型教师队伍。

5. 一套准则划底线：爱岗敬业，谨遵十规

2018年11月教育部印发《新时代高校教师职业行为十项准则》《新时代中小学教师职业行为十项准则》《新时代幼儿园教师职业行为十项准则》（教师〔2018〕16号）（以下简称《准则》），明确新时代教师职业规范，划定基本底线，深化师德师风建设。突出第一标准，推进师德师风建设。师德师风是评价教师队伍素质的第一标准。《准则》包括坚定政治方向、自觉爱国守法、传播优秀文化、爱岗敬业、关爱学生、诚实守信、廉洁自律等方面，每一条既提出正面倡导，又划定师德底线。

6. 一份标准建模子：义务教育，顶层设计

2018 年 1 月，教育部印发《中小学幼儿园教师培训课程指导标准（义务教育语文、数学、化学学科教学）》，内容涵盖义务教育阶段教师的师德修养、班级管理、学习与发展、学科教学等 15 个学科领域 18 项标准，以及学前教育阶段教师的幼儿研究与支持、幼儿保育与教育等 4 个学科领域 4 项标准，共计 22 项标准。该标准不仅为教师个体“照镜子”、给教师提升“开方子”、为教师培训“定调子”，而且做到了给教师发展“建模子”。

7. 一些办法找路子：落地生根，追求实效

一是 2018 年 11 月，教育部制定印发了《教育部关于高校教师师德失范行为处理的指导意见》（教师〔2018〕17 号）、《幼儿园教师违反职业道德行为处理办法》（教师〔2018〕19 号）和《中小学教师违反职业道德行为处理办法（2018 年修订）》（教师〔2018〕18 号），通过建立违规惩处和责任追究机制，引导广大教师结合教书育人实践，增强行动自觉，时刻自重、自省、自警、自励，做以德立身、以德立学、以德施教、以德育德的楷模。二是开启了教师队伍“源头活水”的“闸门”，教师队伍的“源头活水”汩汩而出，表现为 2018 年 8 月，《国务院办公厅关于转发教育部直属师范大学师范生公费教育实施办法的通知》（国办发〔2018〕75 号）印发，确立师范生公费教育制度，国家公费师范生享受免缴学费、住宿费和补助生活费政策，逐步健全师范生公费教育制度体系；2018 年 1 月，《教育部办公厅关于成立普通高等学校师范类专业认证专家委员会的通知》（教师厅〔2018〕2 号）发布，各地召开了部署会议，明确了实施方案，积极推进师范专业认证，这将进一步提高师范教育门槛、提升教师培养质量。三是 2018 年 9 月，《中共教育部党组关于印发〈“长江学者奖励计划”管理办法〉的通知》（教党〔2018〕51 号）提出，坚持党管人才原则，聚天下英才而用之，建设新时代高素质教师队伍，形成高等学校高水平人才培养体系。四是 2018 年 4 月，教育部办公厅发布《教育部办公厅关于实施 2018 年“高校思想政治理论课教师队伍后备人才培养专项支持计划”的通知》（教社科厅函〔2018〕10 号）以及《教育部办公厅关于开展高校思想政治理论课教师队伍建设专项工作的通知》（教社科厅函〔2018〕11 号），并启动实施专项支持计划，要求各地加强高校思想政治课教师队伍后备人才培养，突出顶层设计，完善思想政治课教师队伍建设规划，把思想政治课教师队伍建设纳入教育事业发展和人才队伍建设的总体规划，建设高素质专业化思想政治课教师队伍。五是 2018 年 8 月，《教育部办公厅关于开展人工智能助推教师队伍建设行动试点工作的通知》（教师厅〔2018〕7 号）提出，未来国家将积极探索人工智能助推教师管理优化、助推教师教育改革、助推教育教学创新、助推教育精准扶贫的新路径，推动教师主动适应信息化、人工智能等新技术变革，积极有效开展教育教学。六是 2018 年 2 月，《教育部办公厅 财政部办公厅关于做好 2018 年中小学幼儿园教师国家级培训计划组织实施工作的通知》（教师厅〔2018〕3 号）提出，2018 年继续实施“国培计划”示范性项目、中西部和幼师国培项目，国家和地方分层设计、分类实施。教育部负责组织实施示范性项目，创建一批教师发展协同创新实验基地，以省级教师培训团队、骨干教师校长为重点培训对象，培养一批优秀培训专家和“种子”教师，开发一批优质培训课程教学资源，凝练一批线上线下混合式培训先进模式，为各地科学有效开展中西部和幼师国培项目提供典型示范和资源支撑。

8. 一群楷模扬师德：榜样引领，献身教育

2018 年，国家表彰了一大批一线的优秀教师，他们不忘初心，持续努力追求，踏实做人，勤恳做事，成为新时代文明之师、智慧之师、研究之师、淡泊之师、创新之师、幸福之师、影响

之师，在教育教学工作中成就自己的一番事业，为教育事业的发展做出积极贡献。受表彰者有：2018 年 12 月 18 日，中共中央、国务院授予"改革先锋"称号并颁发改革先锋奖章的于漪、吴良镛、李保国老师等；中宣部授予"时代楷模"的张玉滚、曲建武老师；教育部授予 2018 年"全国教书育人楷模"的周其林等 10 位老师；2018 年 1 月，教育部公布首批"全国高校黄大年式教师团队"；教育部办公厅关于转发第三批国家"万人计划"教学名师入选人员名单。

（二）2018"教师队伍建设年"主旋律：大格局、高站位、抓落实

教师教育是教育事业的工作母机，是教师队伍建设的"源头活水"，具有先导性、关键性和基础性。回顾 2018 年，从中央到地方都在部署推进教师队伍建设工作，新时代教师队伍建设工作起步给力、开局良好。从地方看，2018 年 6 月至 11 月全国 24 个省、自治区、直辖市发布本区域的"关于全面深化新时代教师队伍建设改革的实施意见"；从成效看，文件从"纸面"走向"地面"，仅关于教师的负面新闻方面，2018 年媒体曝光的和实际发生的明显减少。

1. 加强教师队伍管理，分类施策

持续完善教师管理制度，提升教师队伍治理能力。进一步加强国家层面教师管理工作力量，加强教师工作管理队伍；优化教师资源配置，推动各地落实城乡统一的中小学教职工编制标准和幼儿园教职工配备标准，合理配置教师资源；深化教师管理改革，全面实施中小学教师资格考试与定期注册制度；加强中小学校领导人员队伍建设，激发学校管理者办学治校活力；深化教师教育改革，严控师范院校改制、摘帽，师范院校稳定在 180 所左右，其他参与教师教育的院校稳定在 380 所左右，教师教育专业点保持在 5 000 个左右，高校、地方政府、中小学相结合的协同育人新机制普遍建立①。

教师队伍应分类施策管理。第一，必须要立足中国国情，根据各级各类教师的不同特点，统筹考虑区域、城乡、校际差异，采取针对性的政策举措，定向发力，确保实效。第二，根据 2018 年制定的高校、中小学、幼儿园等三类教师职业行为十项准则，分类实施教师职业行为倡导标准和禁行底线。第三，依据《教师教育振兴行动计划（2018—2022 年）》，加大对师范院校支持力度，鼓励有基础的综合性大学开展教师教育，分类推进教师培养模式改革，不断提升教师培养质量，持续为教育发展供给优秀师资。

2. 提升教师队伍职业化水平

教师队伍的职业化，就是每一位教师都能以专业化、规范化、制度化和创新性的工作状态，按照国家和社会赋予教师的岗位职责，准确扮演好专业教育工作者的角色。教师是"国家人"，不是"自由人"，国家对教师职业的专业化要求，在 2018 年得到了很好的体现。首先，对于教师职业道德的要求，不仅出台了《新时代中小学教师职业行为十项准则》以及《中小学教师违反职业道德行为处理办法》，而且 2018 年教师节宣传庆祝活动主题也是基于职业道德方面，即"弘扬高尚师德，潜心立德树人"，构建了覆盖大中小学教师的师德建设制度体系，师德建设逐步迈向法治化和规范化。第二，教师国培体系得以健全，国家构建起了较为完备的大中小学和幼儿园教师国培体系。为此，应让广大教师"不间断"地学习，在学习中积累，在积累中成长。2012—2018 年，中央财政累计投入教师"国培计划"专项经费超过 137 亿元，培训各级各类教师超过 1 200 万人次，有力带动了各地 5 年一周期 360 学时的教

① 王定华. 新时代我国教师队伍建设的形势与任务[J]. 教育研究，2018(3)：4－11.

师全员培训。到2022年，要基本健全教师培养培训体系，支撑各级各类教师的专业发展。教师职称制度得到较大改进，广大教师职业发展通道比较畅通。教师管理体制机制障碍破除取得重大进展，事权、人权、财权相统一的管理体制普遍建立。教师待遇提升保障机制更加完善，教师职业吸引力明显增强。总体上，教师队伍规模、结构和素质能力基本满足各级各类教育发展需要。第三，乡村教师队伍素质得到明显提升。实施“特岗计划”5年来，中西部省份得到中央财政支持共招聘28万名特岗教师，增加了乡村教师数量，极大优化了乡村教师结构，提升了乡村教师整体水平。2018年，教育部已经安排专项经费140亿元，覆盖了725个贫困县，惠及130多万名乡村教师，乡村教师“下不去、留不住、教不好”的难题有所缓解。2018年“特岗计划”新增1万人，招募1 800名退休教师到乡村支教，持续为乡村教育输入“新鲜血液”①。第四，支援西部教育。2018年秋季开学，浙江、上海、广东、江苏、山东、江西、湖北等地“援藏援疆万名教师支教计划”新增援派教师4 000人，加上各对口支援省市已经援派的教师和顶岗实习的师范生，总计5 500人②。

3. 发挥教师模范在教师队伍建设中的作用

我国是一个崇尚师德的国度，也具有优秀的师德传承。从古代的孔子、孟子等，到近现代的蔡元培、叶圣陶等教育家展现的师德和人格魅力，激励着一代又一代教师笃志前行，为我国教育事业的发展做出了巨大贡献。在新的历史时期，在党的领导下，全国教育工作者守杏坛、洒春风、施甘露、育桃李，把心血与汗水倾注在教育事业上，接力书写了我国教育事业不断发展的华章。英年早逝的孟二冬、改革先锋于漪、扎根山区教育17年的时代楷模张玉滚……他们用青春和生命向教育事业致敬，展示了人民教师的崇高形象，不愧是人民教师的杰出代表。由此可见，在我国教育工作者身上，高尚的师德显示出磅礴的力量。随着社会的发展，社会对教师的要求越来越高，优秀教师也在不断涌现。当今时代具有高尚职业道德的优秀教师就在我们每一个人的身边。

回顾2018年，在建设一支为人民服务的、让人民满意的教师队伍的过程中，研究制定新时代教师职业行为规范，建设一批师德教育涵养基地，认定新一批“全国高校黄大年式教师团队”，做好全国教书育人楷模、最美教师遴选活动，延展“中国好老师”行动，建立师德失范曝光平台和定期通报制度，召开高校教师思想政治工作推进会，做好乡村学校从教30年教师荣誉证书颁发工作，开展多种形式的教师表彰奖励活动，等等，都在不断地为师德建设注入新的内容，增添新的内涵。

4. 完善激励机制，服务教师，提升教师队伍士气

党的十八大以来，习近平总书记对广大教师无比关心、对教师队伍建设工作高度重视，每年教师节都通过到学校视察、看望慰问教师、致祝贺信等方式，对全国教师表示亲切问候，就教师工作做出重要指示，特别是亲自推动出台了《中共中央 国务院关于全面深化新时代教师队伍建设改革的意见》。在以习近平同志为核心的党中央坚强领导下，教师队伍建设提档升级、提质增效，取得重大成就。

教师的获得感、幸福感、安全感源于教师的地位待遇，2018年，国家和地方不断拿出一系列真招实招服务于教师，对准广大教师最盼、最急、最忧心声，对广大教师政治上充分信任，思想上主动引导，工作上创造条件，生活上关心照顾，让广大教师心暖气顺，提升了教师

---

① 王定华. 教师队伍建设的重大成就与努力方向[N]. 人民日报，2018-11-04(05).

② 张烁. 全面深化教师队伍建设改革：大国良师怎样炼成[N]. 人民日报，2018-09-06(17).

队伍士气，使教师安心从教、热心从教、舒心从教、静心从教。诸如全面实施教师资格制度，构建教师队伍建设标准体系，稳步推进教师职称制度改革，打通教师职业上升通道。推进县域内校长和教师交流轮岗，健全聘用引进、考核评价、激励约束等管理制度，吸引优秀人才从教，探索优胜劣汰机制。尤其是对300万乡村教师加大支持力度，改善其工作和生活条件。从地方看，如2018年，中央和河北省财政投入河北省教师队伍建设资金65 850万元，确保国家各项惠师、强师政策落地见效。

5. 坚持机制创新

教师队伍建设体制机制改革是2018“教师队伍建设年”的重要组成部分，是新时代教育制度改革的重要内容。2018年，教师队伍建设的系列会议、意见、计划、办法等，都在不断完善教师管理工作格局和体制机制，继续深化教师管理体制改革，突破教师队伍建设的制度瓶颈，提升教师发展环境的集聚效应、教师管理机制的活力效应、教师政策的创新效应。

（三）基于2018年的未来教师队伍发展愿景

扎根中国大地办教育，从“穷国办大教育”到“大国办强教育”，2018年，“大国良师”的教师队伍建设的蓝图已经绘就，新时代教师队伍建设再出发。以2018年为起点，未来，包括广东省在内的中国广大教师的全面综合素质、教育创新能力将大幅提升，越来越多的优秀青年不断充实到教师队伍中，教师队伍必将充满生机活力。全社会尊师重教蔚然成风，广大教师在岗位上有幸福感、事业上有成就感、社会上有荣誉感，教师将成为令人羡慕的职业①。相信，不远的将来，广东省的教师队伍必将成为满足粤港澳大湾区建设需要的高素质教师队伍。

二、国家及广东省的政策背景

（一）国家的政策背景

2011年，《教育部关于大力加强中小学教师培训工作的意见》（教师〔2011〕1号）提出，完善培训制度，增强培训针对性和实效性，充分发挥区县级教师培训机构的服务与支撑作用。

2012年，国务院印发《国务院关于加强教师队伍建设的意见》（国发〔2012〕41号），要求“推动各地结合实际，规范建设县（区）域教师发展平台”。

2013年，《教育部关于深化中小学教师培训模式改革全面提升培训质量的指导意见》（教师〔2013〕6号）指出：“各地要依托现有资源，加快推进县级教师培训机构与教研、科研和电教等部门的整合，建设县级教师发展中心，发挥其在全员培训的规划设计、组织实施和服务指导等方面的功能。”

2015年，国务院办公厅印发《乡村教师支持计划（2015—2020年）》，提出：“整合高等学校、县级教师发展中心和中小学校优质资源，建立乡村教师校长专业发展支持服务体系。”

2018年，教育部、国家发展改革委、财政部、人力资源社会保障部、中央编办联合印发的《教师教育振兴行动计划（2018—2022年）》提出：“为乡村学校培养‘下得去、留得住、教得

---

① 王定华. 新时代我国教师队伍建设的形势与任务[J]. 教育研究，2018(3)：4－11.

好、有发展’的合格教师。建立健全乡村教师成长发展的支持服务体系，高质量开展乡村教师全员培训，培训的针对性和实效性不断提高”。

2018 年，中共中央、国务院《中共中央 国务院关于全面深化新时代教师队伍建设改革的意见》（中发〔2018〕4 号）印发，该文件是中华人民共和国成立以来党中央出台的第一个专门面向教师队伍建设的政策文件，将教育和教师工作提到了前所未有的政治高度，具有里程碑式的战略意义。目标任务中的第一条即提出“教师培养培训体系基本健全”，在全面提高中小学教师质量中提出“建立健全地方教师发展机构和专业培训者队伍，逐步推进县级教师发展机构建设和改革”。同时，该文件强化各级政府及教育行政管理部门对教师教育都有义不容辞的责任，这样的调整进一步强化了地方政府在教师培养中的主导地位和职责。

（二）广东省的政策背景

2016 年，《广东省人民政府办公厅关于印发广东省乡村教师支持计划实施办法（2015—2020 年）的通知》（粤府办〔2016〕3 号）发布，文件提出：“推进乡村教师专业发展，建立完善乡村教师专业发展支持体系，加快推进省级中小学教师发展中心建设，充分利用省级中小学教师发展中心的优质资源，为乡村教师、校长专业发展提供支持。支持各地有效整合市、县教师进修学校（教师发展中心）和中小学优质资源，促进乡村教师、校长专业发展。各地要切实保障乡村教师专业发展的经费投入，按照规定落实教师继续教育经费并逐步提高标准。要把乡村教师培训纳入当地基本公共服务体系，所需资金列入当地财政预算和各学校年度预算，确保乡村教师培训的时间和质量……按照乡村教师的实际需求改进培训方式，采取顶岗置换、网络研修、送教下乡、跟岗实践、专家指导、校本研修等多种形式，增强培训的针对性和实效性。”

2017 年，广东省教育厅印发《广东省教师队伍建设“十三五”规划》，提出：“扎实推进中小学教师专业发展，健全完善教育行政部门、师范院校、教师发展中心、中小学校四位一体的教师专业发展体系，发挥省级中小学教师发展中心的引领、带动、辐射作用，构建以省、市、县三级教师发展中心为支撑的教师培训体系。”

2017 年，广东省教育厅印发《广东省“强师工程”实施方案（2017—2020 年）》，提出：“深入推进省级中小学教师发展中心和省级中职教师发展中心建设，发挥示范作用。鼓励市、县统筹整合教师培训、教研、电教等机构资源，建设市、县级中小学教师专业发展机构。推进中小学教师专业发展学校建设。创新教师专业发展模式，通过推动各级教师专业发展机构和教师专业发展学校建设，构建教育行政部门、师范院校、教师专业发展机构和中小学协同培养、培训教师的新机制。”

2017 年，广东省教育厅印发《广东省教育厅关于加强“十三五”广东省中小学教师培训工作的意见》（粤教继函〔2017〕27 号），文件对教师培训工作提出了更高要求。接受培训既是教师的义务也是教师的权利。接受高质量的培训是广大教师专业发展的迫切需求，也是提高教学质量的保证。教师培训是一项专业化工作，必须做到精心设计、精准培训和精细管理，确保培训质量；必须加大教师培训改革力度，依循人才成长和教师专业发展规律，更新培训观念，创新培训模式，注重培训实效，提高培训质量，才能满足教师发展需求，不断提升教师专业发展水平。

2018 年，《中共广东省委 广东省人民政府关于全面深化新时代教师队伍建设改革的实施意见》(粤发〔2018〕25 号)提出:“加强和改进中小学教师继续教育工作,促进教师终身学习和专业发展。转变培训方式,推动信息技术与教师培训的有机融合,实行线上线下相结合的混合式研修。改进培训内容,紧密结合教育教学一线实际,切实提升教学水平。推行培训自主选学,实行培训学分管理,探索建立培训学分银行,搭建教师培训与学历教育衔接的‘立交桥’。加强培训支持体系建设,健全以省、市、县中小学教师发展中心为主体的教师发展支持体系,充分发挥省级中小学教师发展中心的引领、带动、辐射作用,市、县整合培训、教研、电教、科研等相关资源,推进本级教师发展中心建设。2020 年前,各地级市和县(市、区)建成 1 所中小学教师发展中心,省对粤东西北地区市、县(市、区)教师发展中心建设给予适当补助。支持在基础条件好、教学质量高的中小学建设教师发展学校,承担教师跟岗培训、师范生实习等任务。建立健全与学校整体发展、教师专业成长相统一的校本培训制度。建立各级教师、校长培训专家库,积极开展培训者培训。严格落实中小学教师 5 年一周期全员培训制度。加大乡村教师培训力度,着力提高粤东西北地区乡村教师队伍整体水平。”

第二节　区县级教师培训机构的传统职能

一、区县级教师培训机构传统职能分析①

我国县级教师培训机构已有 60 多年的历史,虽然,在不同的历史阶段其职能各有侧重,但整体上集中表现在培训职能、管理职能、研究职能、指导职能和服务职能。

(一)培训职能

随着时代的快速发展,新知识不断涌现,新技术不断提高,人们的知识储备需要不断更新。自从法国教育家保尔·朗格朗提出了“终身教育”思想后,许多国家都将“终身教育”理论运用于中小学教师教育实践中,大大拓展了教师教育的范围。英国的《詹姆斯报告》提出了著名的教师教育模式,即师资培训三段制。该报告将师范教育分成三个连续的阶段:第一阶段是普通高等教育阶段,学员必须接受两年的普通高等教育;第二阶段是专业训练阶段,学员必须接受两年有关师范教育的专业培训;第三阶段是在职培训阶段,建议所有教师在一定的工作周期中,必须有一个带薪培训期。前两个阶段是职前培训,后一个阶段为职后培训,也是该报告的重点部分。香港教育学院研究与发展中心总监郑燕祥教授也指出:“在变动教育环境下,教师发展及培训应该是动态的、终身的、持续发展的历程。”

由上可知,中小学教师的在职培训是十分重要的。我国中小学教师分布广,教师培训工作大部分需要区县级教师培训机构承担,区县级教师培训机构应该把中小学教师培训作为其首要工作任务,中小学教师培训是区县级教师培训机构的基本职能。在促进基础教育改革发展过程中,强化区县级教师培训机构的培训职能十分重要。

① 宋娟. 湖南省县级教师培训机构职能定位与发展路径研究[D]. 长沙:湖南师范大学,2015.

(二)管理职能

传统意义上的区县级教师培训机构的管理范畴包括组织管理、证书管理和中小学教师的学历达标考核管理等。具体来讲,主要承担中小学教师的继续教育管理工作。中小学教师每5年内要累计参加不少于360学时的继续教育学习。

区县级教师培训机构作为中小学教师的培训基地,应科学安排和组织本地区中小学教师参加培训学习,做好本地区中小学教师继续教育培训规划,给中小学教师提供一定的学习机会。开展中小学教师集中培训期间,要加强各阶段工作的管理,并借助网络平台,激励教师参加远程学习,让培训取得明显的效果。有些阶段性的教师培训工作结束以后,对于考试、考核以及发证等相关工作要及时完成,并对一些没达到结业要求的教师及时督促其重修或补考,将中小学教师的继续教育学分及时登记入库,以免对中小学教师的发展造成不必要的麻烦。

同时,区县级教师培训机构还参与中小学教师的教师资格管理工作。作为加强中小学教师队伍建设的一个有力措施,教师资格将实行再认定制度,教师资格证的管理非常重要。区县级教师培训机构在这方面的工作主要有:一是负责对中小学教师进行培训,让需要再认定教师资格的人员通过学习,提高其从事教育教学工作的素质和能力。二是对参加了再认证培训学习的人员进行考核或考试,将其参加培训学习的情况作为教师资格再次认定的基本条件之一。三是参与中小学教师的后备干部考核工作。中小学教师干部的选拔和任用虽然主要由教育行政部门负责,但区县级教师培训机构作为中小学教师的教育培训基地,可以就后备干部的选拔及任用给教育行政部门提供参考意见。区县级教师培训机构应建立中小学后备干部学习档案,对后备干部培养对象进行跟踪考核,根据培训学习情况和跟踪考核情况向当地教育行政部门提出合理有用的意见和建议。四是参与中小学校长的业绩考核评估工作。对中小学校长的工作业绩进行考评虽然是以教育行政部门为主体,但区县级教师培训机构应辅助教育行政部门工作,应参与对中小学校长工作业绩的评估,为其提供科学的评估标准和体系,评估后进行总结分析,为下一轮的干训和评估工作做好准备。

总之,区县级教师培训机构应进一步强化管理职能,实现管理的系统化、信息化,形成管理措施与教师专业发展直接相关的机制,科学的管理制度是区县级教师培训机构健康有序开展工作的保证。

(三)研究职能

研究是培训的基础,培训是研究的延伸,二者相辅相成,密不可分,只有有机结合,才会相得益彰。

首先,区县级教师培训机构必须对本地区中小学的实际状况进行研究。教师培训机构要弄清中小学在发展过程中存在哪些问题,了解中小学教师在教育教学工作中有哪些困惑,分析中小学教师对培训学习的需求,对中小学教师的专业成长规律进行探究。对中小学的实际状况进行深入研究后,才能形成相应的解决措施,才能有针对性地开展培训工作,从而确保培训工作取得实效,让中小学教师从培训中获益,提高教育教学水平。

其次,区县级教师培训机构需要对中小学教师培训工作本身进行研究。区县级教师培训机构在多年的培训工作实践中,对于如何搞好培训工作的组织与管理已经积累了大量的经验,对这些经验进行总结,形成系统的培训工作理论,是一个十分有意义的研究课题。同时,区县级教师培训机构要准确把握继续教育培训的现实状况及发展趋势,依据相关的学习理论,结合本地的实际情况,制定出科学的、有效的培训工作方案。

最后,还要建立并不断完善科研管理制度。区县级教师培训机构对研究课题的方案制定、组织实施和所获成果等应加强管理,对个人及单位确立的研究课题应给予跟踪指导和大力支持,营造一种浓厚的教育科研氛围,充分调动教师参与教育科研的积极性。

(四)指导职能

区县级教师培训机构是县域内的学习与资源中心,在资源和信息上有一定的优势,应利用好这种优势对基层的发展提供持续帮助和指导,从而促进中小学教师的专业成长和社会居民的终身学习。

1. 对教育教学的指导。区县级教师培训机构的教科研人员要深入教学一线,通过观课议课、专题研讨等方式,对中小学教师进行针对性指导,与他们一起共同探讨,解决教育教学中遇到的一些问题,促使他们不断进步,从而保证中小学教育教学质量的稳步提高。

2. 对校本研训的指导。校本培训是教师在职培训的新策略。区县级教师培训机构应为当地中小学校本研修计划的制定和校本研修制度的建立给予方法指导,并为本地区中小学教师的校本研修学习提供技术支持。

3. 对资源优化的指导。由于地理位置、发展历史、资金投入等方面的不同,区域内各学校的发展很不均衡,特别是一些农村学校在师资结构上存在一些缺陷,区县级教师培训机构应有针对性地对其进行优化指导,并通过具体直观的典型示范,促进师资的优化,以促进区域内中小学校的均衡发展。

(五)服务职能

区县级教师培训机构虽然应具有管理职能,但不能具有行政化的工作理念,而要牢固树立服务性的工作理念,为中小学的建设与发展提供服务,为区域内的社区教育提供服务,让区县级教师培训机构成为服务于中小学教师专业成长和当地社区居民终身学习的平台。

1. 为中小学教师提供资源服务。作为学习与资源中心,区县级教师培训机构在信息化建设方面具有一定的优势,要为广大教师提供信息技术的支持和服务,如提供音像资料、文本资料等教育资源,帮助广大中小学教师更好地自主学习。

2. 为中小学教师提供"送培上门"服务。中小学教师平时工作任务都很重,如果去教师培训机构参加学习,往往会产生工学矛盾,而且每次参加学习的人数也有限制,因此区县级教师培训机构提供"送培上门"服务,对中小学教师的专业成长有很好的促进作用。

3. 为教育行政部门提供决策咨询服务。《教育部关于加强县级教师培训机构建设的指导意见》(教师〔2002〕3 号)中明确指出,县级教师培训机构应该为县级及以上教育行政部门提供政策咨询。因此,为教育行政部门提供教育决策咨询服务是区县级教师培训机构的责任和义务,区县级教师培训机构应当为本地区的教育事业积极建言献策,辅助当地的教育行政部门,努力提升本地区的教育发展水平。

4. 为当地社会提供各类教育服务。我国正在建设全民学习的和谐社会,区县级教师培训机构在努力打造教师培训亮点的基础上,还应该拓展其社会服务功能。区县级教师培训机构应充分利用自身的信息和资源优势,根据当地的实际需要开展各类培训和学习指导,最大限度地为当地社会教育提供服务,大力推动学习型社会的建设。在为社会教育贡献力量的同时,通过对社会成员的积极影响,也可极大改善本地区教育发展的外部环境。

二、区县级教师培训机构传统职能的错位与缺位①

培训职能是区县级教师培训机构的核心职能,几乎所有的机构力量都投入到相关培训活动中,但是广大中小学教师对培训效果并不满意,区县级教师培训机构的人员显得很无助。传统意义上的机构职能存在一系列问题,集中表现在以下两个方面。

(一)职能错位,作用发挥受限

培训职能是培训机构的核心职能,但这种核心职能并没有得到充分发挥,区县级教师培训机构的管理职能与其对应的专业职能之间没有形成必要的匹配条件,造成职能的错位,管理职能明显被弱化,传统意义上的区县级教师培训机构的管理职能作用发挥非常有限。究其原因主要是因为机构管理权限不够,特别是在与电教、仪器、教科、教研等部门整合后,其管理权限和内容都很模糊,很难充分发挥其作用。因此,强化区县级教师培训机构的管理职能是非常重要的。

(二)职能缺位,培训效果弱化

从区县级教师培训机构运行情况来看,机构职能发挥的效率较低,尤其是研究职能近乎空白,既没有比较专业的研究人员,也没有相应的激励政策和研究氛围。在指导职能方面,同样存在严重的缺位现象,区县级教师培训机构的专业人员长期离开中小学课堂教学实践,又缺乏相应的专业理论学习,因此很难对中小学教师进行有效的专业指导和引领,长此以往,区县级教师培训的专业人员与中小学教师之间形成了一种无形的专业代沟和情感隔膜,以至于这种指导职能逐渐形同虚设。

三、区县级教师培训机构职能错位、缺位的原因

区县级教师培训机构职能的实现既是中小学教师专业发展的需要,也是区县级教师培训机构自身发展的内在需要,当其职能错位、缺位时,会影响到机构的专业形象和专业地位,给教师教育事业带来不利影响。

从实地调研、访谈和现场考察来看,造成传统职能错位、缺位的主要原因有两个方面:第一是赋予传统意义上的区县级教师培训机构的职能太多、太杂,从培训职能、研究职能、指导职能,到管理职能和服务职能,每一项职能都极具专业性和复杂性,职能的实现需要必要的人力、物力和财力,尤其是还需要畅通的管理体制和政策,而这些恰恰又是现行教师培训机构非常缺乏的,繁多的职能与匮乏的职能实现条件造成了职能的错位与缺位。第二是区县级教师培训机构职能主次不分明,在培训职能、研究职能、指导职能、管理职能和服务职能五项职能中,似乎每项都是需要履行的职能,但这既不现实也无必要。

---

① 宋娟.湖南省县级教师培训机构职能定位与发展路径研究[D].长沙:湖南师范大学,2015.

第三节　广东省区县级教师培训机构的职能定位分析

教师培训是在职教师专业发展的关键环节,教师培训的针对性、实效性是一个系统性工程,清晰的功能定位是区县级教师培训机构生存与发展的基础,因此,广东省各区县级教师培训机构应明确方向,建立健全本区域教师培训机构和专业培训者队伍,依托现有资源,结合本地实际,逐步推进区县级教师培训机构建设与改革,实现培训、教研、电教、科研部门有机整合。

一、国家层面的区县级教师培训机构的职能定位

关于区县级教师培训机构的建设定位与发展策略,可以借鉴"高师院校(远程教育机构)是支撑、县级教师发展中心是依托、片区研修中心是纽带、中小学校是落脚的定位。"①

重庆市提出了以下思路。第一,功能定位"五个中心""三个基地"。"五个中心"指区域性中小学干部教师继续教育中心、中小学教育教学科研指导中心、中小学教育教学质量评价中心、中小学教育信息资料中心、中小学现代信息技术远程教育中心。"三个基地"指基础教育教师培训基地、应用型基础教育科研基地、地方实用型人才培养基地。第二,工作定位,即研究、指导、培训、服务;参谋、智囊、助手。第三,发展策略,即师德为灵魂、整合为基础、科研为龙头、能力为中心、培训为主线。

2011 年,唐山市提出:"努力把县级教育教学研究与教师培训中心建设成上挂高等院校,下联中小学校、幼儿园的县级教师培训中心、教育教学研究中心、教学资源中心、现代教育服务中心和教师专业发展指导中心。"

四川省双流区研培中心在机构整合的同时,依据学科教研、教育科研、教师培训、质量监测、咨询服务的职能,系统推进各项工作。比如在教师培训方面,从吃透政策、明确县情、把握趋势入手,按照"构建运行体系、开发课程资源、策划培训项目、分项规范实施、注重评价反思、重点跟踪促进"的工作思路,全面系统地推进全县学校教师和干部的"校本研修、县内自培、各级送培、高校联培"的项目实施及组织管理、结果考评等工作。几年来,双流区在实践探索中初步构建了"一中心、两网站、三基地、四主系"的县域教师培训机制运行体系、县级骨干教师研修模式、名教师工作室建设模式、讲师团送教下乡模式等,在 2011 年底,四川省示范性县级教师培训机构评估验收中,受到专家组的肯定。其基本做法和成效已三次在省、市两级交流会上交流②。

湖南省教育厅对县级教师培训机构转型中的功能定位及教师培训机构提出如下要求:今后开展中小学教师全员培训,努力构建开放灵活的教师培训体系和保障有力的支撑服务体系;加强县级教师培训机构基础能力建设,促进资源整合,形成上联高校,下联中小学的区域性教师学习与资源中心。由此,县级教师培训机构的转型定位是区域性教师学习与资源中心,即县级教师发展中心,其既为教师发展中心,又是县级基层教师培训的主阵地。

---

① 王庆军. 内涵、主体与策略:提升区县教师培训品质的研究[J]. 中小学教师培训,2018,385(8):19-23.

② 谢祖福. 县级教师培训机构建设问题探究[J]. 中小学教师培训,2013(12):11-13.

卿素兰运用了文献研究、实地调研与访谈、问卷调查等方法开展具体研究。通过文献研究，了解国内外教师培训机构在经济社会发展时代脉络下的发展历程、职能转变及新时期各机构面临的机遇与挑战，为规范我国区县级教师培训机构提供参照；通过对福建省、浙江省、湖南省、贵州省、哈尔滨市、沈阳市、成都市等省市的实地调研与访谈，了解我国区县级教师培训机构的现状，包括人员规模、经费投入、职能定位以及与当地经济社会文化发展的关系等方面；在实地调研基础上制定问卷，获取背景性、可量化的基础数据，进一步深入了解我国区县级教师培训机构的普遍性与特殊性，问卷发放到110个区县的教师培训机构，并从其中107个机构回收到有效问卷①。

(一)区县级教师培训机构职能定位日益清晰

调研表明，区县级教师培训机构对区域内教师专业发展的促进作用日益明显，其功能定位也日益清晰。以成都市武侯区为例，1999年，该区率先将进修校和教研室合并，成立集教研、科研、培训为一体的武侯区教师继续教育中心；2006年，该中心成为教育部首批表彰的示范性县级教师培训机构；2013年8月，该中心更名为成都市武侯区教育科学发展研究院，具有区域教研、培训、科研、质量监测、决策咨询五大功能，这样的教师培训机构对区域内教师专业发展和教育质量提升起到了引领和撬动作用。

但随着新时代教师教育层次的不断提高、教师专业化理念的不断深入、新课改对教师素质提出了全方位的新要求，区县级教师培训机构原有功能难以适应，存在如下问题：一是机构管理职能边界不清晰；二是机构对区域内教师培训规划缺失或者不到位；三是培训课程体系构建不完善；四是培训实效性有待提高、评价方式滞后；五是75%的区县级教师培训经费不足或者拨付不到位。

(二)区县级教师培训机构的资源整合能力和服务能力日益增强

由于历史原因，教师培训机构往往存在队伍老龄化严重、学科教研员职称水平不高、后备梯队培养不足、引领区域教育课题成果转化力度不足等问题，但新时期这些现象日益扭转并呈现向好的发展趋势。

在北京、上海、浙江、成都、深圳等地，区县级教师培训机构有能力整合区域内外教育专家，能够形成较为科学的管理机制，教师培训队伍也较为成熟。这些机构属于独立预算单位，能从全局谋划区域教师队伍的业务培训项目，牵头研究区域教育综合改革与专项改革项目，深入参与区域教育咨询与决策。这说明区县政府对教师培训机构的重视程度日益增强，上级部门对其监管权力重心下放力度更大，而机构本身的资源整合能力也日益增强。

(三)区县级教师培训机构的职能定位呈现出共性与差异性

调研发现，我国区县级教师培训机构在设置上的差异性主要表现为教科研机构合并与否，具体包括以下三种类型：

第一类，教科研一体化，如成都市武侯区，哈尔滨市香坊区、道里区；第二类，教研与培训一体化，如贵州省、福建省的大部分地区；第三类，教研、科研和培训相互独立，各成体系，

① 卿素兰.区县教师发展机构功能有待提升：一项基于我国区县教师发展机构建设状况的调研[N].中国教育报，2018-08-07(03).

功能逐渐增强又相互支持。

发达地区为强化教研、科研和培训功能，提升了教科研各自的服务功能；欠发达地区尤其是县级教师培训机构保持了原有的独立职能，不仅教师培训能力没有得到强化，区域教育科研成果也甚少。同时，省级管理具有一致性，各省范围内的共性大于差异性。例如，福建省的教师进修学校基本都具有教研和教师培训两个功能，只有少数区级或示范性进修学校才具有科研、教研和培训三位一体的功能。

(四)地方政府对区县级教师培训机构的重视程度日益提升

地方政府对区县级教师培训机构日益重视，主要体现在经费支持与政策导向方面。98%以上的被调查者都认为政府日益重视教师培训机构，在行政管理、经费投入、服务职能等方面的政策倾斜力度日益加大，但在具体协调各职能机构、落实机构具体建设等方面缺乏长远、宏观的战略性思维。区县级教师培训机构的能力建设与功能定位，完全取决于当地政府部门和教育行政部门的战略思想与政策支持。

(五)区县级教师培训机构在培训任务、内容和方式上呈现出同质化

调研表明，不同区域的教师培训机构在培训任务、内容和方式上呈现高度同质化。区县级教师培训机构的培训类型，按任务量大小排序为师训、教研和干训、科研；按培训内容多少排序，分别是新课程改革、学科业务知识、教学技巧与方法和师德建设；培训方式呈现高度一致性，基本都采取下校指导教育教学活动、组织教师开展专题研讨、请专家讲课、网络研修、参观考察等方式。

这种高度的同质化，一方面充分反映了国家教育政策与教师专业发展标准的引领性，另一方面也反映出地方教育对教师核心素养和专业能力发展要求的同质化。

(六)区县级教师培训机构面临的困境呈现出区域差异

区县级教师培训机构面临的困境表现出区域差异，受区域经济、地域、文化等因素影响，主要表现为三类。

第一，经费使用体制机制的创新与变革落后于经费投入增加的力度。如福建省区县级教师培训机构的经费拨付均比较到位，但因为对经费使用的制度性限制过多，掣肘培训活动开展的针对性与灵活性，有的直接导致了预算内拨付的经费难以支出。

第二，培训经费不足或不能按时拨付。区县级教师培训机构的培训经费差异显著，有的地方，如成都市武侯区、湖南省临湘市(县级)，年度培训经费接近或超过1 000万元；有的地方培训经费不到100万元；有些地方不仅经费少，拨付也不及时，使机构难以实施区域内的培训计划。

第三，在促进区域内教师专业发展方面，培训的师资力量和机构自身组织管理能力不能满足新时代教师专业发展需求。调查显示人力不足的原因主要是队伍老龄化，学科不均衡，教师的专业素养不够强，等。

调查显示，区县级教师培训机构掣肘区域内教师专业发展的重要因素中，排在第一位的是培训师资力量不够，其次是培训组织管理的能力与机制不配套，第三是机构整合资源有困难。具体而言，发达地区经费充足，但缺乏培训师资力量、组织管理能力、培训机制及资源整合能力等，教师参与培训的积极性也不足。欠发达地区经费问题排在首位，其次是

人力不够、资源整合与组织能力存在问题。

(七)“国培计划”项目为欠发达地区区县级教师培训机构注入活力

近年来“国培计划”的实施,对于推动区县级教师培训机构尤其是县级教师培训机构的建设起到了很大作用。例如,湖南省洞口县2015年成功申报了“‘国培计划’项目县”,这为该县教师培训工作注入了活力。送教下乡培训项目的成功实施,大大提升了县、乡、村中小学、幼儿园教师的能力素质,更重要的是,“国培计划”项目的实施使区县级教师培训机构积累了宝贵经验和优质资源,打造出了一支“干得好、用得上、接地气”的本土化送教培训团队。

区县级教师培训工作的有效开展,对区域内尤其是乡村教师产生了较为深远的影响。通过培训,乡村教师理念有所更新、视野得以开阔、能力素质不断提升、专业得以发展、课堂教学不断改进。区县级教师培训机构通过落实一系列培训管理措施,建立了高校、县教师进修学校、乡镇研修片区和乡镇学校四位一体的乡村教师发展支持服务体系,通过将信息技术与学科知识深度融合,提升乡村教师能力素质,支持乡村教师专业发展。

(八)区县级教师培训机构多措并举促进教师专业发展

区县级教师培训机构对区域内教师专业发展的促进有如下具体途径。

第一,积极开展各级各类培训,积极深入学校、课堂开展教研活动;为教师开展课题研究搭建平台、创造条件,为教师提供教科研服务。

第二,在支持教师专业发展方面,从学历教育转变为教师整体素质的提高;使教师从经验型转化为研究型;由行政强制性培训转化为合理为教师制定成长阶梯方案的培训。

第三,在各区县级教师培训机构中,大多数教师是从中小学选拔出来的骨干教师、优秀教师,具有丰富的中小学教育教学经验。机构可以此为基础形成由资深专家、中心教师、一线骨干教师组成的教学研究和师资培训队伍。

第四,完善的三级教研培训体系。具体指:作为区域教学研究、指导和服务的引领者的培训机构的专职教研员;作为具体专业研究和成果示范的中坚力量的学科教研组长工作坊、学科骨干名师工作室;作为基层学校的研究主体的学校的校本教研组织。

第五,拥有明确的区本科研课题。如哈尔滨市道里区以“幸福教育研究与实践”统领全区的教育教学。

第六,逐步构建规范化、标准化的培训机构。对照时代对教育发展的需求,教师培训水平日益加强。

第七,进一步探究如何从供给侧角度考虑培训与教科研转型,适应时代和区域内教师专业发展的需求。

二、广东省区县级教师培训机构的职能定位

《中华人民共和国教师法》《中小学教师继续教育规定》和《中小学校长培训规定》等法律法规明确规定了区县级教师教育机构的主要功能是:实施对本地区义务教育阶段教师、幼儿园教师和校(园)长的继续教育;为本地区中小学校开展教师校本培训提供指导和服务;承担本地区基础教育新课程、教材和教法培训等工作,承担本区域教师教育的有关组

织、协调、指导、管理和服务等任务,是县域中小学教师继续教育的培训、研究和服务中心。

袁振国在《教师培训的历史转型》中指出,教师培训的工作被纳入了国家战略,国家支持的力度也越来越大。但是总体上来说,到目前为止,我国的教师培训工作依然是数量型、学历提升型及学科知识补偿型的。对于教师培训转型,袁振国认为,重点包括教师培训的专业化、个性化、综合化、信息化、校本化①。何劲松指出,教师培训供给侧改革的理念是"把培训课堂建到学校,让教师培训真正发生",需要做精准培训、行动培训、开放培训、高效培训、人本培训②。因此,教师培训不仅要专业化、个性化、综合化、信息化、校本化,还应是做精准、行动、开放、高效、人本的培训,其实质就是实现教师培训的品质提升③。

(一)凸显学术力量,聚集专业人才,开展教师全员教育

在区或县域内,作为行政机关的教育局和作为业务单位的教师培训机构,两者各司其职,不能换位、越位。教师培训机构的主要功能在于通过学术力量的凸显,有效促进本区域教育教学的高水平发展。第一,凸显学术力量,准入条件要严格。对于教书育人有方、教学能力突出的教师应留在学校,留在教学一线;而有一定理论素养和丰富实践经验、擅于开展研究的教师应到教师培训机构工作,区县级教师培训机构有关部门应对其人员准入条件做出明确的规定。从专业角度看,教师培训机构的研训员应是区域内某一学科领域学术水平公认较高的教师,否则难堪重任,学校和老师既不看重也不欢迎没有学术底蕴的行政化教学指导、教学调研。第二,凸显学术力量,工作重点要明确。区县级教师培训机构有许多事要做,需要管理者在分清主次的基础上逐项推进落实。一方面要根据现有的机构设置,发挥好各科室的最佳功能;另一方面,还要根据地方教育发展的实际,创新机构设置,不断优化自己的"工具箱",着力解决课程教学改革亟待解决的问题。第三,凸显学术力量,培训者角色修炼要跟上。"做地方上的专家""像学者一样地工作"应该是教师培训机构专业工作者的内在价值追求,也是他们自身影响力和魅力的源泉。为此,培训者要有较强的学习能力,能及时跟进当前教育改革和发展的步伐,从改变自己做起,带动区域内的教师实现专业发展;要研究本区域当前课堂教学、课程改革实践中出现的新问题,寻求解决的途径和方法,以不断改进和优化教师的教学方式和学生的学习方法;要在丰富的教研实践基础上,归纳和提升有关教学问题的规律,形成相关课程实施、推进区域教学质量提高的基本经验,丰富学术成果。培训者应是本区域教师专业发展的榜样,可以没有外在的荣誉光环,但不可以没有内在的研究素养和学术品位④。

以专业学术团队开展教师全员教育,是整体促进教师专业成长的一个重要举措,应牢牢把握好这个工作重心,要努力构建开放灵活的教师终身学习体系,加大教师继续教育力度,提高广大教师素质。一是建设一支专业的教师研究团队,团队的组成要专兼结合,要针对县域共性问题进行研究,开展全员性通识培训。二是自主开发颇具特色的适合县域教师继续教育需求的教育资源,以问题为导向开展针对性专题培训。三是完善教师教育制度,按照"统筹规划、改革创新、按需施训、注重实效"的原则,创新教师继续教育模式,增强教师

---

① 袁振国. 教师培训的历史转型[J]. 未来教育家,2016(12):8-9. 师资建设,2017(3):13-15.

② 何劲松. 推进教师培训供给侧结构性改革的行动路径[J]. 北京教育(普教版),2016(7):7-9.

③ 王庆军. 内涵、主体与策略:提升区县教师培训品质的研究[J]. 中小学教师培训,2018,385(8):19-23.

④ 潘纯良. 论县级教师发展中心的核心价值追求[J]. 江苏教育研究,2018(Z4):76-79.

教育的针对性和实效性，统筹开展城乡教师一体化教育，实施全员教育与骨干研修、远程教育与集中培训、通识教育与校本教研、校内培训与校外教育相结合的方式，促进中小学教师继续教育在新的历史起点上取得新突破①。

（二）培训活动的多样化，培训课程的体系化②

教师专业发展既不是完全外控式的发展，也不是完全自主式的发展，而是外在专业支持与自主努力共同作用的结果。

教师工作是一项情境性极强的工作，越是贴近教师教学一线实际的专业发展活动，越能满足教师的现实需求；教师工作是一项实践性突出的工作，越是在教师日常工作场景中发生的专业发展活动，越能尽快转换为教师的教育教学技能并帮助其改进教育教学行为；教师发展是一个持续的过程，越是具有持续性的专业发展活动，越能有效促进教师成长。在涵盖国家、省级、市级、县级的教师发展支持体系中，有且只有区县级教师发展支持体系同时具备上述三个特征。因此，区县级教师培训机构责任重大。

调查发现，一线教师比较关注区县级教师培训的多样性，如有的教师提到“希望能组织不同方面的培训，满足教育教学工作的各方面需求，如对于新教师而言，更需要关于如何上好课、如何站稳讲台、如何管好班级等具体技能和策略”，有的教师则提到“有一定工作经验和实践积累的教师，希望培训机构提供专家引领式的课程，让他们能够在专家的指导和引领下，总结、反思、提炼自己鲜活的经验”……这些提法都反映出县级教师培训不够多样化、比较单一的现状。有的教师则提到“希望组织一些具体的班级管理或师生沟通方面的培训，我所带的学生很多都是留守儿童，他们不仅需要学习上的帮助和指导，更需要心理上的支持，只有满足了他们的这些需求，才能更好地激发出他们学习的兴趣”，还有的教师提到“现在学校都比较重视科研，那么教师究竟如何做研究，教师应该研究哪些问题、采用哪些方法去研究，研究的结果如何体现，等等，需要一些案例式、手把手的培训”……这些提法关注的是区县级教师培训的多样性和课程的体系化。

区县级教师培训机构亟待建立健全教师培训课程体系，在模块上要涵盖师德修养、班级管理、学科教学和专业发展四个基本方面，在层次上要分别适应初任教师、成熟教师、骨干教师和专家型教师等不同发展阶段教师的需求。一是体现整体化原则，要面向区域内所有学段、所有学科、所有岗位、所有学校的教师组织培训；二是体现多样化原则，统筹教师的整体发展，组织能够促进教师发展不同方面的培训；三是体现层次化原则，把握不同发展阶段教师的立体化需求。

（三）强化服务功能，为教师提供继续教育资源服务

区县级教师培训机构的服务职能的体现，不管是服务于上级教育行政部门的决策咨询，还是服务于基层学校教师的专业发展，都需要在遵循教研规律的基础上，以严谨踏实、积极主动的态度来开展工作。第一，遵循教育规律。深刻领会课程改革的精神实质，全面提升教育理论素养，以课程实施过程中教师面对的各种具体问题为对象，注重经验的总结、理论的提升、规律的探索和教师的专业发展，严谨踏实、积极主动地探寻教育规律。第二，

---

① 王志显. 新时代县级教师教育机构的发展与思考[J]. 中国教育学刊，2019(4)：53 - 56.

② 李新翠. 把握需求提升县级教师培训实效：基于全国 30 个省份近万名教师的调查分析[N]. 中国教育报，2018 - 10 - 09(08).

尊重教师的课堂劳动。课堂是学生获得知识，教师展示才华、实现价值的重要场所，课堂是神圣的。有修为的教师走进教室时，不仅进行了充足的教学准备，甚至对自己的仪表也格外用心。培训者走进课堂听课，同样必须怀有敬畏之心，教室里正在进行的教学活动怠慢不得。第三，尊重教师的专业地位。培训者要深入教学第一线，与教师一起分析、讨论教学上的问题；要变指令为指导，由重布置、检查、评比转为重调查、指导和协调。同时，培训者应及时吸纳教师的优秀经验，用以丰富自己的素养结构，提升自己的教研工作。第四，尊重学校的实践创新。培训者走进学校，尊重学校的实践创新，就要对实践存有敬畏之心，站在实践者的角度理解其合理性和创新性，以研究者的身份对实践进行理性剖析，扬其长而补其短，给出中肯的意见和建议，这是一种更高层次的尊重①。

在尊重的基础上，提高教师专业素质，促进教师终身发展，要为教师继续教育提供优质的学习资源平台。一是建设优质师资服务平台。为了取得实效，让优质师资在“课程进修、专题研究、方法创新”的校本培训模式中做到教学与科研相结合，理论与实践相结合，普适与提高相结合，课内与课外相结合，阶段成果与培养目标相结合，使继续教育走上“理论联系实际，突出教育实效”的轨道。优质师资服务平台建设要突出对信息技术、新课程标准等现代教育内容的建设和教学改革新方法的推广。二是建设学习资源服务平台。要引进教育部、各级教师继续教育机构、教材出版社和全国知名学校开发的培训课程，为教师继续教育提供应用工具包形式的资料服务。要充分挖掘本地先进典型，收集、整理、总结、提炼并开发县域特色型、经验型的继续教育资源，实现资料共享、经验分享。要经常推介新的教师继续教育资料名录，下发资料索引信息备用包，供教师继续教育选用。三是要建设网络学习服务平台。下大力气建设远程培训网，为教师网上远程培训提供方便。其内容应包括优秀在线视频讲座、学术报告、教学案、课件和教育新闻等②。

（四）开展专题论坛，组织开展教育教学研究

针对县域教育发展中的现象和问题，区县级教师培训机构的重要职能之一就是开展针对性的专题研究，提出解决对策。广东省为推动县域教师队伍建设，2019 年 6 月 12 日在韶关学院举办了“四维一体”县域教师队伍整体提升工程专题研讨会。广东省教育厅副厅长王创充分肯定了近年来韶关学院推进中小学教师专业发展所取得的成绩。他指出，推动建立“四维一体”的教师教育发展模式，把高校、市县教育局、中小学校和社会力量整合起来，形成资源联盟，在县域内统筹谋划、整体推进，将更加有力地推动县域内教师专业发展，高度契合当前国家和省关于县域内义务教育优质均衡发展的有关要求。他强调，县级人民政府是义务教育的责任主体，是促进县域基础教育优质均衡和可持续发展的第一责任人，要切实履行好政府教育职责，深入落实教育优先发展战略，高度重视教师队伍建设，主动作为促进教师专业发展。他要求，各省级中小学教师发展中心要进一步解放思想，改革创新，健全制度，激发活力，为教师专业发展提供保障。一是推动机制创新。要用发展的理念、改革的思路、创新的举措，打破固有的思维定式和利益藩篱，强化统筹，创新职前职后一体化管理制度和体制机制。二是深化校地合作。要加强与市、县政府和教育行政部门的沟通联系，提供切合实际的服务和支持。要加强与市县教师发展中心的联系与指导，做到互为补充，互相促进，建立便捷高效的线上线下一体的培训研修平台，探索行之有效的培训方式，

---

① 潘纯良. 论县级教师发展中心的核心价值追求[J]. 江苏教育研究，2018(Z4)：76 – 79.

② 王志显. 新时代县级教师教育机构的发展与思考[J]. 中国教育学刊，2019(4)：53 – 56.

提高培训的针对性和实效性。三是加强工作联动。各省级教师发展中心之间，要加强联动，发挥各自的优势，在教师培养、培训标准制定，分层、分类教师培训课程指南，课程资源建设，专家资源等方面共建共享、做强做大。四是树立特色品牌。要以粤港澳大湾区建设为契机，积极参与大湾区教师职前培养和职后培训，建立大湾区教师专业发展合作平台和机制，提升、扩大在全国同行业的影响力和辐射力，树立广东省教师专业发展的新标杆①。

从国家层面看，2018 年 10 月至 11 月，由教育部普通高等学校人文社会科学重点研究基地北京师范大学教师教育研究中心承办，北京师范大学教育基金会、田家炳基金会、广东省和的慈善基金会资助，凉山彝族自治州人民政府和凉山州教育局、保山市人民政府和保山市教育局支持的中国教师教育精准帮扶大型公益活动——“启师 · 沃土计划”“三区三州”区县教师教育新体系建设暨教师教育者教育能力提升研修项目（以下简称“‘三区三州’区县教师教育新体系建设项目”）在北京师范大学举行。项目组采用政策解读、对话名师、经验分享、实地参访等形式，以“区县级教师教育新体系建构”“研修一体化机制建设”“用新理念指导中小学教师校长专业发展”和“基于教师需求的培训设计”等为主题，分 3 期对来自保山市 5 个区县、凉山州 15 个县的 120 位县级教育行政人员和教师教育者进行了集中培训。2019 年 4 月 20 日至 21 日，聚力乡村教育振兴——2019 年中国教育创新“20 + ”论坛年会在北京举行，这是近年来首个聚焦于乡村教育的大规模、高规格的综合性会议。在本次年会上，北京师范大学教育学部部长朱旭东分享“三区三州”区县教师教育新体系建设。针对区县层级只有培训概念而缺少区县教师教育概念体系的问题，他建议把教师教育的概念引入区县层级，并使其成为区县政府工作报告的重要内容，并最终形成教师教育的 UGNI 创新模式，即以区县教师教育机构为核心，由高校进行专业引领，政府进行政策支持，非政府组织提供资金支持。

除开展专题论坛外，开展教育教学研究是区县级教师教育机构最主要的工作任务。一是开展课题研究。要根据教育教学实际进行研究，以教育教学实践为基础，以教育理论为支撑，以解决实际问题为导向，强化开展应用研究，不断总结推广研究成果。二是进行课改实践。指导中小学教师在教学实践中更新教育理念，研究教学和教法，大胆实施课堂教学改革实践，不断提高中小学教师的专业化水平和教书育人能力。三是组织校本研修。加强校本研修的指导和管理，促进校本研修与教研活动相结合，远程教育与校本研修相结合，理论学习与教学实践相结合，提高校本研修的质量和水平。鼓励和支持高师院校和中小学校合作，促进教师专业快速发展②。

（五）教师培训应“重心下移”，体现区县级教师培训的地方性、乡土性职能

广东省区县级教师培训应借鉴新疆的做法，即教师培训不断“重心下移”，教师培训项目移交给地县一级实施。下放权限、下移“重心”，新疆此举旨在更加有力地发挥地县教育部门在教师培训中的主体作用，履行好教师培训主体责任。同时，进一步提升教师培训针对性、实效性，从而为建立教师在“家门口”常态化接受培训机制奠定基础。2018 年，新疆按照项目经费使用方向基本不变的原则，结合各地教师培训需求，将 3 个项目移交：少数民族教师培训项目、骨干教师集中培训项目、乡村教师送教下乡项目。移交地县教育部门组织

---

① 广东省教育厅. 落实主题教育要求，加快推动县域教师队伍整体提升[EB/OL]. http://www.gd.gov.cn/gdywdt/zwzt/gdjyqsjs/jsdw/content/post_2513413.html.

② 王志显. 新时代县级教师教育机构的发展与思考[J]. 中国教育学刊，2019(4):53 – 56.

实施的教师培训项目，经费采取申报制进行分配。各地（州、市）教育局负责制定培训项目规划，根据自治区教育厅设定的3个教师培训项目，各地（州、市）教育局再研究制定本地教师培训项目规划，填报项目申报书。各地（州、市）教育局根据自治区教育厅评审通过的项目申报书，组织专家对培训院校（机构）报送的培训方案进行评审，形成初步名单报教育厅复审确认。新疆"接地气"县级教师培训，各地能够实现根据自身实际，在培训时间上、内容上进行更有针对性的"布局谋篇"，能够实施"点对点"的个性化培训，培训实效性进一步增强，从而确保教师培训工作的科学性和系统性，提升地县教师培训能力和水平，从而为全面提升教师培训质量奠定坚实基础①。

教师培训的"重心下移"，体现区县级教师培训的地方性、乡土性职能。"由于教育的话语权、决策权集中在城市阶层，更潜在地使得我们的教育政策与主流教育话语更多地带有城市取向。"②教师的职前教育一般都趋于"城市取向"，他们所接受的教育文化并非是具有乡土特质的文化，而是适用于城市文化的教育模式。虽然乡村教师所属的社会环境在乡村，但是从整个教育体系看，他们依然沿用城市教育模式，处在城市和乡村的边缘地带。城市教师与乡村教师在专业发展评价标准上并无区别，乡村教师处于特定场域中，但其专业发展取向却无法适应其乡土特质。在专业化的进程中一直没有获得过话语权，处于被遮蔽和隐匿的状态③。乡村教师在城乡教育模式的差异冲击下，其个人的专业发展始终无法与乡土特质相结合，也就无法真正适应乡村教师的职业特点，进而产生心理上的无助感，从而无法长久在乡村任教④。

乡村教育发展的关键在于乡村教师，教师对于乡村教育职业特性的适应程度直接影响其专业发展。当前，乡村教师专业发展普遍面临着自身与场域脱节的困境。为此，应立足于乡村教师所在场域的特点，结合其自身专业发展的需求取向，通过重视场域引领制度支持，基于场域实践加强高校辅助以及依托场域情感引导的舆论宣传等途径，结合场域内外多维力量，提高乡村教师的场域适应性，更好地促进乡村教师专业发展。找准职业定位，结合在特殊场域的限定条件，找到乡土归属感和责任感，进行情感和精神的调节，降低职业恐慌感和空虚感，让乡村教师的职业内化为一种持久的责任感，进而发挥主体能动性，提升持久而有效的专业发展。

（六）进行县域义务教育质量监控与测评

区县级教师培训机构本区县义务教育质量监控与评测中心，是监控和评测县域义务教育质量的第一责任主体，通过监控和评测，更好地为教育行政部门科学决策提供有效服务，以致把区县级教师培训机构打造成为本区县的教育"微智库"。一是对义务教育政策贯彻实施的监控指导。二是对义务教育质量的监控。实施常规监测指导，涵盖课程开设、计划制订、实施细节等。三是对义务教育质量的测评。实施教学动态管理、综合评价，既要有过程的评价，也要有结果的定性评价，要有效地发挥检测评估的作用⑤。

---

① 蒋夫尔.新疆教师培训"重心下移"［N］.中国教育报，2018－04－07(01).

② 刘铁芳.乡村教育的问题与出路［J］.教育观察(中下旬刊)，2013(4)：19－24.

③ 唐松林.理想的寂灭与复燃：重新发现乡村教师〔J〕.中国教育学刊，2012(7)：28－31.

④ 田爱丽，房才桐.基于场域的乡村教师适应性专业发展取向〔J〕.现代教育管理，2019，349(4)：91－95.

⑤ 王志显.新时代县级教师教育机构的发展与思考［J］.中国教育学刊，2019(4)：53－56.

第四章　广东省区县级教师培训机构运行机制

2018年2月11日,《教育部等五部门关于印发教师教育振兴行动计划(2018—2022年)的通知》(教师〔2018〕2号)提出:“制定县级教师发展中心建设标准。以优质市县教师发展机构为引领,推动整合教师培训机构、教研室、教科所(室)、电教馆的职能和资源,按照精简、统一、效能原则建设研训一体的市县教师发展机构,更好地为区域教师专业发展服务。高校与地方教育行政部门依托优质中小学,开展师范生见习、实习,教师跟岗培训和教研教改工作。”因此,应理顺区县级教师培训基地的运行机制,不断提升其培训能力。

第一节　区县级教师培训机构资质认定标准

教师教育机构指专门负责培养和培训中小学教师和其他教育专业人员的大学、学院、研究院等机构。教师教育机构的资质认证成为保障教师教育质量的组成部分。《教育法》提出,振兴民族的希望在教育,振兴教育的希望在教师。美国前总统奥巴马曾说:“美国的未来取决于教师。”作为一种核心竞争力,知识经济的到来使得各国经济的发展越来越依赖于高质量的教育,而要想高质量教育成为“输出”的结果,其“输入”的入口在教师,再追根溯源,便在于培养教师的教育机构。20世纪以来,发达国家的多项教育改革都是在基于标准的教育改革背景下推动的,教师教育也不例外。现阶段,对于教师质量如何认证,各国的发展趋势都是认证教师资格,或鉴定教师教育课程质量,也有认证教育机构的情况。为了使各类认证达到统一标准,相关部门制定了相关的指标体系,有的标准以政策文件的形式确立,也有些是由相关权威评估机制制定。例如,美国国家教师教育认证协会(National Council for Accreditation of Teacher Education,NCATE)认证制度,根据认证标准对教育学院的办学水平进行评估和鉴定。日本则将师资养成机构的资格标准以立法的形式来为其提供保障等。教师教育机构认证标准是学校进行办学、人才培养、科学研究的参照,标准的合理性、适恰性都直接影响对教师教育机构办学能力的判定①。

教师教育机构是教师教育的组织机制,承担着教师培养、培训的重要职能,是提高教师教育质量的重要保障。20世纪50年代,许多发达国家进行了教师教育大学化、综合化改革,师范教育由封闭走向开放,教师教育机构也出现了多元化、开放化、综合化的特点。虽然各种教师教育机构如雨后春笋般涌现,但教师教育质量严重下降。为扭转教师教育质量继续滑坡的局面,这些国家纷纷采取有效措施,对教师教育机构进行资质认证。教师教育机构的资质认证已经成为各国开放型教师教育制度的一个重要组成部分。

20世纪80年代末,尤其是90年代以来,我国的教师教育体系也逐步由传统封闭、单一

---

① 张珂.幼儿教师培养机构资质标准研究[D].海口:海南师范大学,2017.

的教师教育向现代开放、多元的教师教育变革。办学主体逐步实现了多元化,不仅师范大学把教师教育作为引领和特色,综合大学也开始创办教育学院,参与教师培养和培训,甚至很多职业技术学院也大量参与教师教育。开放的教师教育体系满足了我国基础教育发展对教师数量的要求。但是,由于缺乏认证标准的制约,各个机构在教师教育理念、课程、师资、经费和设备等方面参差不齐,严重影响了教师培养的质量以及教师教育的可持续发展。为此,有学者对教师教育机构资质认证进行了一些研究,主要分为两类:一类是以介绍国外的教师教育机构认证评估为主,包括美国的 NCATE 评估和教师教育认证委员会(Teacher Education Accreditation Council,TEAC)评估,英国的教师培训机构(Teacher Training Agency,TTA)评估,也有对日本、澳大利亚、印度等国家教师教育机构资质认证的介绍;另一类是在借鉴国外教师教育机构资质认证的基础上提出对我国教师教育机构资质认证程序、内容的意见和建议,但是没有对教师教育机构资质认证评估的机构、对象、人员、标准、模式、程序进行全方位的研究,尤其是没有提出具体的、可参考的认证指标体系①。

随着我国教师教育体系逐步开放,教师教育质量逐渐成为人们关注的焦点。教师教育机构是保障教师教育质量的关键,并非所有机构都可以培养教师,只有通过资质认证的机构才有资格培养和培训教师。区县级教师培训机构的发展需要通过行业组织来整体推动,以提升行业地位和影响力。广东省各区县级教师培训机构联合起来,建立行业组织,既有行政管理功能又有业务指导功能,由政府组织来协调各培训机构之间、培训机构与教育行政部门之间共同探讨培训机构的发展方向、行业发展规划、培训专业标准、培训经费等问题,实现资源、经验共享,争取各级行政部门的理解支持,统筹培训机构的整体发展。

教师培训的最终目的是促进教师的专业化成长,因此教师培训必须要专业化。广东省建立的教师培训专业标准包括培训机构建设与资质认证标准、教师培训师专业标准、教师培训组织标准、教师培训课程标准、教师培训质量评估标准、教师培训工作者能力评价标准等。通过教师培训专业标准,来严格规定培训者的准入门槛,提高机构专业水平,进而促进机构自身发展。

广东省在 2014 年已出台《广东省教师培训机构资质条件》(见附录 A)。广东省教师培训机构资质标准共有一级指标 5 个,二级指标 11 个,观测点和权重 54 个。教师教育是国民教育的工作母机,具有重要的地位。目前,就各级教育而言,中小学和高等院校都设有办学条件的标准,对场地、设备、师资、经费等均做出了具体规定。学校可以按照标准办学。唯有教师培训机构,包括省市级和县级的,均没有办学条件标准。既不能按照中小学进行建设,也不能按照高等院校进行建设,处于一个边缘地带。这就大大影响了教师培训机构的发展,建设缺乏必要的政策依据。2002 年,教育部颁布了《教育部关于加强县级教师培训机构建设的指导意见》(教师〔2002〕3 号),但并没有给出具体的指标,2005 年进行评估时出台了评估标准,有了一些量化的指标,但这些指标不具有法律的性质。另外,标准的量化指标比较低,比如仅要求专任教师占当地中小学专任教师的 5‰。因此,建议教育行政部门制定教师教育机构、县级培训机构的办学条件标准,包括场地、设备、经费、师资等方面,并且从教师教育的地位出发确立较高的标准,真正发挥教师培训机构的引领作用②。

《广东省教育厅 广东省机构编制委员会办公室 广东省人力资源和社会保障厅 广东省

① 郭赟嘉,闫建璋. 教师教育机构资质认证研究[J]. 教师教育学报,2017,4(6):88 – 94.

② 钟祖荣. 关于县级教师培训机构能力建设的调研与政策建议[J]. 北京教育学院学报,2012,26(2):1 – 4.

财政厅关于推进县级教师发展中心建设的意见》(粤教继函〔2017〕58 号)(见附录 B),《广东省县级教师发展中心建设标准》(见附录 C)以及《广东省教育厅关于加强“十三五”广东省中小学教师培训工作的意见》(粤教继〔2017〕27 号)(见附录 D),这些意见和标准立足广东省区县级教师培训规范化、专业性,研究制定的县级教师发展中心建设与资质认证标准、教师培训师专业标准、教师培训组织实施标准、教师培训课程标准、教师培训质量评估标准和教师培训工作者能力评价标准等地方标准,健全教师培训标准体系,全面提高教师培训专业化水平,引导广东省县级教师发展中心规范学校建设和培训行为,引导教师培训师专业发展,带动培训师培训模式与内容方法的改革创新①。

第二节　区县级教师培训模式

新时代最突出的内涵是发展,这就要求区县级教师教育机构始终坚持发展、融合、分享的理念,积极探索和实施教师继续教育的新模式。从国家层面看,《中共中央 国务院关于全面深化新时代教师队伍建设改革的意见》(中发〔2018〕4 号)提出创新培训模式,不断提高培训的针对性和实效性。启动实施专业建设,根据干部教师所处的不同发展阶段,坚持以培养对象素质能力要求为出发点、实际工作需要为落脚点,组织研讨制定并实施“启航计划”“青蓝计划”人才培养方案。抓住培养目标、教学内容、实施方式、考核评价等关键环节,推进培训课程规范化建设。重视教材建设,积极推动教师培训教材编写。大力促进教学方法与学习方式创新,强化以问题为导向、以学员为中心的理念,积极采用项目式、参与式、体验式、研讨式、研究式、混合式、任务驱动式等先进研修模式,切实提升培训的实效性。推动以赛促学,办好北京市“启航杯”新任教师教学技能展示活动。整合融通研修资源,加强以一批优质学校、国际学校为代表的研修实践基地建设。推动开放式研修,加大以技术合作、购买服务等方式将优质培训服务与技术应用于研修项目的力度。积极推动线上线下相结合的混合式学习,探索运用人工智能等新技术,改善教师学习体验,缓解工学矛盾。

2017 年 7 月,《教育部办公厅关于印发〈乡村校园长“送培进校”诊断式培训指南〉等四个文件的通知》(教师厅〔2017〕7 号)提出依托本地培训团队,整合区域内外高校、教科研机构和中小学幼儿园专家资源组成送培团队,采取以问题解决为导向,以现场诊断、对话反馈、行动改进、跟踪指导和总结提升为主要方式,组织开展“送培进校”诊断式培训活动。区县教育行政部门要将“送培进校”诊断式培训纳入乡村校园长培训规划,制定“送培进校”培训周期计划与年度计划,原则上同一乡镇每年送培不少于 2 次,每次不少于 2 天,按现场诊断、对话反馈、行动改进等环节组织实施。

王志显通过调查研究,提出立足时代发展,区县级教师教育机构实施教育的新模式、新手段主要有三大类。一是探索和实施网上远程培训与线下面对面指导相结合的立体型教育模式。区县级教师教育机构要全面落实《教育部关于实施全国教师教育网络联盟计划的指导意见》和《教育部关于加快推进全国教师教育网络联盟计划组织实施新一轮中小学教师全员培训的意见》等文件精神,积极组织开展网上远程继续教育与线下面对面指导相结合的立体型教师继续教育,着力解决全员性通识问题、个性化差异问题,实现点对点、连起

① 汪文华. 县级教师培训机构建设发展策略研究:基于 A 省的专项调研[J]. 当代教师教育,2015(1):80－84,90.

线、织成面、组建体的多维度、多视角、多时空教师继续教师模式的落地实施。二是积极探索和实施课题研究与教学实践指导相结合的应用型教育模式。要将研究型教师的研究能力、探索能力和实践能力转化为一线广大教师做好教育教学、科学研究、课改探索的能力和素质。在实践中指导，在研究中提升，在应用中发展，不断提高广大教师在实践和应用方面的技能技巧。三是积极探索和实施“互联网 +”背景下的智慧型教师教育模式。区县级教师教育机构要积极响应国家“互联网 + ”的战略号召，充分运用云计算、大数据、智慧课堂等新兴信息技术，不断加大信息技术与教师教育的融合，强化在教师教育教学工作中的创新应用，助推教育教学新发展，促进教师教育信息化发展进程①。

全国各地区县级教师培训的模式可谓“花样百出”。四川省泸州市纳溪区教育局局长曾经到国家教育行政学院培训，感受到培训对其工作带来的积极影响。此后，纳溪区教研培训中心与国家教育行政学院合作，探索了“云溪未来乡土教育家”线上线下一体化培训项目，培养了一批专业化、高素质、创新型的教师人才②。湖南省永州市蓝山县高度重视教师培训工作，解放思想，创新方式方法，积极采取一系列有力措施，抓好抓实教师培训。蓝山县确立了以“教研为龙头，骨干教师牵头，分片区交流培训”的蓝山特色教师培训工作新模式，打造出一套具有蓝山特色的教师精品培训，全县教师培训工作取得了良好成效。2018年，全县超额完成国培 330 人次、省培 100 人次、市培 80 人次的任务，县级自主开展教师培训，培训1 590人次。参加培训的教师人数逐年增加，项目不断完善，质量不断提升，培训工作呈现良好发展态势。2019 年 4 月 20 日至 21 日，聚力乡村教育振兴——2019 年中国教育创新“20 +”论坛年会在北京举行。北京师范大学教育学部部长朱旭东提出并总结出 UGNI 创新模式，助力教师教育新体系建设。北京师范大学的教师教育精准扶贫大型公益项目建构了一个框架，以区县教师教育机构为核心，由高校进行专业引领，政府进行政策支持，非政府组织提供资金支持。该项目于 2018 年正式启动，对来自北京市、浙江省、广东省、重庆市、吉林省、云南省、河北省、贵州省等地的 20 余位专家、青海省等地的领导，以及 140 余位校长、园长、名师代表等进行了培训，对教育行政人员以及教师进修学校、高校、优质中小学骨干教师等进行了 8 次培训，共计培训 397 人次。

为提升教师教育质量，广东省推进“强师工程”建设，继续实施中小学教师“国培计划”“省培计划”以及中小学“互联网 + 全员教师培训”，加强教师培训过程监管。完善中小学教师分级培训体系，推进中小学教师培训学分管理，创新培训模式，推广网络培训，增强教师培训的针对性、实效性。

学术界基于区县级教师培训的实际情况，提出了多种实用的区县级教师培训模式，其中典型性的培训模式包括 6 种，这些培训模式可供广东省各个区县级教师培训机构学习和借鉴。

一、“巡陪团”教师培训模式③

寻求高效的教师培训模式是学术界和实践中人们一直在思考的，甚至已经成为一个让

---

① 王志显. 新时代县级教师教育机构的发展与思考[J]. 中国教育学刊，2019(4)：53 – 56.

② 杨程. 建设更加专业化的区县教师发展机构[N]. 中国教育报，2018 – 08 – 07(03).

③ 曲中林. “巡培团”教师培训模式的构想[J]. 当代教育科学，2011(5)：29 – 31.

人产生“审美疲劳”的话题。但在实践中新的模式还是在不断产生：如北京市实施“农村教师研修工作站”实施模式，在时间上是脱产学习，在空间上是进城学习，在方式上是拜师学习①；海南省以海南师范大学为平台，通过周末流动师资培训学院，整合全省优质教育资源，以服务少数民族和贫困县市基础教育为宗旨，以周末流动师资培训学院为基本组织架构，利用周末时间，免费送培下乡，开展课堂教学临床诊断研究，依托网络实现指导教师与学员交流的常态化；华南师范大学和广东教育学院骨干教师省级培训导师组培训模式；等等。借鉴上述理念，“巡陪团”的教师培训模式更为有效。该模式提出把学习情景与工作情景结合起来，“在教学中学习教学”，是一种“工作学习化，学习工作化”的“行走中”的教师培训组织。这种体现了“以人为本”、适用于区县级的教师培训理念，是把伊洛特(Eraiil)曾提出的政府中心论、高校中心论、教师中心论、学校中心论的四种从不同团体利益出发的教师培训综合而成的联席培训模式。

(一)操作思路

1. 组建专业的“巡陪团”组织，实施培训者先行发展策略

教师培训在培训场地、设施和教具等硬件得到基本保证的前提下，优秀的培训成员是有效培训的重要保障，所以要解决好“谁来培训教师”的问题。香港的专业师资培训主要由教育统筹局委托高等院校来实施，并委托各高校教师培训方面的资深专家组成了师训与师资咨询委员会、教师持续专业发展导向委员会与教师持续发展研究小组等非常设机构，分别负责有关教师培训的政策制定、方向与理念的确定、开展的方式与方法、各时期实效评估及建议、教师可持续发展的因素与指标研究等。内地的教师培训，是由教育局人事部门负责政策方面的指导，教师进修学院具体负责实施。相应地，我们也有与香港相类似的非常设的教师培训委员会——教师继续教育中心，它一般挂靠在教师进修学院，但似乎仅仅是一块牌子，不具备像香港师训与师资咨询委员会那样的政策制定、过程效果评估和做出建议的权力②。根据我国现行体制，本次研究认为可以组建由政府和教师专业组织(如教育学会等)共同管理的“巡陪团”组织。“巡陪团”由高校专家、教学法专家、优秀中小学教师、教育督导员、教研员联合组成，特别是督导员参与“巡陪团”，使培训工作具有了督导性质。在开展不同教师培训项目时，都要进行对培训者的培训，通过教师培训实践，不断锻炼和建设来自本土又适合本土教师培训的培训者团队，这是实现教师培训有效性的根本所在。

按照不同的标准划分，有不同种类的“巡陪团”：(1)按层次划分，有国家级、省级、县级等三个层级的“巡陪团”，负责不同层次的教师培训。(2)按主管部门划分，有政府主管的政府性“巡陪团”、大学主管的“巡陪团”以及专业团体主管并自筹经费组建的公益性“巡陪团”。(3)按任务划分，综合性任务培训以综合性“巡陪团”为主体，负责教师的全面培训；专项任务培训以专项“巡陪团”为主体。由于培训的专项任务的不同，专项“巡陪团”种类多而宽泛，主要包括：专家“巡陪团”、优秀教师“巡陪团”、教育家“巡陪团”、教学名师“巡陪团”、骨干教师“巡陪团”、新教师岗前“巡陪团”、特级教师“巡陪团”、校长“巡陪团”、班主任“巡陪团”、师德“巡陪团”、素质教育“巡陪团”、新课程改革“巡陪团”、教师阅读“巡陪团”、

---

① 钟祖荣. 在观察学习中实现成长：北京市“农村教师研修工作站”实施模式分析[J]. 中小学管理，2009(12)：4－7.

② 赵龙山. 香港教师培训的启示[N]. 中国教育报. 2010－04－09(05).

教师健康教育“巡陪团”、现代教育技术“巡陪团”、名校“巡陪团”等。专项“巡陪团”可以根据培训任务与形势的要求临时组建,“巡陪”员具有较大的流动性。

2. 建立县域内校际共享的“巡陪”工作资源库

“巡陪团”关注促进学校而不只是教学功能的教师,是一种学习促进者的角色,其在设计和组织教学活动中,不是把大量时间和精力放在组织教案和讲解上,而是放在为教师提供学习所需要的各种资源上。这就要求“巡陪团”成员要与教师对接,不能一个在天上,一个在地上,要知道每个教师都是一本“书”,一本实践的书,需要培训者去学习、借鉴、研究的一本书,是教师培训的一个基本要素。除此之外,“巡陪团”的专业支持,还在于把大学资源带到接受培训的中小学,为学校校本研修提供资源、平台,让优质教育资源具有公共性。即在培训过程中搜集、积累鲜活的培训素材,通过建立培训素材库,进行教师培训资源的整合,再用于每一所需要培训的学校。

3. 走进县域中小学中,建立“巡陪团”与中小学的稳固联系

好的培训者就是“中介”,在培训中起到组织、管理和引领的作用,同时又是一个积极的参与者。培训团走进中小学中进行巡回培训,或开展“巡陪”系列讲座;或“巡陪”专家在课堂上示范中小学课堂的教师方式,讲解他们的课堂心得,由其他教师评判、指正;或“巡陪团”可以通过技术上的交换、交流、顾问指导,并随叫随到。这种培训让教师培训回归生活、回归课堂、回归实践。针对农村学校比较分散,学校规模较小,可以采取就近几所学校联合起来,轮流作为培训点,并设站点协调员,接受“巡陪团”的培训工作。同时,被“巡陪”的学校要接受“巡陪”监督,积极配合“巡陪”工作,坚决纠正不符合政策要求的各种行为。“巡陪团”成员和实践工作者亲密接触,深入基层,走进课堂,进行“田野研究”,这种“巡陪团”与中小学经常性的联系,构建了教师培训的共同体,提供了可以共同实践和研究的“场”,通过交流互动达到预期的培训目标。

4. 促成培训信息的有效传输与反馈,撰写“巡陪”工作报告

教师培训评估的意义,不仅在于了解和把握培训的过程与效果,更在于根据效果反馈来调节后续的培训活动。培训的效果如何,最有发言权的是教师,所以来自教师的感受、意见和建议,是不断改进培训的重要依据。“巡陪团”可以通过问卷、访谈、座谈、观察等多种方式开展需求调查,对培训效果进行评价,主要包括教师对“巡陪”组织得是否满意、教师对“巡陪团”的讲座有哪些意见和建议。特别关注和评价在培训中,培训信息是否有用有效,能否引起双方的共鸣。一次培训活动的时间是有限的,任何培训教师不可能也没有必要在短时间的培训里将全部的有关知识和技能传授,将有关的观念和行为模式全部掌握,教师的素质也不可能马上提高到一个高度。在培训中,培训的目的应是将关键的理论讲授清楚,引起教师的兴趣、重视和共鸣,教师再在工作实践中去整理、反思、运用、提高、发展。另外,培训信息传输和反馈的机制问题也应该引起足够的重视。这是一个共同促进的双向过程。培训教师的信息教师充分接收,教师的参与情况也应该及时反馈给“巡陪团”,以便培训教师查漏补缺,纠正偏差。为达到上述目的,要对“巡陪”工作全面总结,掌握全面客观真实的情况,检查被“巡陪”学校落实“巡陪”工作意见建议,必须写好“巡陪”工作报告。“巡陪”工作报告始终围绕“巡陪”工作重点进行素材的准备和撰写,尽可能做到客观、准确,切实找准被“巡陪”学校的主要问题,并根据问题提出意见和建议,为以后的“巡陪”工作提供“巡陪”建议,这是“巡陪”工作报告具有较高使用价值的基础。

(二)政策保障

1. 打破集中培训的框架,优化培训结构,为“巡陪团”组建扫平认知障碍

以往的教师培训,是那种“通过一个文件、招来一批学员、请来一名教师、举行一场讲座”的培训,接受培训的教师多多少少带有“被迫参加”的意味,教师不得不变为“应声虫”,容易产生“暴食”“厌食”“偏食”的现象。所以,教师培训应能够准确地瞄准基础教育教师的“味觉”,实施基于影响教师行为的适应性培训,打破陈规,构建教师培训系统内在的良性循环和有效机制。未来我国教师培训形态应该是一种服务型、现代化、高品质、互动式的教师培训。伴随着这种新型教师培训形态的建立,政府以及教师主管部门不再搞“规定性”“强制性”的集中培训,而是实施“巡陪团”参与基础教育培训的模式,进而使学校成为研究中心、教室成为教研室、教师成为教研者,这样我国教师培训必将步入一个内涵充实、结构优化、综合创新的崭新发展时期。

2. 政府为“巡陪团”出资,使教师培训成为一种福利

消除教师培训的社会偏差,使教师培训不再是少数人独享或按顺序进行的局面,实现教师培训的全覆盖,公益性的教师培训是对教师的一种福利。教育事业是公共事业、是社会事业,这是我国教育价值特征的基本判断。教育公共性具体体现在教育产品的公共性和教育事业应该由全社会共同承担、共同管理、共同监督。教师职业的双重性质即公务性和专业性,决定了从公务性出发,其培训也应是“公务”的,所以由政府出资组建“巡陪团”走进中小学,教师免费参与实属必要。按照《国家中长期教育改革和发展规划纲要(2010—2020年)》精神,未来国家要“颁布《中小学教师培训条例》,实行每5年一周期的教师全员培训制度。中央和地方各级政府设立教师培训专项经费,按照教职工工资总额2.5%的比例单列教师培训经费,纳入财政预算,落实农村学校公用经费5%用于教师培训的政策,经费主要用于校本培训”①。因此,各级政府是“巡陪团”组建的保证。

3. 建立“巡陪团”成员流动、考核与管理机制

“巡陪团”成员主要采取组织选调、公开选拔、竞争上岗、单位推荐等方式选配。虽然“巡陪团”是为教师培训而常设的一个组织,但“巡陪团”成员不是绝对固定的,“巡陪团”成员应当按照规定进行轮岗交流,对不适合参与教师培训、不受教师欢迎的“巡陪团”成员,应当及时予以调整。“巡陪团”应当加强自身建设,建立健全日常管理制度,严格规范工作程序,组织开展学习培训,不断提高巡视工作人员的政治、业务素质和工作水平。另外,应成立国家级、省级、市级、县级“巡陪”工作领导小组,“巡陪”工作领导小组下设办公室,作为日常办事机构。“巡陪”工作领导小组的职责是:(1)贯彻国家、地方教师培训工作的精神,组织完成各项培训工作;(2)研究决定“巡陪”工作年度和阶段计划、方案;(3)听取“巡陪”工作汇报;(4)研究“巡陪”成果的运用,提出相关意见、建议;(5)向其他“巡陪”组织介绍、推广“巡陪”工作情况;(6)对“巡陪”组进行管理和监督;(7)研究处理“巡陪”工作中的其他重要事项。

(三)可行性分析

1. 教师的工学矛盾决定了进校培训的便利性

① 第九战略专题调研组,张天保,史宁中. 一流教师一流教育[J]. 教育研究,2010,31(7):51-57.

教师集中培训多是利用双休日与节假日进行,但由于教师平时的教学工作比较繁重、学生升学压力大,教师参与培训的工学矛盾突出。由于地理上的原因,很多的教师还须长途跋涉,从客观上影响了教师参与教育培训的积极性。另一个方面,教师参加培训的意愿多处于外部的政策压力,而教师能否参加培训要听从于任职学校的安排,因而接受培训的教师在培训时间、培训形式、培训内容等的选择上就完全处于被动的地位,加之培训中指导教师的绝对权威,教师看到的、听到的并非他们所希望的,从而抑制了教师的学习主动性。因此,基于学校规模大、参与培训的教师多的实际情况,组建"巡陪团",依据学校"求培"的实际情况,"送培"到校是一种很好的培训方式。"巡陪团"辛苦一点,但广大教师"工作着、学习着、享受着",能够省时、省力、省钱,亦即践行了"师本"培训理念。

2. 融合"校情"的"巡陪团"培训模式,助推校本培训

校本教师培训有两种含义:一是以地点为依据,指完全在中小学内进行的教师在职培训活动;二是以培训内容为依据,即促进教师专业发展、改善学校和教学实践为中心的培训。而完全由中小学自主开展的校本培训是很困难的,"巡陪团"的参与才使校本培训科学化,将教师的经验水平提高到科学水平。"听会忘记,看能记住,做才学会",避免教师仅能成为"培训看客"以及"教室里教种稻田""黑板上教修机器"的知行分离培训现状。"巡陪团"以学校为平台、以"校情"为出发点的校本培训,把教师工作的学校变成"教师塾"。在"巡陪团"的培训过程中,教师在体验中感受,用日志的方式记录观察和反思,主题包括课堂组织、教师的教学风格、纪律与管理、个体学生需求、课堂程序等,体现了学校本位、教师为本、问题为本的教师培训。在"巡陪团"的倾力作用下,为教师提供连续性支持,督促教师的可持续发展,终身学习,培养"校本化"的专家,让他们走上讲台,言传身教,形成合力,发展"校本化"氛围。

3. 对个性化教师成长的"个性化指导"

张云鹰探索出的教师专业发展"三个三"培训模式,即把教师分成"入格培养""升格培养"和"风格培养"的"三格层次",铺设教师专业发展外环(教学基本功)、中环(教学策略)、内环(教学思想)的"三环道路",构架教师专业发展学习空间、实践空间和展示空间的"三维空间"①。教师专业发展"三个三"培训模式关照教师主体精神与个体生活实践,需要来自专家的个性化的指导。"巡陪团"参与培训模式,是教师自主选择的成长道路上逐步"放手""放飞"的过程。在职教师不是缺少理念,而是缺少理念指导下的实践操作,特别是在职教师达到十年教龄时往往会进入一个发展的"高原期"。如果缺乏专家的个性化的指导,就有可能停留在"经验型""熟练型"阶段而难以提升,这个阶段的专家的个性化指导似乎更具有针对性和目的性,能否成为反思型、研究型、智慧型的教师,能否从普通教师走向优秀教师行列,专家的个性化指导举足轻重②。

4. "行走中"的教师培训组织的创新

教师参加培训,不是因为教师不合格、不适应才接受培训,而是要学习、要发展才需要参与培训。"脱域"式的院校培训与教师的现实生活是分离的,学习内容碎片化,缺乏清晰、一贯地结构框架,各种新理论的大拼盘,对教师的教育影响只是单向的、告诫性的、建议性的。尽管国家开始注重校本培训,已经出现的一些如现场学习、工作学习这样的教师培训

---

① 张云鹰. 小学教师专业化发展"三三制"[J]. 中小学教师培训 2005(3):63-64.

② 孙传远. 教师的个性化成长及其实现途径[J]. 教育评论,2008(2):55-58.

形式,但培训的品质低、形式简陋①。基础教育是教师培训的生存之基、动力之源,基础教育对教师的要求是教师培训改革的使命和追求,最大程度地满足基础学校教师的培训需要是教师培训的终极目标,教师培训的生存发展与基础教育实践息息相关,必须树立教师培训为基层学校服务、为中小学教师成长服务的理念,推进教育公平,要把好事办好、实事办实。随着教师培训主体的多样化,教师行业有序竞争机制的完善,教师参训需求的激发,作为现代教师培训组织的"巡陪团"将成为实现教师培训服务供需双方优化配置、教育资源有序流动的关键环节。构建这一组织体现了我国教师培训发展的内在要求,其创新点在于:第一,培训目标的直接指向性;第二,培训内容的针对现实性;第三,培训方式的灵活多样性;第四,培训组织管理的自我主体性;第五,培训支持系统的共同协作性;第六,培训质量的有效评价性。

(四)"巡陪"教师培训模式实施中的具体问题②

1. "巡陪"前的准备工作

首先,调查教师的培训需求。教师需要得到什么内容的培训,用什么样的方式培训,有什么样的预期,预测培训可能遇到的困难以及应对的措施。其次,确定"巡陪"员及"巡陪"时间。根据培训任务,确定"巡陪"员名单,确定"巡陪"员是集中进场、部分进场还是独立进场以及进场时间。再次,培训"巡陪"员。根据教师培训的不同目的与项目,实施对"巡陪"员的培训,构建一支来自本土又适应本土教师培训者团队。最后,摸清培训学校以及教师的情况。了解教师,主要包括教师个人学历、学习经历、学术水平、研究方向、实践经验、工作经历、兴趣特长等。

2. 完善各级"巡陪"制度的具体规定

首先,制定"巡陪"员的选拔、任命、任期等相关制度。其次,加强"巡陪团"自身的建设。为了不断提高"巡陪团"成员的业务素质和工作水平,应建立健全"巡陪团"管理规章制度,规范"巡陪"等工作程序,组织开展业务学习活动。

3. 完善对"巡陪"员地位、权限、责任的设置

在一般情况下,"巡陪"员应履行培训、调研、教研、督导的任务。为更好地完成各项任务,按照谁主管谁负责的原则,实施"巡陪"问责制,即尝试项目主持人负责制,项目主持人负责制定并实施培训方案,强化和落实培训责任。

4. 建立"巡陪"员退出与补充管理机制

由于教师培训职责大,对"巡陪"员要求高,因此,可采取教育行政组织选调、公开选拔、竞争上岗、单位推荐等方式选配"巡陪"员。虽然"巡陪团"是为教师培训而常设的一个组织,但"巡陪"员不是固定的。培训机构要建立"巡陪"员个人信誉档案,"巡陪"员应当按照规定进行轮岗交流,形成"巡陪"员退出与补充管理机制。

总之,区县级"巡陪"教师培训模式目标明确,采用"大愿景,小步调",提高发酵速度,使培训具有可行性、可能性、连贯性的良性循环。嬗变,从这里开始,以"巡"之径,精心组织"巡陪"活动,就能实现"达"之果。第一,豁达。盘活资源,共享成果,实现参训教师和"巡陪"员均衡与同步发展。作为成年人的教师在群体学习中具有合作性而不是竞争性。"巡

① 窦坤,龙宝新. 论当代我国教师教育改革的动力、主题与走向[J]. 教育理论与实践,2010,30(1):39－42.

② 曲中林. "巡陪":教师培训模式的新探索[J]. 中国教师 ,2013(5):41－43.

陪”学校的教师在培训过程中会彼此分享各类培训资料，真诚地相互“援助”，他们在这种培训的交往中表现得很开心。第二，畅达。对话交往，集成回应，建立了“巡陪团”与培训学校的长期稳固联系。“巡陪”教师培训模式实现了从“独白”到“对话”的转换，通过集成回应“唤醒”“激活”了教师，让教师处在一种文化“应激”“耗散”的开放状态，促进教师成为一个“内在性觉醒”的实践主体。第三，行达。校本训研，“扶优、托底”，教师真正做到了将理论落到课堂行为上。教师在“巡陪”员的支持下，勇于实践、敢于实践、大胆实践。“巡陪”活动不仅把理论落在课堂上，还将其落在了实践的问题中，让以往感到不好理解的理论变活了，而且在全体教师的积极参与下，形成了“教师发展、学校发展、学生发展”的生机勃勃的工作局面。第四，通达。优化结构，良性循环，创新的教师培训机构贯通未来。实施“巡陪团”参与基础教育培训的模式，促使学校成为研究中心、教室成为教研室、教师成为教研者，教师培训真正步入一个内涵充实、结构优化、综合创新的崭新发展时期①。

二、“协作—聚焦—探究”的区县级教师培训模式②

传统的教师培训主要有传播理论的培训与传授方法的培训，绝大多数教师在参加培训之后，都会为如何将听来的理论或方法运用于自己的教学实践所困惑。为了将培训过程与教师的课堂教学情境有机融合，以运用理论有效解决日常教学中的实际问题为指向，以专家引领、同伴互动、自主探究为基本特征，我们开展了“协作—聚焦—探究”式教师培训模式的研究。

（一）“协作—聚焦—探究”的内涵

1. 协作

协作是指在教师培训过程中，在教育行政部门的支持下，为满足教师专业发展需求而形成的，以教育专家、培训部门教师、各中小学校长与教师等培训资源有效聚合为基本特征的合作关系。

（1）管理性协作

管理性协作是指为开展教师培训而形成的教育行政部门、专职培训机构、学员所在学校之间的协作关系。在管理性协作关系中，有三个管理主体：教育行政部门、培训部门、学员所在学校。通过“校长督导组”形式，将教师所在学校的校长吸收到培训团队中来，使他们成为真正的培训管理主体之一。校长要依据相关的培训政策，完成相应的培训组织与管理工作，为学员参加培训提供时间保证和必要的物质支持，并以主体身份参与对学员培训学习状况及培训机构工作效果的评价；同时，校长作为培训受益者，可依据本校发展目标和教师发展需求，向专职培训机构提出具体的培训要求。

为实现管理性协作，可以组建三级管理机构：区教委继续教育领导小组、学校继续教育领导小组、区教委与培训机构联合组建的继续教育办公室。教委将教师培训工作情况纳入校长工作绩效考核，培训机构建立教师参加培训情况的反馈制度，同时成立了由校长组成的教师培训督导组，逐步形成了教委对校长评价、校长对教师评价、校长对培训机构评价、

① 钟启泉. 我国教师教育制度创新的课题[J]. 北京大学教育评论，2008(3)：46－59，189.

② 安贵增. “协作—聚焦—探究”：区县教师培训模式的探索[J]. 教育理论与实践，2008，28(9)：24－25.

教师对培训机构评价、培训机构对教师评价的统一。管理性协作关系的构建,使教师参加培训不再是屈从于行政命令的个人行为,而是成为有政策保障的教师个人行为与学校行为的统一。

(2)资源开发性协作

资源开发性协作是指为开展教师培训而形成的专门的培训机构内部各部门、区域内优质教育资源、高校教育资源、中小学校长、参加培训教师之间的协作关系。

教师培训的需求来自参加培训的教师,因此,"协作—聚焦—探究"培训模式,强调接受培训教师的主体性,视受培训教师为培训资源。以此为基础,资源开发性协作关系首先表现为以参加培训的教师为核心的多元网络。

同时,要强调培训教师角色转变的意义,要求专职培训教师从单一的培训者角色,向兼具培训设计者、组织者、合作者、学习者、指导者、实践者、研究者特征的复合性角色转变。

学员所在学校校长并不是培训实施者,他们之所以成为培训资源,是因为他们一方面是培训需求者,他们的办学方向和办学理念,在一定意义上制约着接受培训教师的专业发展方向;另一方面,校长介入培训过程能够有效促进教师发展需求与学校组织需求的整合和协调。

(3)实施中的协作

是指在培训教学过程中形成的培训者与参与培训者之间的有效互动关系。为实现培训教学中的有效互动,可以实施"下位教学,同伴互助,追踪指导"的培训策略。

下位教学,即在理论教学过程中,以学员常态课分析为切入点,专家在对学员现存问题或特色亮点的深入剖析中,阐释相关的理论,介绍掌握这一理论的方法和意义。

同伴互助,即在培训教学过程中,打破教师的一言堂,让学员真正参与到培训中来,在反思与交流的过程中完成培训学习任务。

追踪指导,即专家在培训教学之余,深入学员课堂,参与学员的教研活动。

2. 聚焦

伴随着培训资源开发性协作关系体系的建立,新的问题随之而生,即由于各方培训者看问题的视角及自身特长不同,导致培训过程常常难以形成合力。因此,将多元培训者的培训指向"聚集于一点"的"聚焦",便具有了特殊的意义。

在研究过程中,可以将培训的聚焦点确定为帮助教师在真实的教学情境中,运用新理论观点或新教学方法,解决现存的实际问题。因此,培训要在大量的教学诊断的基础上进行。在解决问题的过程中,使得教师真切体会到理论的价值,真正使培训聚焦于"高观点"。

3. 探究

培训教师只有调动起学员主体的积极性、主动性,才能实现学员的自主发展。在这方面,探究的意义凸显出来。

探究的主体首先是参训教师,目标指向是解决教师在将新的教育理念转化为教学行为的过程中出现的现实问题或困惑,动力是教师专业发展的需求,目的是促进教师专业发展、提高课堂教学质量,基本特征是参训教师的主动参与、自主选题、理性思考、有效互动、亲身体验、反思研讨、总结提升。

探究的主体还包括培训者和专家。培训者的探究,包括对培训需求的调研、制定研修方案、寻找相应的专家资源等。专家的探究包括了解教师关注的问题是什么;围绕教师关注的问题展开自己的研究;在教学中不仅关注教师提出的问题的解决,更要关注教师探究能力的提高等。

(二)“协作—聚焦—探究”的培训流程

1. 问题发现诊断

发现问题的基本途径有二,一是同伴互助的教师反思,二是专家介入的现场诊断。在新课程改革不断推进的形势下,教师通过积极反思,会发现一些现实困惑,并转化为培训需求。但教师的一些困惑在自我反思中尚未被发现,这种对潜在培训需求的“不自知”,恰恰是制约教师积极主动地参与培训的关键。因此,专家介入的现场诊断,不仅有助于我们了解教师的困惑,同时还具有唤醒教师培训需求的特殊使命。

2. 确定研修方案

建立并实施培训项目负责制。作为项目负责人,专职培训教师首先依据培训需求调研结果设计研修方案,在与主讲专家反复研讨修订后,征求受培训教师及其所在学校校长的意见,形成定稿;再由项目负责人向审定小组陈述说明,审定小组论证通过方案后方可付诸实施。

3. 专业引领、同伴互动

基本流程是:常态课教学个案分析,专题理论学习,理论应用于实践的体验等。

4. 体验感悟

让学员获得知识与技能,绝不是培训的根本目的,而是为了促进教师的专业发展。因此,在培训过程中,应坚持学习与体验相结合的原则。以学习引领体验,以体验激发感悟,以体验与感悟促进发展。培训过程中的体验感悟分为两个阶段,第一阶段是培训教学过程中的体验感悟,第二阶段是培训结束后的体验感悟。

5. 反思调整

体验能否形成感悟,取决于反思;感悟能否转化为发展,取决于调整。反思调整包含两方面:一方面是受培训者的反思调整,包括反思调整自己的学习,反思自己的成功和问题,调整自己的教学行为,确定自我发展的新目标。另一方面是培训者的反思调整,包括培训管理者和培训实施者的反思调整。

6. 提出新问题

提出新问题是“协作—聚焦—探究”培训流程的回归,此环节既是本期培训的终点,又是下期培训的起点,是为新一轮培训构建“协作”关系的依据,也是新一轮培训“聚焦”的焦点和“探究”的起点。

三、区县级教师培训团队置换脱产研修模式

区县级教师培训机构在农村中小学教师队伍建设中具有不可替代的地位和作用,是农村教师发展最经常、最基础的支持部门。

(一)目标任务

省级教育行政部门遴选高等学校、远程培训机构、市县教师发展中心和优质中小学幼儿园协同承担培训任务,组织高年级师范生(城镇教师)顶岗支教,置换出中小学幼儿园骨干教师教研员,进行为期4~6个月的脱产研修。

通过高等学校集中研修、“影子教师”跟岗实践、返岗培训实践和总结提升 4 个阶段的系统培训，重点提升参训学员的培训能力，使其胜任送教下乡培训、网络研修和校本研修整合培训、教师工作坊研修，为全面提升乡村教师能力素质提供有力保障。

（二）工作重点

1. 建立培训机构协同机制

省级教育行政部门遴选培训成绩突出的高等学校、网络研修绩效居前的远程培训机构、能发挥示范作用的市县级教师发展中心和校本研修特色鲜明的优质中小学幼儿园协同承担培训任务。

建立协同实施机制。高等学校牵头实施培训，做好培训全过程的统筹协调和组织实施工作。远程培训机构负责提供网络研修平台和相关课程资源，配合高等学校做好网络研修。市县级教师发展中心负责培训跟岗实践组织实施，配合高等学校做好返岗培训实践指导。优质中小学幼儿园负责“影子教师”跟岗实践培训，配合高等学校对学员返岗教育教学实践指导。

2. 建立培训专家指导机制

省级教育行政部门组建研究指导团队，负责指导方案研制、课程设置、培训实施等工作，研究关键问题，提炼典型经验，提出改进建议，依据培训质量标准，做好对培训机构的绩效评估工作。

培训机构建立培训专家团队，高校专家、教研员与一线优秀教师合理搭配，其中省域外专家原则上不少于 20%，教研员和一线优秀教师原则上不少于 60%。实行首席专家负责制和培训导师制。首席专家应具有丰富的教师培训实践经验，有研究建树，负责组织设计培训方案，全程指导培训实施工作。学员按 5 ~ 10 人分组，配备由高校培训专家、教研员、一线优秀教师组成的“三人行”导师组，全程指导学员研修。

3. 完善学员遴选机制

省级教育行政部门从县级教师培训专家团队中遴选参训学员，按需选送学员参加置换脱产研修。区县级教育行政部门应将学员的研修成效与区县级教师培训专家团队的动态调整相结合。

省级教育行政部门统筹高等学校根据区县需求，遴选高年级师范生进行顶岗支教，置换出骨干教师参加脱产研修。也可统筹区县级教育行政部门组织城镇教师进行顶岗支教。

4. 建立学习共同体研修机制

高等学校根据参训学员学科背景、研究兴趣和培训需求等成立若干学习小组，建立学习共同体，配备“三人行”导师组，引领学员开展小组合作学习、小专题研修、小课题研究等。

有效利用网络研修平台，成立教师工作坊，建立网上学习共同体，支持参训学员进行同步和异步研修。通过线上资源推送、专题研讨、成果分享、学习进度反馈和学员信息化管理等，拓展线下研修，巩固培训成效。

5. 建立优质资源开发应用机制

培训机构要预设丰富适用的培训类、教研类、教学类课程资源，将必修课程与选修课程相结合，培训类课程应占 50% 以上。必修课程应聚焦共性需求，以提升培训能力和教研能力为重点，根据研修阶段进行针对性设置。选修课程应聚焦个性需求，以提升教育教学能力为重点，围绕教育教学前沿问题、核心问题和热点问题，有效整合典型案例。

省级教育行政部门要结合置换脱产研修实施需求，安排专项经费，建设精品培训课程。培训机构要重视课程资源开发建设，并对培训生成性资源、参训学员培训成果进行加工升级，着力建设网络课程、微课程、案例课程等；将资源开发纳入学习小组研修任务，激励参训学员合作建设培训课程资源；将省级精品培训课程和本单位开发的相关资源整理成培训资源包，提供给参训学员，在后续的送教下乡培训、网络研修和校本研修整合培训、教师工作坊研修中使用。

(三) 实施流程

培训机构根据国家和省级教育行政部门相关要求，按照“集中研修、跟岗实践、返岗实践、总结提升”的环节，研制培训方案，实施培训工作。各环节可跨年度实施。

1. 集中研修

集中研修重在诊断测评和系统学习。诊断测评重在帮助参训学员明确培训目标，找准培训能力、教研能力和教育教学能力的短板，确定研修重点，制定个人研修计划。诊断测评环节要完成学习小组组建并配备导师。系统学习重在提升培训设计与实施能力，改进教研方式方法，解决教育教学突出问题。培训设计与实施能力应包括基础培训能力、教师工作坊主持能力、送教下乡培训能力和校本研修指导能力等。要有效利用教师工作坊开展教师线上学习，巩固集中研修成效。集中研修阶段要注重实践性培训，主要采取专家诊断、技能训练、观摩体验、案例打磨、行动研究等方式，着力提升培训设计与实施能力，原则上学时不少于该阶段的30%。

集中研修阶段，高等学校要牵头落实方案，选聘师资，提供资源，做好管理。远程培训机构要为参训教师建立个人空间，为导师组建立教师工作坊，支持高等学校建立网络研修社区。市县教师发展中心和优质中小学幼儿园协助提供培训现场示范和培训案例资源。

2. 跟岗实践

跟岗实践重在观摩学习、对照反思、实践体验，分为优质中小学幼儿园跟岗实践和市县教师发展中心跟岗实践。高等学校组织参训学员到优质中小学幼儿园，在优秀教师指导下，对课堂教学和校本研修进行跟岗实践，对照本人、本校实际进行系统反思，明晰问题，研究解决方法，提升教育教学能力和校本研修指导能力，制定返岗实践方案。高等学校组织参训学员到市县教师发展中心，在优秀培训者和教研员指导下，对培训活动和教研活动进行跟岗实践，提升培训能力和教研能力，制定返岗实践方案。高等学校要组织学科专家和培训专家全程指导学员跟岗实践，利用教师工作坊对参训学员研修活动进行支持和管理。跟岗实践时间不少于总学时的1/3。

3. 返岗实践

返岗实践重在落实返岗实践方案，学以致用，开展培训。区县级教育行政部门要结合国培、省培、市培和县培，组织参训学员承担送教下乡培训、网络研修和校本研修整合培训、教师工作坊研修等培训工作。参训学员返岗实践主要采取现场指导、课例示范、专题讲座、资源开发、小课题研究等方式进行。区县级教育行政部门要为具备条件的参训学员建立教师工作坊，开展工作坊研修。参训学员须形成培训实践案例，加工制作具有代表性的培训课程资源。

高等学校要采取实地指导和网络研修相结合的方式，组织导师组对参训学员返岗实践进行全程指导。利用教师工作坊，定期组织线上研修，解答问题，分享经验，展示成果。

4. 总结提升

总结提升重在提炼成果,促进发展。高等学校通过开展成果展示、专题研讨、经验总结、成效考核等系列培训活动,引领参训学员对培训实践进行深入反思、系统总结。总结内容应包括培训方案设计、课程资源开发、培训方式创新、培训管理评价、教研方式方法、教育教学改进和个人发展规划等。通过总结提升,推动学员分享培训成果,提炼培训经验,明确发展方向,形成发展规划,为后续培训工作奠定坚实基础。

四、县级教师培训机构主导下的"送培下乡"培训模式①

湖南省安乡县通过有效的培训提高了教师的教育教学水平,可见,集中全县的优质资源,有效地开展"送培下乡"的培训方式,是改善农村地区师资力量薄弱局面的一个有效手段。特别是随着教育信息化水平的不断提高,"送培下乡"的形式更加灵活,教师对"送培下乡"的期望值更高。"国培计划"实施以来,"送培下乡"一直是其中重要的一项培训方式。通过"送培下乡"来提高农村教师的教育教学能力,从而逐步缩短城乡在师资力量方面的差距,几年的培训实施下来,不少地区都总结出了不少有效的培训模式。有充足的培训经费,有优秀的培训团队,培训的内容以高端培训居多,基本属于教师精英的培训,对大部分地区和教师来说,这样的培训机会很难争取到。因此,针对培训项目下的"送培下乡",其局限性也很明显。

因此,如何提高"送培下乡"的有效性,减少资源的重复与浪费,成为县级教师培训机构的主要问题。在县级教师培训机构能力有限,经费有限的情况下,要做好这项工作,只有通过整合,由县级教师培训机构来主导"送培下乡"是当前形势下最合适的手段。在这种主导下,安乡县形成了"123"培训模式,即一组织(区县级教师培训机构),二实施(承担学校、专家团队),三评价(培训机构、专家团队、参培教师)。

(一)"送培下乡"模式的意义、原则和宗旨

"送培下乡"的意义,归纳起来就是三句话:减少资源的浪费,促进资源的整合,提高培训的效率。即通过有效地整合,减少无意义的浪费,达到提高效率的目标。

"送培下乡"的原则也可以概括为三句话:紧跟前沿思想,立足本地实际,整合优质资源。即送培的理念要新,资源要好,同时要接地气,这样才能被培训者所接受、所吸收。"送培下乡"的宗旨是要突出县级教师培训机构的主导作用,通过整合培训机构与全县优质资源,建立一个相对固定的培训团队,根据农村学校的需要,为各校送培合适的内容。要有前瞻的思想,但不追求最先进的教育教学理念,要起示范引领作用,教师能够通过培训逐步由模仿到创新,从而提高自身的教育教学素养。

(二)县级教师培训机构主导下的"送培下乡"培训模式的内容与流程

1. 送培的内容

这种培训是一种全方位的培训,与"国培计划"里面的"送培下乡"有所不同,是在县级教师培训机构主导下进行的培训,通过整合全县的优质师资力量,结合基层学校的需求,全

① 乔伟,卜琰,刘海蓉. 县级教师培训机构主导下的"送培下乡"培训模式研究[J]. 师资建设,2018,4(17):97－98.

方位、分层次地进行送培，送培的方式更灵活，送培的范围更广。送培内容可以是学科优质课、展示课的送培，也可以是复习模式课的送培，还可以是信息技术、实验操作，普通话培训，校本研修以及教育科研等方面的送培。

2. 送培的流程

“送培下乡”一般分为五个步骤，即需求调研，确定主题—选择地点，确定方案—组建团队，布置任务—活动实施，互相交流—总结经验，反馈意见。其中，充分的调研是做好“送培下乡”的前提条件；详细的方案是做好“送教下乡”的基础；优质的培训团队是做好“送教下乡”的有力保障；充分的交流是落实“送培下乡”的有效方式；多元的评价是检测活动质量的有力手段。五个环节，环环相扣，一项有缺失，培训的效果就会大打折扣。

（三）县级教师培训机构主导下的“送培下乡”培训模式的职责与分工

1. 一个组织者：县级教师培训机构

这里的县级教师培训机构是指经过整合的教师培训机构，不仅是指教师进修学校，而是包含了教研室、电教站在内的教师培训机构。虽然，这三种机构在培训的侧重点上有所不同，但是在送培计划的制定及培训的实施上，三方存在合作与共享的关系，如某一专题培训的合作实施、培训团队与培训场地的共享等。

县级教师培训机构的工作责任主要有：进行送培需求的调研，年度送培计划与方案的制定，具体培训项目的实施（送培地点、送培内容、送培规模、送培团队、送培流程、送培效果的反馈等），培训资料的积累，培训经验的总结等。

2. 两个实施者：承办学校与专家团队

认真组织实施一次“送培下乡”十分不容易，为了提高“送培下乡”的性价比，一般情况下，这种“送培下乡”不会采用一校一送的方式，而是采用分片、分区方式进行，培训有一定的规模，几所相邻的学校共同参与同一个专题的研修，从而加强校际联动。因此，根据培训的计划，选择好合适的学校来承担培训任务，是保证“送培下乡”成功的重要一环。承担培训的学校的工作职责主要是负责培训场地的布置、培训时间的安排、参培人员的接待、培训图片及视频信息的采集等。

培训专家团队是保证送培成功的核心力量，其成员主要包括培训机构优秀教师、特级教师、各级学科带头人、各级骨干教师、名师工作室主持人及优秀成员等。这些成员都在县级教育局和教师培训机构进行了备案，享受一定的权利，当然，也必须履行相应的义务。这些成员的主要职责是：服从县级教师培训机构的调配，按照培训的安排，组织优质培训资源，保证培训过程的顺利完成等。

3. 三方评价参与者：县级教师培训机构、专家团队、参培教师

评价的内容是改进培训质量的最重要环节，评价包括县级教师培训机构对培训过程的评估、专家团队的自我评价、参培教师的自我评价、专家团队和参培教师互相评价等。县级教师培训机构对专家团队和参培教师进行现场评估，有利于对培训的质量做出分析，强化顶层设计，细化培训过程，完善培训方案，形成内涵式培训的模式；专家团队对参培教师表现的评价，有助于提高参培教师的自我诊断能力；参培教师通过问卷调查对专家团队的培训进行过程性评价，反馈意见，有利于专家团队调整培训的深度和广度，使培训更加接地气；同时专家团队进行自我评价，总结和反思培训的经验和不足，校正后期服务的方案。

通过评价与反馈，能够促进培训机构、专家团队的再提高。这个评价过程是一个循环

的过程，其基本流程是评价—反思—改进—再实施—再评价。在问卷星、微信群、QQ 群等信息化手段的协助下，使评价与反馈成为促进培训机构、专家团队和参培教师各方面不断提高的有效手段。多元的评价机制，有利于培训者和参培教师开展自我反省，有利于调动培训者的开拓创新意识和参培教师主动参与的积极性，有利于参培教师将培训习得的知识技能内化，并在教育教学工作中加以实践。

（四）县级教师培训机构主导下的“送培下乡”培训模式的保障

为保证“送培下乡”的顺利完成，激励承办学校、专家团队和参培教师的积极性，湖南省安乡县在培训制度与培训经费上给予了充分的保证。在制度上，按照《湖南省学分登记管理办法》的要求，对于参培教师认定每天 6 学时的继续教育学时，对于专家团队认定每天 9 学时的继续教育学时；授予专家团队成员荣誉证书，并在年终考核及晋职晋级中给予加分；在年终考评中对承担培训的学校给予加分，对未派教师参培的学校予以扣分。在经费保障上，由培训组织机构拨付相关工作经费到承担培训的学校，并给予专家团队少量的劳务费。

总而言之，“送培下乡”这种培训方式是最能直接提升一线教师教育教学质量的方式，不但可以节省学校和教师的时间，还可以解决教师的工学矛盾，使培训取得最好的效果。该县以教师培训机构为主导的“送培下乡”的“123”培训模式是建立在缺少外来支援情况下，通过整合全县教育资源来促进教育教学质量提升的一项重要措施，这种培训的理论不是最新的，手段不是最先进的，但是是对安乡县最有效的一种培训方式，只要能够在有序的组织下，把全县优质教育资源充分利用起来，就一定能够提高全县教师的教育教学素养，从而提升全县的教育教学质量。

五、依托“导师制”，建立本土的、可持续的县级教师培训者团队模式①

如何建立一支既能调动乡村教师自主学习积极性，又能不断为乡村教师专业成长提供支持，为乡村教师提供即时的、现场的和有质量的教育教学指导、教师培训和教学资源的专业技术团队？在学习借鉴罗马尼亚的以“导师制”为依托的校本教师专业发展项目中的“导师制”农村教育项目的经验，结合中国传统的“送教下乡”培训团队模式基础上，四川省苍溪县、青川县和甘肃省崆峒县、西和县，在 5 年的时间里，依托“导师制”建立起来一支具有本土化、特色化和多功能属性的县级教师培训者团队，有效助推了几个县的基层乡村教师的专业成长。

（一）县级导师培训者团队的组建

“导师制”背景下的县级教师培训者团队的建设，成为支持乡村教师专业成长的关键，建设高素质导师团队的重点在于遴选出好的导师，导师是保证“移动教育资源与培训中心”项目开展和良好运行的核心人员。在导师的遴选上，4 个项目县共同遵循一个遴选原则：依据本县义务制教育阶段学校及幼儿园的数量与分布情况，专兼结合，整合全县最优质的教

① 阳雪梅．依托“导师制”，建立本土的、可持续的县级教师培训者团队［J］．中国教师，2015(22)：53－58．

师资源，采取学校或个人推荐申报、县项目办考核选拔的方式，将一批师德高尚、业务精湛、充满活力、善于沟通、对该项工作有热情的学科骨干教师及学校主管教学工作的校长遴选进入县级导师培训者团队。

县级导师培训者团队的成员由来自县教研室、县教师进修学校、电大师培和中小学一线各学科特级教师、优秀教研员、省市县三级学科骨干教师或学科带头人组成，对符合上述条件和要求的主管教学工作的校长，优先进入团队。

项目县在组建县级导师培训者团队后，会根据工作需要，相继遴选和组建乡级导师培训者团队和校级导师培训者团队。例如，甘肃省崆峒县将政府督学遴选进入区级导师培训者团队，将培训、指导与督导三项职能纳入区级导师团队。该县教育局根据项目工作推进情况，再次发文建立乡级及校级导师团队，形成紧密相连的县(区)、乡、校三级导师培训者团队，共同支持乡村教师的专业成长。

(二)分组包片包乡，定点定人定时到校，定点到校定内容，是县级导师培训者团队支持乡村教师专业成长的基本保障

1. 分组包片包乡

四川和甘肃两省的县项目办将导师团队成员进行分组包片(或分组包乡)，每组负责3～4个片区或学区内所辖的学校。导师小组在每学年年初，统筹做好到每所学校开展工作的计划，报县项目办，由县项目办发文至每所学校。一方面，提醒导师所在学校提前调整好导师在本校的教学工作；另一方面，项目学校提前将校内校本教研活动等与导师到校开展工作相衔接，达到与项目学校的学年度教学教研工作基本同步。同时，县级导师结合导师小组分组分片包乡区开展项目工作特点，搭建联片校本教研平台，指导乡村学校教师开展用行动研究的方法解决教育教学问题的方式。

2. 定点定人定时到校

除导师小组定点到校外，四川省苍溪县的导师个人定点负责1～2所学校开展工作，这些导师能适时引领其他学科的导师来校共同解决教师需求问题。项目县还要求导师所在单位，须每周给出导师两天时间保证到项目学校开展工作。

3. 定点到校定内容

第一，导师团队每次到项目学校，须借助随行车辆载上图书包、教具包、音乐包、体育包、游戏包和上网本等教育资源到校，导师要充分利用上述资源包带领项目学校师生开展相关活动。第二，导师要携带培训资源包，包括教师需求菜单包、导师专题讲座包、教材分析包、教学设计包和课例视频包。第三，导师到校工作基本流程为，与校长教师沟通、现场听课、课堂示范、有效课堂教学研讨、观察学校校园环境及师生精神面貌、巡查安全卫生、巡查学生读书活动和文艺活动等全方位的指导和培训活动。第四，填写好开展工作的各项记录，撰写当日反思笔记，做好收集信息数据的整理、分析与研究。

各省项目县县级导师团队在这一环节中，分别形成自己的工作流程。例如，甘肃省西和县导师工作的基本流程包括：计划安排—目标设计—进校指导—进班听课—观察记录—交流反馈；甘肃省崆峒县导师工作的基本流程为：深入学校，深入课堂，现场观察—问卷与档案分析，深度访谈，现场听课—发现问题，诊断问题—调研真实需求—认真研究，商量对策—返校解决问题—跟踪调查，检测解决效果；四川省苍溪县导师工作的基本流程是“三个一”行动：一次到多校解决同一问题，一次下校导师进行一次小结，一次下校带回一个问题；

四川省青川县导师工作的基本流程为“七个一”规定动作：每到一校，同该校校长或中层管理干部座谈交流，相互沟通信息；看教师一份教案；听教师一堂课；评教师一堂课；上一堂示范课；评一张试卷；结对帮扶 1 ~2 名本学科教师。

（三）因地制宜，创新工作模式，是县级导师培训者团队支持乡村教师专业成长的有效措施

通过导师 5 年时间持续地跟进支持乡村教师专业成长，各地县级导师团队在工作实践中逐渐探索和形成本土化的、操作性强和实效性高的工作模式，形成苍溪县导师团队支持模式、青川县导师团队支持模式、西和县导师团队支持模式、崆峒县导师团队支持模式和“导师制”背景下的行动研究模式等，以下部分列举说明。

1. 苍溪县导师团队支持模式

苍溪县导师团队在工作中探索创新总结的“教师培训四大策略”“导师‘五环节’问题诊断模式”“教师专业成长五步提升目标”“四途径”培训工作模式，在导师的实际工作中已经得到充分验证，是操作性强且支持有效的工作模式。苍溪县导师团队的“‘五环节’问题诊断模式”，是导师通过入校指导实践、经验交流和总结提炼，逐步形成的，即第一环节导师门诊，第二环节团队会诊，第三环节导师引领，第四环节实践提升及第五环节持续跟踪。

第一环节，导师门诊。导师到校后，首先是门诊导师的角色，对学生、家长、教师和学校管理者通过“观察”“听”“问”“查”“访谈”等方式发现问题，梳理问题，归因分析，确定解决方案。第二环节，团队会诊。门诊导师对教师和学校的重难点问题，采取导师团队会诊制度，即小组门诊导师向导师团队介绍本组成员发现的重难点问题，提出拟解决方案，经导师团队成员充分讨论、分析和发表建议后，团队最后提出几种最佳解决方案。实行团队会诊，教师专业成长过程中的重难点问题可得到准确诊治，防止门诊导师误诊，让解决问题不走或少走弯路。第三环节，导师引领。门诊导师带着具体实施会诊方案再次深入学校，采取讲座、示范、互动研讨和提供资源等各种不同方法，使重难点问题得以解决。导师下校引领的过程，是对门诊方案和会诊方案的运用与检验，具有实践性和实效性强的特点。第四环节，实践提升。教师按照导师的会诊方案，在导师的引领下，通过自身不断的实践与反思，最终解决问题，并在问题解决中让自身能力得到提升。第五环节，持续跟踪。门诊导师持续跟踪学校教师教育实践的各个环节，运用相应的评估方法和工具对教师的专业进步和学校的发展做出正确评估，根据评估结果指导教师调整个人专业成长计划，同时导师也应调整下阶段的工作目标和任务。最后，导师将教师专业成长中的情况形成报告，及时反馈到教师进修学校和县教育局，作为新一轮诊断式培训的起点和依据。

苍溪县导师团队“五环节”问题诊断模式，是循环往复螺旋式上升的模式，是循环—提高—再循环—再提高的过程，教师专业知识和专业实践能力在螺旋式循环中逐渐提升，会有效地促进乡村教师的专业成长。

2. 西和县导师团队支持模式

西和县采取“1 +2 ＞ 3”的示范引领方式，即 1 名导师带领、培养 2 名学区骨干教师，2 名学科骨干教师通过在学区和学校之间进行课堂比赛或教学经验现场交流活动，扩大项目活动的覆盖面。此外，该县建立学科沙龙，由县级导师、学区导师和学科带头人 3 级导师分别组织一线教师，开展不同主题的学科沙龙活动，探讨教学心得、教法设计、案例收集，并总结经验。此种方式的活动不仅可以拓展各学科和各层级教师交流学习的空间，转变教师教

育教学理念，还能提升教师教育教学能力。至今，西和县全县已形成百花齐放、各具特色的学科沙龙链。

3. 导师制背景下的行动研究模式

项目县的县级导师在经过国家级专家、省级专家对行动研究方法与操作流程的培训后，分别指导项目学校组建行动研究小组，同时适时引导教师以行动研究为抓手，解决自身在教育教学中问题的一系列研究活动。例如，四川省苍溪县元坝小学立足于有效课堂的“七步法”校本教研模式，已在村级小学推广。“七步法”校本教研模式包括：反思教学，提出问题—收集资料，理论学习—集体备课，设计预案—初次上课，实验预案—说课评课，修改预案—再次上课，验证方案—归纳总结，完成方案。通过行动研究实践，参与研究小组的教师共同认为，行动研究对提高自我解决问题的能力最有效，同时促进教师养成研究反思的良好习惯。

四川和甘肃两省4个项目县实施5年的“移动教育资源与培训中心”项目虽于2014年年底结束，但一支稳定的、本土化的、具有多功能特点的、全方位支持乡村教师专业成长的县级导师培训者团队已经形成，依托这支队伍，培养了一批各学科和各层级后备骨干教师人员。在拓宽本县域内乡村教师的专业视野，促进项目学校教师、学生和学校发生明显的变化上，取得了可喜的进步。如今，借助国务院推进实施的《乡村教师支持计划（2015—2020年）》，项目县将在国家政策的有力支持下，持续完善县级教师专业发展支持服务体系，进一步提高县级导师培训者团队的本土化、特色化、常态化和多功能的属性，必将会更加有力地助推乡村教师专业成长再上新的台阶。

六、服务导向的混合式教师培训模式[①]

基于服务导向的教师培训是一种区别于传统教师培训模式的新型教师培训方式，是指在一个培训项目中，为了提高学习效率、节省学习费用，使培训效果最优化，而采取多种培训方式、手段等措施。混合式培训，是指根据培训对象的实际情况，采用传统培训与数字化培训有机组合的方式，以期达到最好的综合效果的培训。但是，“混合”并不是简单的拼凑，而是多种培训方式的有机整合，整合的目的是使培训效果最大化。

（一）服务导向的教师培训是一种“基于成功”的培训

传统教师培训的一个大前提是“基于教师的不足”，即因为教师没有达到合格标准，所以要参加培训，培训的目标是让受训教师“达到合格”。而服务导向的教师培训的前提是，教师经过严格规范的职前教育和入职教育，绝大多数已经达到合格要求，他们再参加培训，是为了实现专业发展，促进自己成为优秀教师。此时，教师的培训从“补不足”转向“促成功”，这既是由教师队伍素质整体提升决定的，也体现了深层次的教师培训价值的提升。

（二）服务导向的教师培训是一种“关注个性”的培训

合格教师的标准是基本统一的，但优秀教师的表现是多方面的。因此，传统教师培训

① 牛海娜. 基于服务导向的混合式教师培训模式设计与应用研究：以初中数学教师教育技术培训为例[D]. 乌鲁木齐：新疆师范大学，2012.

以关注教师共性问题为主,而服务导向的教师培训则注重满足教师的个性需求,这能在教师培训的内容和方式上得到充分体现。传统教师培训的内容是刚性的,全县统一、全市统一,甚至全省统一,教师只能参加,无权选择。而服务型培训的内容是丰富多样的,教师根据自身特长与需求,选择适合自己的培训。

在培训的组织方式上,传统教师培训以单向传授为主,只要求教师记忆、模仿,多以理论考试为评价方式。服务导向的教师培训则注重发挥教师的主体地位,重视教师已有的知识背景,通过多向合作,达到教师对知识技能的自主构建,以展示教师的实践成果为主要评价方式。教师的个性差异得到充分的尊重和体现。

(三)服务导向的教师培训是一种"凸显服务"的培训

教师的培训从"任务"走向"服务",观念变化最大的应该是各级各类教师培训机构。随着受训教师在培训中主体地位的回归,越来越多的教师要求享受优质、高效的培训,培训机构必须进行变革,否则就会被淘汰或边缘化。

第三节 广东省区县级教师培训的激励机制

现代管理理论认为,激励机制永远是一个开放的系统,应随时代、环境变化而变化。传统意义上的教师激励过于依赖精神激励,虽然这种激励方式有积极意义,但教师在物质需要方面若长期得不到满足,精神激励的效果也会越发脆弱。所以,教师培训的激励机制,应该是一个多元的、与时俱进的系统。

一、免费激励是教师积极参加培训的前提①

《教育部关于加强县级教师培训机构建设的指导意见》(教师〔2002〕3 号)第 19 条明确指出:"要确保县级中小学教师培训机构的经费来源。县级教师培训机构建设要以财政拨款为主,多渠道筹措建设经费。要切实保证县教师培训机构开展中小学教师继续教育基本经费来源,并积极探索经济来源的其他有效渠道。"《中小学教师继续教育规定》(中华人民共和国教育部令第 7 号)第四章条件保障第十三条指出:"中小学教师继续教育经费以政府财政拨款为主,多渠道筹措,在地方教育事业费中专项列支。地方教育费附加应有一定比例用于义务教育阶段的教师培训。省、自治区、直辖市人民政府教育行政部门要制定中小学教师继续教育人均基本费用标准。中小学教师继续教育经费由县级及以上教育行政部门统一管理,不得截留或挪用。"

二、政策激励是教师培训持续开展的巨大推力

终身学习是现代社会的生存概念,是各行各业自身发展和适应职业的必由之路。教育要做到与时俱进,新的观念、新的知识都有助于提高专业素质以及业务能力,因此作为教师

① 朱亮辉. 学分制背景下教师培训的激励机制探索[J]. 教师,2016(7):121－122.

应该在不断的学习中提高自己，那么，终身学习就是唯一的途径。要实现教师的终身学习，政策激励是一种巨大的推力。如广东省深化教师管理制度改革，激发教师队伍整体活力，在全省全面推进中小学教师“县管校聘”管理改革，使教师由“学校人”转变为“系统人”。广东省深入落实义务教育学校校长、教师交流轮岗制度，全面实施中小学教师资格考试和定期注册制度，严把教师入口关，深化大中小学教师职称制度、考核评价制度改革，推动完善教师编制和岗位管理制度，推动建立符合教育行业特点的教师招聘办法，吸引优秀人才进入教师队伍。

三、奖励机制是保证教师培训质量的有力抓手

教师培训的奖惩制度是对教师在培训过程中的一定行为给予奖励和惩罚的规定。从心理学的角度讲，奖惩制度是通过一系列正刺激和负刺激的作用，引导和规范教师的行为朝着符合教育和教师的方向发展。如广东省深入实施“强师工程”，促进教师队伍规模、结构、质量协调发展。广东省每年安排5.04亿元资金用于实施“强师工程”。深入实施《乡村教师支持计划(2015—2020)》，优化城乡教师资源配置，补齐乡村教师队伍短板，落实乡村教师生活补助政策，2018年将补助标准提高到人均每月1 000元；建立完善省、市、县、校既分层分类又相互衔接的教师培训体系，抓好省级的示范培训，推动各地、各校落实全员培训制度；加强高层次人才队伍建设，推进实施高等学校“珠江学者”岗位计划、职业院校专业带头人培养计划、中小学新一轮“百千万人才培养工程”和名师名校长工作室主持人项目等。广东省健全完善教师工资福利待遇保障机制，不断提高待遇水平，积极探索建立中小学校长职级制、高校人员总量管理制度和教师退出机制①。

---

① 景李虎.大力振兴教师教育，激发教师队伍活力[N].中国教育报，2018-03-29(12).

第五章　广东省区县级教师培训体系及能力建设策略

针对当前区县级教师培训机构发展的现实需要，本书提出相应的建议：区县级教师培训机构要建成多功能的区域性教师学习与资源中心。为达成这一目标，首先政府的主导职能要到位，教育行政部门要积极参与指导；其次要将县域内教师教育资源优化配置，相关整合机构要积极配合；再次要创新培训机构内部管理制度，丰富培训机构的内涵与特色。在此过程中，区县级教师培训机构应切实履行好培训活动的组织者、参与者、研究者和服务者等多重角色，培养一支引领县域教育现代化发展的高素质专业化教师队伍。

第一节　凸显政府的主体作用，加强制度建设，精心做好顶层设计

一、构建良好的政策环境为区县级教师培训机构提供广阔发展空间①

2012 年 8 月国务院颁布的《国务院关于加强教师队伍建设的意见》（国发〔2012〕41 号）明确要求建立教师学习培训制度，实行 5 年一周期不少于 360 学时的教师全员培训及学分制。2012 年 2 月教育部制定出台了《幼儿园教师专业标准（试行）》《小学教师专业标准（试行）》和《中学教师专业标准（试行）》，提出“师德为先，学生为本，能力为重，终身学习”的基本理念，为教师培训和继续教育提供重要依据和导向。党的十九大将大力加强教师队伍建设列入国家战略。上述举措构建了良好的国家政策环境，加之广东省省级层面区县级教师培训制度的不断完善，进一步倒逼广东省各区县级教师培训机构的能力建设进程，也为广东省区县级教师培训机构的发展提供广阔空间。

二、明确责任主体，加强规划与管理，有效促进区县级教师培训机构综合改革

《教育部关于加强县级教师培训机构建设的指导意见》（教师〔2002〕3 号）中明确指出：“要对县级教师培训机构加强领导，按照地方负责、分级管理、以县为主的原则，各地皆负有建设好县级教师培训机构的重大责任。”因此地方政府对县级教师培训机构的认识应该与国家大政方针要求一致，深刻认识到加强县级教师培训机构的建设与发展是当前教育改革

---

① 卿素兰. 区县教师培训机构功能有待提升：一项基于我国区县教师培训机构建设状况的调研[N]. 中国教育报，2018－08－07(03).

的时代要求,要对区县级教师培训机构的建设和发展引起高度重视。政府对区县级教师培训机构所持的立场,对中小学教师继续教育所持的态度,会直接影响到中小学教师教育工作的开展。教育行政部门也应该切实转变观念,突出区县级教师培训机构在教师培训工作中的主体地位,真正让政府行为确保到位。

要加强组织领导,把振兴教师教育作为全面深化新时代教师队伍建设改革的重大举措,列入重要议事日程,切实将计划落到实处。教育行政部门要加强对教师教育工作的统筹管理和指导,发展改革、财政、人力资源社会保障、编制部门要密切配合、主动履职尽责,共同为教师教育振兴发展营造良好的法治和政策环境。成立地方教师教育咨询专家委员会,为教师教育重大决策提供有力支撑。广东省市教育行政主管部门应根据国家指导性文件,指导各地制定县域教师培训机构战略发展规划,逐步、有序地推进区县级教师进修学校与教研、电教、电大等机构的整合。各级政府应将区县级教师培训机构建设纳入各地政府教育工作的重要组成部分,并作为衡量各地政府教育工作的重要考核指标。各地应根据当地县域办学规模和教师队伍规模合理确定机构专业人员编制数,合理确定专业人员与管理人员的比例。应改革区县级教师培训机构专职教师职称评聘和考核表彰制度;应加强区县级教师培训机构教师队伍管理。应加快区县级教师发展中心建设步伐,尽快建立健全教师培训标准体系。

总体看来,广东省要加强区县级教师培训工作,建立健全分级负责、精准培训制度体系。按照"统筹规划,精准施训,精细管理"的要求,省、市、县、校分级负责,分类组织开展递进式教师培训,全面落实教师全员培训年度任务。研究制定符合广东省实际的层次分明、相互衔接的精准培训课程体系,提高培训的针对性和精准度。扎实推进教师继续教育管理系统建设,强化各级各类教师培训项目的全过程管理,加强和规范培训学时学分登记,提升教师继续教育信息化管理水平。

三、基于广东省区县级教师培训机构建设标准,提升区县级教师培训机构领导力

2011 年,韩国政府首次对教师培训机构进行了评价。韩国教育科学技术培训院与教育科学技术部成立评价委员会,设计评价方案,要求各培训机构开展自评、外部专家书面评审。此外,专门的咨询机构根据评价反馈意见,为培训机构的发展提供支持性的咨询服务。广东省可以借鉴韩国经验,基于广东省区县级教师培训机构建设标准(见附录 C)和评价标准,促进机构满足广东省区域现代化教育的需要。

从国内看,我国各省级政府部门日益重视区县级教师培训机构的服务功能和能力建设。例如,福建省教育厅出台了《福建省关于开展县级教师进修学校标准化建设与评估工作的意见》,力求通过 5 年左右时间,县级教师进修学校基础设施得到全面改善,培训师资队伍素质明显提高,培训能力和水平显著提升,到 2020 年全省有 60% 左右的县级教师进修学校实现办学标准化,到 2022 年,全省所有县级教师进修学校全面实现标准化,并建成约 40 所具有引领示范作用的县级教师进修示范校。

四、加强基础建设和培训经费的保障①

广东省各区县级教师培训机构自身的发展,必须要有一定的财政投入,保证办公场地、设备设施、师资队伍、科研等各方面的建设。要加大教师教育财政经费投入力度,提升教师教育保障水平。根据教师培训发展以及财力状况,适时提高教师培训的拨款标准。教师培训经费要列入财政预算。县域幼儿园、中小学和中等职业学校按照年度公用经费预算总额的5%安排教师培训经费。加强国培、省培对区县级教师培训的支持力度。在相关重大教育发展项目中将教师培养、培训作为资金使用的重要方向。积极争取社会支持,建立多元化筹资渠道。对经济欠发达的粤东西北地区,省级财政应给予一定的支持。特别是教师培训经费要真正用于教师培训,而不能挪作他用。

五、建立国家、省市对区县级教师培训机构的督查机制

建立教师培训项目实施情况的跟踪、督导机制。国家、省市有关部门组织开展对教师教育振兴行动计划以及广东省"强师工程"实施情况的专项督导检查,确保各项政策举措落到实处。按照有关规定对先进典型予以表彰奖励,对实施不到位、敷衍塞责的,要追究相关部门负责人的领导责任。建立国家、省市对区县级教师培训机构的督查机制,有利于促进区县级教师培训机构的能力建设,具体可借鉴英国做法。

英国的教师培训从基于教师的"工作职场"到依赖于高校或培训机构再回归到教师的"工作职场",经历了注重实践到强调理论再到在实践中反思的过程。2003 年,英国教育标准局督查发现教师培训体系存在系统性缺陷,培训机构质量呈现出参差不齐的状况。2007 年为全面提升全国教师的素质,英国对教师培训机构进行了大规模改革,在全国建立 11 个由教师培训机构组成的高质量教师培训中心,通过整合式管理、多样化课程开发、高效交流平台的建设等措施,提高教师的整体水平,促进教师专业化发展,从而形成了新的教师教育模式②。

第二节　精耕"国培"、多方联动,优化与整合多种资源配置

从我们的调查看,广东省多半的机构没有实现整合。应该说,实现教师培训、教学研究、科学研究、信息化等机构和职能的整合,有诸多的好处:可以整合力量,解决目前教师培训力量相对不足的问题;可以减少交叉重复和一些任务、时间、观点上的冲突,使教师支持服务体系更加协调一致;可以整合培训与教学研究的相关任务,减轻中小学教师的培训、研究等负担。

---

① 钟祖荣.关于县级教师培训机构能力建设的调研与政策建议[J].北京教育学院学报,2012,26(2):1-4.

② 卿素兰.区县教师发展机构功能有待提升:一项基于我国区县教师培训机构建设状况的调研[N].中国教育报,2018-08-07(03).

在教师培训资源建设上,广东省目前还存在一定程度的资源分散型的问题①,主要表现为三个方面:一是对资源建设的重要性认识不足,特别是对课程资源不甚重视,对有关培训课程的课件、动画、音频、视频或录像等资料,没有存档进行分类管理;二是进行存档和分类管理的,束之高阁,没有开展后期加工升级,并进行碎片化改造,如制作成案例、微课、数字化资源以服务于后续的培训指导活动;三是将培训资源建设仅仅放在培训课程上,忽视其他资源的累积与优化,如计划、方案、制度、机制等的训后总结、反思、诊断、完善等。

广东省区县级教师培训机构的资源建设,基本上还处在分散状态,与高等学校、中小学校优质资源、其他区县级教师培训机构以及远程教育机构的整合,还流于形式,停留在聘请兼职培训者的层面,有时在优质中小学实施"影子培训"和观摩学习,实质性的高质量的资源整合状态至今仍然没有形成。在资源建设上,普遍忽视当地的教育系统外部资源和社区资源,极为保守与狭窄。区县级教师培训机构资源建设的三个问题和形式化、狭窄性的整合,致使教师培训难以实现优质精准的支持服务,教师培训的内涵、文化难以形成,教师培训的特色、信誉失去根基。

《乡村教师支持计划(2015—2020 年)》要求,加强县级教师培训机构能力建设,整合高等学校、县级教师发展中心和中小学校优质资源,建立中小学教师校长专业发展支持服务体系。区县教师培训的实施主体是区县级教师培训机构,也就是说区县教师培训需要以高师院校(远程教育机构)为支撑、区县级教师发展中心为依托、片区研修中心为纽带、中小学校为落脚②,精耕"国培"成果,优化与整合多种资源配置。

一、做好区县层级的教师培训工作,巩固"国培"成果③

(一)加强管理,紧抓"国培"的国家资源支持

"国培"是"中小学教师国家级培训计划"的简称,是由教育部、财政部于 2010 年开始全面实施的,是提高中小学教师特别是农村中小学教师队伍素质的一个重要举措。"国培计划"中有一项内容是中西部农村骨干教师培训项目,该项目主要包括农村中小学教师置换脱产研修、农村中小学教师短期集中培训和农村中小学教师远程培训。该项在对中西部农村义务教育教师进行有针对性培训的同时,引导地方完善教师培训体系,加大农村教师培训力度,提高农村教师的教学能力和专业水平。广东省区县级教师培训机构应紧抓"国培",争取"国培"项目,发挥其"雪中送炭"和促进改革的作用,创新教师培训模式和方法,不断完善教师培训体系,促进教师教育改革,提高教师队伍素质。深耕、巩固"国培"成果,广东省应重视区县级的教师培训工作。

管理是保证研修效果的基础。区县级教师培训机构对中小学(幼儿园)校本研修活动的管理体现在三方面。一要成立跟踪工作小组。检查学员训后研修情况,及时发现问题,解决问题,提升校本研修实际效果。二要加大考核力度。学员研修效果考核与学校研修管

---

① 王庆军. 内涵、主体与策略:提升区县教师培训品质的研究[J]. 中小学教师培训,2018,385(5):19-23.

② 汪文华,邱志飞. 对互联网时代教师整合培训的若干问题探讨:基于网络支持下的校本研修质量提升[J]. 中小学教师培训,2017(10):21-25.

③ 罗先德."国培计划"话语下县级教师培训机构如何作为[J]. 中小学教师培训,2013(5):3-5.

理考核相结合，双管齐下；过程性评价与终结性评价相结合，多元考评。三要制定校本研修工作管理办法、校本研修工作考核量表等相关制度和文件，坚持制度在前，规范引导。

（二）设置研修专题

如何避免校本研修“松、泛、散”的现象，一直以来备受培训专家和管理者的密切关注。区县级教师培训机构要深入学校、深入教师之中，通过训前问卷调查、学员座谈会等各种形式，归纳、梳理学员校本研修各种诉求，形成若干研修专题，引导学员加强专题研究，重点解决专题领域内的1～2个问题，做到研修目标明确，方向清晰，效果提高。

（三）实施专业引领

校本研修的三个要素是个人的自我反思、教师团队的同伴互助和专业研究人员的专业引领。由于“国培计划”的专业研究人员在校本研修中直接对一线教师（尤其是农村教师）进行专业引领有一定难度，所以中小学（幼儿园）校本研修的专业引领只能由区县级教师培训机构来承担。专业研究人员专业引领的水平决定校本研修的质量。高水平的专业研究人员能够引导教师在理论与实践之间穿行，有利于促进教师把理论与实践有机结合起来。专业研究人员的专业引领（校本研修的跟进）有以下几种主要形式。

1. 答疑解惑咨询

专业研究人员对于教师在校本培训中遇到的疑难问题，站在专业的角度，发表自己的见解，以帮助教师（咨询者）解答疑惑，或者明确解决问题的正确途径和方法。答疑解惑咨询分个别咨询和团体座谈咨询：个别咨询具有较强的针对性，有利于促进教师专业个性化发展；而团体座谈咨询又非常有利于促进教师在校本培训中充分交流互动，思维碰撞和集思广益。

2. 教学现场对话

专业研究人员深入一线教师的教学现场，与教师共同备课，进入课堂教学现场观察，一起开展课后反思、评课等互动交流活动，在面对面的对话交流过程中给教师提供专业指导建议。教学现场对话是专家以平等参与的方式，为中小学教师提供的“零距离”专业引领。

3. 案例分析指导

专业研究人员发现、选择和运用有代表性的教育案例（或课例），从目标设定、内容分析、过程设计、方法选择、活动实施、反思评价等方面，与教师一起进行辩证分析，交流切磋，质疑解惑，使教师体验和领悟典型案例中蕴藏的教育教学理念、教学方法和教育艺术，更新其教育思想和专业知识，获得创新的专业结构和实现专业发展的机会。

4. 课题研究指导

专业研究人员对于参加课题研究的中小学教师提供教育科学研究的理论、方法和实施操作等方面的指导。一般包括课题的选题、申报、开题论证、过程跟踪、咨询指导、收集整理分析归纳课题研究资料、提炼课题研究成果、撰写课题研究报告、结题评审鉴定等课题研究工作的各个环节。

5. 网络指导

通过“国培”网站、QQ群、短信、电话等方式加强与学员的联系与沟通，开展在线交流、指导，深入探讨学员在岗位研修期间存在的难题，寻求解决问题的具体路径。

二、左右相助，实现县域资源整合

广东省各区县应对区域内的教育资源进行优化整合，从而有利于区县级教师培训机构办学功能的增强和拓展，建成全新的区域学习与资源中心。

《教育部关于加强县级教师培训机构建设的指导意见》（教师〔2002〕3 号）中指出，要积极促进县级教师进修学校与县级电教、教研、教科研等相关部门的资源整合与合作，优化资源配置，形成合力，努力构建新型的现代教师教育机构。县仪电站和教研室是内设于教育行政部门的机构，但所承担的职责明显从属于县级教师培训机构的职能，这种配置方式使得县域内有限的教师教育资源产生浪费，因此进行整合是合理的。整合以后，逐步实践和完善培训、教研、科研、管理、指导和评价于一体的工作模式，充分发挥其资源优势和协作能力。整合后的区县级教师培训机构应该被赋予一定的行政职能，依法行使一定的权力，根据有关的大政方针制定各种培训规划和方案，根据实际的工作需要，下发必要的通知和文件，对中小学教师进行评价等。给区县级教师培训机构赋予一定的行政职能后，更有利于其职能的充分发挥。最后，区县级教师培训机构要实现实质性的整合，还一定要让相关利益群体的思想认识有所转变，让其认识到优化整合的必要。在机构整合以后，还要进行合理的优化和配置，构建新型的学校形态，以保障整合后机构职能的充分发挥①。

三、构建教师继续教育共同体②

近年来包括广东省在内的区县级教师培训机构的实践表明，与高校合作，构建继续教育共同体，是更新培训模式、提高农村中小学教师继续教育质量行之有效的途径。这样的合作可以分为三个层次：与本区域师范学院的合作，与本省师范大学的合作，与国家重点师范大学的合作。其合作的内容主要有以下几方面。

（一）相互分工协作，互为主体

相互分工协作，互为主体，使中小学教师继续教育的培训模块、师资、实践基地等资源实现共享。主要表现在：其一，以高等师范院校为主体，教师培训机构进行协作，培训内容和主要师资由高等师范院校安排，由高等师范院校组成讲师团，区县级教师培训机构根据培训内容选派优秀教师参与讲课。这里包括开展中小学教师高学历培训。近年来，高等师范院校为中小学校输送了大批师资人才，但是在山区农村学校，由于经济相对落后，交通闭塞、地理条件恶劣等因素使得教师队伍存在着师资力量匮乏的现象。许多优秀师范院校毕业生不愿到山区工作，通过考试招录的教师有一部分不是专业师范院校的毕业生，教育学和学生心理学等理论知识缺失，还有相当一部分教师专业学历不合格，教师群体结构不合理，整体素质不高。因此，改变农村教师的学历结构，依然是当前区县级教师培训机构的一项重要职责。

对粤西地区产生广泛影响的肇庆学院在这方面积极落实，大力推进。一是创新教师教

① 宋娟.湖南省县级教师培训机构职能定位与发展路径研究[D].长沙：湖南师范大学，2015.

② 石长平，王明义.新城镇化背景下县级教师培训机构的功能转进[J].渭南师范学院学报，2016，31(14)：29－34.

育体制。提出"教师教育一体化,培养目标卓越化,三位一体协同化,协同育人开放化"的办学理念,设立教师教育学院,强化职前职后统筹职能,全面整合校内资源,形成了教学、实训、竞赛、实践、职后培训、相关研究一体化的教师教育新体制。二是创新教师培养模式。按照强化师德修养,注重专业知识,突出师范技能,提升职业精神的要求,积极探索"大类招生,二次选拔"模式,创立未来卓越教师砚园班,形成"选拔制、小学期制、多学科制、双导师制、研修制、游学制"为内涵的卓越教师培养模式。"砚园班"已成为全省师范生培养品牌,每届毕业生在求职过程中,受到用人单位的追捧。三是推进教师教育协同育人。与肇庆市及下辖7 个县区共建教师教育改革创新试验区或协同育人合作区,建立 260 个教育实践基地,每年选派 1 600 名师范生顶岗实习,实现了多方共赢。

(二)合作开展教学科研

目前,农村中小学教师专业的发展既不允许高等师范院校的教师进行脱离实际的教学,也不允许教师培训机构的教师忽视教育理论的研究,同时也不赞成农村中小学教师依赖过去的经验进行教学活动。离开基础教育教学实践的师范毕业生,很难适应新时代基础教育改革的需要,高等师范院校的专家、教师必须深入农村中小学教学第一线,将教学理论和科研成果同农村中小学教学实践结合起来。教师培训机构的教师也要不断地进入高等师范院校的课堂进行教育理论的学习,提升自己的教育理论水平,使自己的教科研成果向教学实践转化。

地处粤东地区的韩山师范学院教科院免费为揭阳普宁市大坪农场石镜美小学上门开展培训。近 3 年来,韩山师范学院的"送教到校"等常态化教研活动,提升了该校教师专业能力和教学质量。2017 年,该校在普宁市六年级学生综合素质评价中,从原来的 250 名跃升至 56 名。从 2017 年起,韩山师范学院扩大"送教到校"覆盖面,该校省级中小学教师发展中心挑选 80 名熟悉基础教育的资深教师,组成培训专家库,遴选精品课程打造"课程超市",根据揭阳等粤东 3 市中小学的需求实施"自主点菜式"精准培训,3 市近 1.4 万人次教师接受了个性化培训。韩山师范学院与市县教育部门和乡村学校建立"校地对接"联动机制,对乡村教师开展精准帮扶,只 2016 年就培训乡村教师 1 万余人次。

(三)合作开展相互学习活动

教师培训机构和高等师范院校教师要开展相互学习活动,促进各自专业的发展。处于基础教育阶段的农村中小学教师职业是实践性极强的职业,高等师范院校的教师应该进行社会调查、教学观摩、教育实习,通过指导农村中小学教师的教学研究,不断提升从事教师继续教育的能力,同时也丰富了高等师范院校校本研修的内涵,从而培养出适应农村基础教育改革和社会发展的优质农村中小学教师。同时,还应当进行合作指导,定期答疑,为农村中小学教师的自我发展提供帮扶和引导。这也是县级教师培训机构和高等师范院校在农村中小学教师继续教育培训中合作的目的所在。双方要联合组成专家辅导组,定期定点进行辅导答疑,帮助教师选择学习内容、确定学习方法,指导农村中小学教师进行教学活动现场诊断矫正,引导教师进行自我反思和评价,向教师提供典型教学案例和精彩片段,引导教师分析教学案例的成功与失败,通过引导农村中小学教师观摩交流、理论研讨和合作反思,来促进教师不断地自我发展。

这样的合作在美国和日本等国家早有先例。美国密苏里州,2001 年起推行的密苏里州教育更新区(the Missouri Educational Renewal Zones,ERZ)计划,明确倡导高校到农村社区学校对教师进行指导与帮助,如西北部密苏里州州立大学教育学院教师到社区学校给予具体的指导与帮助。为农村教师提供网络学习平台方面,如北达科他州大学与当地学校建立合作伙伴关系,实施“农村特殊教育示范项目”,使教师(包括农村教师)获得网络学习更新专业知识的机会。科罗拉多州亚当斯州立学院实施跨地区协作培养项目(PARTNER),为在职教师提供语言与文化的认证培训。跨地区协作培养项目凭借网络进行远程教学以及利用周末网上教学,该州南部农村地区的教师在岗就可以完成学位课程。高校为农村教师在岗获得所需学位提供指导与帮助,可以节省教师的培训成本,不影响教师工作收入。因此,农村教师可以用较低成本实现教师专业发展。

(四)“以校为本”的合作

“校本”(school－base)早在20世纪60年代就为英美等国所关注与探索。“为了学校,基于学校,在学校中”是“校本”的代表性特征。在我国,这一概念是在1999年教育部《关于实施“中小学教师继续教育工程”的意见》中提出的,随着我国基础教育的深入改革,“校本”中“以校为本”和“以人为本”的内涵逐渐凸显。作为一种重要的合作培训形式,其比较符合区县级培训机构经费短缺等实际情况,且能保持受培训学校的正常教学秩序,因而成为一种与离职培训优势互补的运作方式。

在这方面,肇庆学院教师教育改革创新实验区是立足师范人才培养、致力服务地方教育的一个创新举措。2012年,肇庆学院携手怀集县政府创立首个教师教育改革创新实验区,随后,肇庆学院持续深入对包括怀集二中、下帅乡民族学校在内的怀集县多所中小学校展开教育帮扶、师资置换、教师培训等对口帮扶,深入梳理、找准怀集县等山区县面临的教育困境和现实困难,通过输入大批优质顶岗支教教师、输入先进教学理念、教学方法,派遣大批优质教学名师、专家教授团队、驻地教师下乡等措施展开面对面的教学、科研、培训、指导等系统帮扶,历经数年的建设、改革和探索,有力促进了怀集县中小学教育质量的整体提升、教育面貌的改观、教师素质的增强。毫无疑问,与高校密切合作是培训山区农村教师队伍的最佳运作模式,但县级教师培训机构也必须认识到自身的重要作用。合作不是把工作任务推给别人,自己成为一个简单的中介机构,而应当是在与高校合作的同时,对机构中的教师进行有效提升,注重培养自己的人才队伍,进行自我更新。这个更新应该包含思想观念的更新、政策制度与运行体系的升级和机构中教师的知识与能力的更新提高,这是县级培训机构必须注意的事情。

除与高校合作、构建继续教育共同体外,各地应加快推进教育行政部门、师范院校、教师发展中心、中小学校四位一体的教师专业发展体系建设。进一步加强广东省省级中小学教师发展中心建设,建立健全师范院校与地方协同推进教师专业发展的联动工作机制,充分发挥广东省级教师发展联盟、学前教育教师发展联盟、特殊教育教师发展联盟和职教师资培养培训联盟的平台作用。支持和鼓励各地整合资源加快推进市、县级教师发展中心建设,推进中小学教师专业发展学校建设。

第三节　定准位置、练好内功，不断提升培训者的素质

教师培训应该被看作是一个和学校教育不一样的特殊活动。这两种教育的质量标准、课程设置、评价手段、对培训者的素质要求，以及相应的培训形式、手段、渠道都是不一样的。袁振国认为，促进教师的专业发展，教师培训这项工作首先要专业化①。余新认为，高素质专业化教师队伍建设呼唤着教师培训专业化，由此要求教师培训者逐渐实现向教师培训师的角色转换，即从兼职到专职、从专门到专业、从任务单一型教师到任务多重型培训师的转换。他指出，教师培训师的10项能力最为重要，即培训需求分析能力、培训方案设计能力、培训课程开发能力、培训教学实施能力、培训管理实施能力、培训效果评估能力、教育教学咨询指导能力、学校管理咨询指导能力、培训团队建设能力、培训师个人学习与研究能力②。可见，提升培训品质，区县级教师培训机构必须实现教师培训的高度专业化，而高度专业化离不开培训师队伍的建设。

一、应加强区县级教师培训机构的队伍建设

教师培训是加强教师队伍建设，提高教师队伍质量的重要途径。第一，广东省必须加强县级教师培训中心自身队伍建设，打造一支一流的教师培训专职队伍。为此，地方人事部门、教育主管部门、教师培训机构必须深化人事制度改革，通过竞争上岗、择优聘任的办法，选拔留用优秀的培训教师，对观念陈旧、知识老化，不适应新形势下教师继续教育工作的教师进行妥善安置、合理分流。第二，通过严格考核、公开招聘的办法，从高等师范院校选拔优秀毕业生补充到培训教师队伍中。第三，到基层中小学选拔一批师德好、素质高、能力强并有志于继续教育事业的优秀教师到教师培训机构来工作。第四，与高等院校、中小学基地学校建立培训者培训的长效机制，通过高校中心模式、基地学校模式等加强对培训者的专业提升培训，提升培训教师的教育理论水平与教育实践能力。第五，通过上挂下联、外请内聘的办法，聘请高等学校和科研院所的专家、教授、基层中小学的学科带头人和骨干教师以及兄弟区县教师培训机构的优秀教师做兼职教师，组建起一支结构完善、学科齐全、师德高尚、业务精湛的专兼职培训教师队伍，使教育专家的专业引领与一线教师的实践示范有机统　，有效地促进区域教师专业发展。

广东省不断加强中小学领军人才和骨干教师队伍建设，组织开展中小学新一轮“百千万人才培养工程”第三批培养工作，对第二批培养对象和培养单位进行考核。积极组织培养对象赴粤东西北地区巡回讲学，发挥培养对象的示范引领作用。进一步完善“百千万人才培养工程”培养机构和培养对象的遴选和管理办法，适当扩大培养规模。建立完善省、市、县三级骨干教师队伍培养体系。加强对新一轮名教师、名校（园）长工作室的指导和管理，着重增强其示范、引领和辐射能力。2018年4月，广东省最大规模中小学名教师、名校（园）长工作室启动仪式在华南师范大学举行。此次共有全省21个地级市的439名教师、

① 袁振国. 教师培训的历史转型[J]. 未来教育家，2016(12)：8-9.

② 余新. 从欧美培训师研究看我国教师培训师专业能力建构[J]. 北京教育学院学报，2013，27(3)：16-19.

校长入选,是规模最大的一次。工作室以名教师、名校(园)长为主导,培养优秀中青年骨干教师,带动区域内教师队伍整体素质提升。本轮选拔选出中小学名教师 303 人、名校长 80 人;特殊教育名教师 8 人、名校长 5 人;还首次设立幼儿园类别,新遴选出幼儿园名教师 21 人、名园长 22 人。广东省教育厅有关负责人表示:“入选者中聚合了全省最优质资源的教师发展共同体。”

二、教师培训者的专业化发展

培养教师教育者的教育,也是一种专业教育。这种专业教育的内容是什么呢?埃莉奥诺拉·维莱加斯-赖默斯在《教师专业发展——国际文献述评》中引述了赫尔南德斯(Hernandez)所提出的七条原则(principles):第一,教师教育者应当接受教育学(pedagogy)的教育,因为教师教育者的教育活动对学校教师们的活动有深刻的影响,教师教育者应当能够示范教学的方法、技术和过程。第二,教师教育者的教育应当基于学校课堂中每天产生的教育实际问题。第三,教师教育者不仅要会教学,而且要会对自己的教学专业实践领域进行研究。第四,教师教育者应当深入了解自身、所教学生以及将要工作的学校机构。第五,教师教育者应当深入了解一个国家的教育制度和这种制度得以实现的环境。第六,教师教育者应当懂得如何在团队中合作。第七,教师教育者应当热爱教学。这种品质会使他们的学生对教学产生积极的态度。这七条原则包含了教师教育者教育的内容,因而可以作为设计教师教育者专业发展内容的参照①。

区县级教师培训机构的教师培训者承担了教学研究、教学指导、考试组织、教师培训、教育决策服务、课程政策研究、校本课程领导等多种任务,但受专业制度缺失、行为习性固化、理论研究不足、教育资源多元等因素制约,其角色更新面临诸多亟待突破的困境。面对新时代教育领域主要矛盾的变化,教师培训者应实现角色与职能的新陈代谢,加强对区域教育改革发展的顶层设计,促进基础教育的质量提升和均衡发展;深入推进“互联网+教育”,促使互联网技术与教育教学的深度融合;深化中小学学科建设,促进基础教育课程改革的深化;扎根课堂教学实践创新,引领中小学课堂变革②。

三、区县域教师培训机构培训者素质提升路径③

路径分为以下两种情况:一是内源式提升路径;二是外源式提升路径。

(一)内源式提升路径

1.区县级教师培训机构教师学历提高学习(培训)属典型的内源式专业化展(素质提升)路径。在探讨教师专业化发展时,学历提升是一个很容易被忽视的问题。如果仔细研究一下现行教师的准入学历的发展史,就不难发展,区县级教师培训机构教师的学历提升工作是一个教师培训供给侧的问题,大约三四十年前,因教师供给侧短缺,师范教育的专业

① 李学农.论教师教育者的专业发展[J].教育发展研究 2012,32(12):53-57.

② 赵虹元.我国教研员角色的变迁与展望[J].课程·教材·教法,2018,38(10):111-116.

③ 代俊川,赵娟,文少雄,等.县域教师培训机构培训者素质提升路径[J].科教导刊(下旬),2018(7):63-64.

门槛只需要中等师范的水平就可以成为一名合格的教师，这时区县级教师培训机构教师的学历水平大致为专科和本科学历，但三四十年后，绝大多数中小学教师的学历已由过去的中等师范学历提升至了专科本科水平了，新入职教师的门槛也提升到了专本科水平了，而区县级教师培训机构的教师的学历仍停留在专、本科水平上，这就很难适应新形势下的教师培训工作。教师培训工作难以很好的推动，很大程度上也是区县级教师培训机构教师供给侧出了问题，从这一点来看，加大区县级教师培训机构教师学历的提升教育是破解培训机构培训者供给侧问题，提升培训者专业化水平的重要途径之一。

区县级教师培训机构教师的学历提升教育是教师专业化成长的基础，其路径可分为职前学历教育和职后学历提升教育，教育行政主管部门应根据新形势设置对教师培训机构教师的学历教育要求。

2. 区县级教师培训机构教师通过数字化学习平台进行自主提升也是重要的内源式培训途径之一。受区域经济、社会、文化等方面发展的制约，区县级教师培训机构教师通过自主研修模式提升自身专业素养最大的瓶颈就是学习资源的问题，教师专业化成长过程中所需的图书和其他信息资源在当地图书馆和书店很难找寻，从而形成教师自主研修过程中的信息资源供给侧短缺的矛盾，解决这一问题的重要途径就是通过数字化图书馆和数字化期刊平台的使用培训，来破解研修资源供给不足的难题。区县级教师培训机构教师通过数字化学习平台进行自主提升，可通过中国图家数字图书馆和中国期刊全文数据库为基础的数字化信息平台的使用来实现。培训项目设计分为两个模块。

(1)数字化图书馆、数字化期刊检索平台的使用。数字化图书馆与数字化期刊是获取学科前沿信息的重要渠道之一。尽管目前很多教师已能通过互联网搜索引擎获取自己所需的信息。但从信息产生的角度来看，图书提供的信息更多是一种源信息，是初始信息，是学科知识信息的源头。学术期刊提供的信息尽管是再生信息，带有文章撰写者对学科信息的重新理解与思考的新信息，但从作者思考这一角度而言，也是一种源的信息。互联网搜索引擎提供的信息受版权许可和盈利模式的影响往往很难提供很完整和准确的信息，同时在自主提升的专业化发展过程中，学习者研究专业领域问题时所需获取的专业前沿信息和版权相关信息，互联网搜索引擎很难准确提供。同时数字化期刊还能对学科领域的研究成果的转载、下载、引用情况进行统计分析，以利于学科研究领域能掌握最新的学科知识信息动态，数字化期刊检索平台的使用可帮助基层区县级教师培训机构教师甄别研究工作中那些未知的前沿信息，为探索未知信息奠定基础。

(2)数字化图书阅读工具 Apabi Readcr、数字化期刊阅读工具的使用。目前中国国家数字化图书馆使用的阅读系统多为阿帕比数字图书阅读系统(Apabi Reader)。阿帕比数字图书阅读系统是北京方正阿帕比技术有限公司开发的数字化读书阅读系统。阿帕比格式的阅读系统支持数字图书的借阅功能，可从数字图书馆将图书借阅于阿帕比阅读系统中供离线时阅读。目前，数字化期刊的文本格式主要有 PDF 和 CAJ 两种格式。数字化期刊最常见的阅读器主要有 Adobe Acrobat 和 CAJViewer 两种。数字化平台及阅读工具的使用仅仅只能为县级教师培训机构教师的专业化发展提供内源性发展的工具，只有区县级教师培训机构教师学会并将这些工具运用于日常的学习工作中，数字化平台及阅读工具的使用才可能真正意义上成为区县级教师培训机构教师内源式培训路径之一。

（二）外源式提升路径

1. 对外派出培训

区县级教师培训机构培训者培训是较为典型的外源式培训路径。对外派出培训很大程度上与培训源有关，培训源的规划需要上级教育行政主管部门从区域教师专业化发展的整体规划入手来设计培训项目。培训项目的设计要考虑区县级教师培训机构培训者课程专业领域、管理领域和信息化发展领域的需求。目前区县级教师培训机构对外派出培训人次仍然偏少，教育行政主管部门顶层设计教师教育体系仍需加大区县级教师培训机构对外派出培训。如2017年7月广东省中小学教师省级研修培训——中小学教师培训团队专项研修培训班（肇庆学院）在肇庆学院省级中小学教师发展中心举行开班仪式，本次培训分为两个阶段，包括集中授课、交流研讨和网络研修等内容。第一阶段的培训为期10天，邀请了省内外多位著名专家和教育一线名师为学员们授课，以提高学员的培训需求诊断能力、方案设计能力、课程开发能力、教学实施能力、教师工作坊主持能力和绩效评估能力为主要目标。

2. 交流式培训模式

省市级教师培训机构根据所要指导的中小学校的业务性质的需求，将区县级培训机构教师交流到中小学校岗位上学习、了解、适宜中小学校业务的培训模式。通过换岗交流了解服务对象的需求，从而对培训提出相应的改进，以适应基层学校教师专业化发展的需求。如2018年12月，广东省级中小学教师发展中心承办的2018年市县级教师发展中心负责人高级研修班在肇庆学院开班，来自全省51名各市县级教师发展中心负责人参加。建设市县级教师发展中心是加快实现广东省教育现代化、完善教师培训体系、落实精准培训的有效途径。广东省努力将各市县级教师发展中心建设成为教育理念先进、文化底蕴深厚、师资队伍精良、结构布局合理、功能作用突出、管理水平一流的教师专业发展共同体，助推广东省高素质专业化创新型教师队伍建设。

（1）外派到服务对象学校的外派式培训模式。这一模式中，培训者深入服务对象学校，熟悉和了解服务对象学校的课程内容、教学特点、工作方式等，掌握服务对象的特点，以便更好地在未来的培训工作中为其教师的专业化发展提供优质的服务。教育部在《教育部办公厅关于印发乡村教师培训指南的通知》中的《送教下乡培训指南》中指出，“区县教育行政部门要将送教下乡培训纳入乡村教师全员培训规划，制定送教下乡培训周期计划与年度计划。原则上同一乡镇同一学科每年送培不少于4次，每次不少于2天，确保送教下乡培训实效。县级教师发展中心（培训教研机构）会同高等学校，根据教育行政部门相关要求，做好培训需求调研，确定培训主题……”明确指出区县级教师培训教研机构应根据本市本地情况，送培训到乡村。实施送培训到乡村的过程中，也是教师培训机构教师到服务对象熟悉和了解服务对象学校的课程内容、教学特点、工作方式的学习途径之一。

（2）外派到非服务对象学校交流学习的外派培训模式。到特色的同类学校中培训学习其特色工作方法和创新工作方法，以便于更好地运用在自己的实践活动中。因为人事、薪酬等制约，目前交流式培训模式仍然可能会受到诸多因素的影响，难以较大范围地推广。但在区域范围内统筹协调外派区县级教师培训机构培训者到服务对象学校交流学习仍是可能实施的，未来外派区县级教师培训机构培训者到有特色的同类学校轮岗交流学习也不是完全没有可能，只有从顶层上思考解决这些问题的制度，未来区县级教师培训机构培训者将会出现更多可供选择的路径。

区县级教师培训机构培训者素质提升路径的划分并不是孤立的、绝对的，甚至某些培训中外源式培训是可与内源式培训模式相互转化的，作为区县级教师培训机构，只有充分研究了解需要提供服务的对象的特点，充分研究了解培训机构的每一名教师，多通过外源式培训来驱动教师的内源式提升，才能为培训者选取适合其成长的专业化路径，达到提升本机构培训者专业化素养的目标。

四、练好内功，教师培训者的多元教研方式[①]

在2017年全国教研工作会上，国家教育部门领导指出："教研工作是我国基础教育工作的重要组成部分，已形成了比较完善的教研体系，建立了具有中国特色的教研制度，在保障基础教育质量方面做出了重要贡献。随着基础教育课程改革不断深入，教研工作的重要性、教研队伍的专业性、教研制度的保障性将更加凸显。"因此，广东省各区县级教师培训机构应学习广西壮族自治区柳州市的做法，注重教师培训者的教研方式的创新与发展。

(一) 主动请教，教师培训者与行政领导、专家的对话

教师培训者在教育行政部门、学术机构和教师之间起着桥梁纽带作用。一方面向教师传播上级教育行政部门和专家对教育的要求，另一方面把教学一线的有关信息及时向上反馈。为此，可以请国家、省市教育部门领导、大学及教科研机构的专家到区县级教师培训机构指导工作；教师培训者通过登门拜访、电话请教、网络联系等方式与上级主管行政领导、本学科国内著名专家保持联系，与部分高校建立长期教育研究合作关系。通过这样方式，教师培训者就能及时了解国内外教育动态和政策，及时把握上级行政部门的要求，工作时就能做到方向明确、思路清晰，与上级保持步调一致。

(二) 外出考察，教师培训者与教育先进地区同行的对话

教师培训者到教育先进发达地区去感受教育改革的气息，向同行面对面请教，常常有超出预期的收获。据了解，广东省各区县级教师培训机构经常分批组织教师培训者到华东地区进行课程改革、教育科研、高考改革等专题的培训考察活动。通过与华东地区同行的对话，教师培训者们开拓了视野，解开了心中许多疑团，提高了学术涵养。

(三) 中心组活动，教师培训者与骨干教师群体的对话

从当前看，每个教师培训者手上都要有一批不同层次的骨干教师群体，一层带一层，让基层学校有"造血"功能，使教师在教育教学实践中成熟起来。为此，广东省区县级教师培训机构可以学习、借鉴广西壮族自治区柳州市教科所的做法，通过开展系列中心组活动培养骨干教师群体。一是一般每个学科一个年级设一个市级中心组，每所学校都有骨干教师参加。每学期初讨论好本学期的活动主题、时间、地点，分配好任务，提前做好准备。形式可以是读书沙龙，也可以是专题讲座、集体备课、课例研讨、热点问题分析等。给骨干教师压担子、交任务，为骨干教师成长搭建舞台。必要时，学科中心组活动也可以跨年级、跨学

① 刘明. 教研，在继承的基础上创新[N]. 中国教育报，2018-04-10(04).

科举行,加强学科沟通、整合,取长补短,优势互补。二是抓好区县级教研室的建设。通过区县级教师培训者再抓好县区级学科中心组,通过县区级学科中心组成员抓好学校学科全体老师。

(四)集中培训,教师培训者与全体教师的对话

通过调查我们发现,造成学校之间教育教学质量差异的主要原因不是硬件,而是教师的教学水平。要大面积快速提高教师整体素质,集中培训是一种重要手段。采取的具体措施有三方面。一是集中专题讲学。教师培训者通过大量的案例说明先进的教育理念如何落实在教育教学实践中,帮助教师重建现代教师的角色意识,转变教学行为,由传统的知识传授者、管理者转变为学生学习的指导者、促进者、合作者。二是同课异构。即同一个课题由两个教师去上,然后执教老师进行说课,教师培训者引导执教老师、听课老师共同从理论依据、教学目标、操作序列、师生角色、教学策略、学习策略、评价策略、支持条件等方面进行对比,解决教师课堂教学的实际问题,提高课堂教学效率。三是经验成果介绍。兼职教师培训者、中心组成员及其他骨干教师平时积累了很多的成功经验和研究成果,他们的现身说法容易为一线教师接受。通过发放证书等也使这些骨干教师获得激励,促使他们进一步深入研究。

(五)导师制度,教师培训者与骨干教师的直接对话

柳州市开展的导师制度一般有两种形式,值得借鉴:一是市教科所教师培训者带市级兼职教师培训者。市级兼职教师培训者原则上每学科每学段设置 1 人,每届任期 1 年。兼职教师培训者组织活动前,教师培训者都手把手地进行指导;活动后进行点评,开发他们自身的潜能,促进兼职教师培训者专业素质和教学实践能力不断实现新的跨越。兼职教师培训者都表示进步很快。二是与区县级教育部门共同对骨干教师进行定向培养。由导师团队帮助培养对象对自身的教育教学水平和教研组的管理方式进行诊断,为培养对象量身定制发展规划;到培养对象所在学校实地指导其设计主题教研活动;请培养对象到先进学校跟班学习及参与导师主持的研究活动;采用多种方式主动了解培养对象的情况,为其答疑解惑;及时评估培养对象的进步情况。

(六)城乡联动,教师培训者与农村教师的对话

广东省山区、农村小规模学校很多,山区、农村学校的教师大多承担着几门功课的教学任务,一般同学科的教师也就 1 ~ 2 名,有的教学点甚至全校就 1 ~ 2 名教师,难以形成有效的教研氛围,教师也缺乏内在的驱动力。根据这种情况,可以采用以下形式与农村教师对话:一是送教下乡。乡村学校教师到县城及市区参加活动不易,区县级教师培训者到他们身旁开展活动;教师培训者到乡村学校不是去说教,而是成为学校校本研修的合作者、服务者;要充分重视乡村学校骨干教师的培养并发挥其示范作用。区县级教师培训机构可以经常性的组织多批次的送教下乡活动,组织市区优秀教师与教师培训者到各区县边远的农村学校指导教师开展联片校本研修活动。先帮助划分联片活动的区域,每次在其中的一所学校开展活动,区域内的其他学校同学科教师都来参加。二是“手拉手”结对互助。城市的先进学校与乡村学校结成“手拉手”结对互助学校。互助学校之间定期和不定期地派出教师到对方学校挂职,参加对方的校本研修活动,教师培训者对实施计划进行指导,对实施过程

进行监控，对实施效果进行评估。

（七）课题研究，教师培训者与研究者的对话

苏霍姆林斯基说：“如果你要想让教师的劳动能够给教师一些乐趣，使天天上课不至变成一种单调乏味的义务，那你就应当引导每一位教师走上从事一些研究的这条幸福的道路上来。”调查发现，参加了课题研究的教师能够围绕研究目标，系统地收集、学习某一方面的文献，能主动地根据学习的心得改善课堂教学行为，有较多的成就感，不容易产生职业倦怠。所以，区县级教师培训机构应把课题研究作为重要的教研方式，要求所有教师培训者都要主持课题研究。

（八）专题调研，教师培训者与学校实践者的对话

国家教育部门在《关于改进和加强教研工作的意见》中指出：“学校是基地，将教研重心下移到学校，在学校中发现问题、分析问题、解决问题”。因此教师培训者要经常深入学校。有不同学科教师培训者参加的集体调研，也有学科教师培训者带领中心组成员参加的学科调研。进到课堂，发放问卷，与学生、教师座谈，对教育科研课题开展情况、课程改革实施情况、高考备考情况、教学常规执行情况、课堂教学改革情况等专题进行调研。如果发现好的典型，就帮助总结提升，择期召开现场会；如果诊断出问题，则与学校一起分析原因，帮助制定解决问题的措施。

（九）专题现场会，教师培训者与先行一步学校的对话

专题现场会一般有三种形式：一是教师培训者了解到某所学校在某些方面有先进经验，在帮助这所学校做好总结梳理后，发文通知其他学校派代表到这所学校参加现场会。学校通过板报展示、开放课堂、呈现研究过程资料、大会介绍、现场互动等形式为同行展示他们的研究成果。二是开展各类教研成果评比、科研成果评比，进行成果展示。三是学校本身觉得在某些方面研究有成效，主动申请对同行开放，教师培训者先到学校帮助提炼经验，再组织开放活动。专题现场会给学校提供了展示、交流的平台，促进优秀学校和教师不断锤炼已有的成果，为其他学校提供一个与优秀学校和教师近距离接触的机会，提升了一线教师研究的总体水平。

（十）网络教研，教师培训者与情趣相投者的对话

以计算机和互联网为代表的现代信息技术突飞猛进，教师培训者可以突破时间和空间的限制，与一线情趣相投的老师进行异步交流。广东省各区县级教师培训机构应加快网络教研建设的步伐，引进多个平台，即时报道教研动态，进行教材分析，开展论坛交流、成果展示、课例和优质教学课件交流等。一线教师能及时从中获取自己需要的东西，教师培训者也能及时了解一线教师的心声。

（十一）菜单服务，教师培训者与有个性需求学校的对话

不同学校需要教师培训者提供帮助的侧重点不同，为此，区县级教师培训机构可以发放学校个性需求征集表，了解学校对教研工作的需求。同时，把教师培训者能提供的服务菜单发放学校，由学校根据需要与相关教师培训者联系，约好时间到学校服务。这种培训

工作方式受到学校的热烈欢迎。

(十二)名师工作坊,教师培训者与准教育家的对话

广东省各地市有一批特级教师、中小学正高级教师及有较高学术造诣的骨干教师。把这些准教育家的作用发挥出来,就可带出更多的骨干教师。因此,教师培训者与名师工作坊主共同研讨工作方案,协助名师工作坊主帮助梯级研究团队成员制定个性化的专业发展规划,协调举办名师工作坊主的专题讲座、成果展示会、教育思想研讨会、示范课等活动,帮助解决名师工作坊主工作中遇到的困难,为他们早日成为教育家做好“幕后英雄”。

(十三)校长论坛,教师培训者与校长的对话

学校校长在组织本校教师制定学校发展规划及进行课程领导力建设时,要对学校的学生状况、教师状况、历史沿革、文化积淀等进行分析。在校情分析的基础上,确定学校要培养怎样的人,形成培养/育人目标;秉承什么样的思想去培养这样的人,形成办学理念;最终要将学校办成怎样的学校,形成办学目标。然后思考依托什么样的课程去实现学校所追求的教育价值观。在这个过程中,不同的校长会遇到不同的问题,希望得到专业指导。为此,区县级教师培训者要善于学习先进学校的管理经验,有良好的处理人际关系的能力,经常与校长们一起探讨学校发展中的问题,在此基础上,举办校长论坛。校长们解决了心中的疑惑,增强了信心,就能带领学校朝着正确的方向可持续发展。

第四节　构建区县级教师培训课程内容

课程是教师培训最基础的部分,课程特色是培训品质的关键要素之一——有质量的培训,且课程有特色,才谈得上有品质;否则,就无所谓品质。随着对教师培训品质提升的需求日益强烈,教师培训已逐步由以授受型为主走向以服务型为主。这种转型,更加期待基于以服务意识构建特色鲜明的培训课程体系。

一、依据国家有关教师培训标准,设计区县级教师培训内容

为贯彻落实《中共中央 国务院关于全面深化新时代教师队伍建设改革的意见》,深入理解教育部办公厅于2017年11月印发的《中小学幼儿园教师培训课程指导标准(义务教育语文、数学、化学学科教学)》(以下简称《指导标准》)文件的意义和价值、框架与内容,推进《指导标准》在各省、地(市)、县(区)教师培训机构、教研机构以及中小学的使用。2018年4月22日,由中国教育学会教师专业发展研究中心、北京市海淀区教师培训机构、《中国教师》杂志社联合举办的新时代教师专业发展专家研讨会成功召开。会议的主题为《教师培训课程指导标准》理解与使用,上午为专家研讨,下午为分学科研讨教师教学能力诊断工具研发。《指导标准》注重从教学能力到育人能力,体现了国家对教师培训的导向和要求,强化培训工作的专业性。

《指导标准》是国家、省、地(市)、县(区)组织开展教师培训工作的重要参考;是各级教师培训机构、教研机构以及中小学设置教师培训课程、开发和选择教师培训课程资源的基

本依据;也是教师规划个人专业发展和自主选择培训课程的根本指南。

《指导标准》分为培训目标、能力诊断、课程内容、实施要求等 4 个主要模块。培训目标是对教师专业发展的具体要求,给教师发展“建模子”;能力诊断通过能力表现级差表,科学诊断教师培训需求,带教师个体“照镜子”;课程内容着眼于帮助教师解决实际问题,提升能力素质,给教师提升“开方子”;实施要求重在为缩短差距提供有效的方式方法,增强培训实效性,为教师培训“找路子”。

在信息化时代,深化信息技术助推教师培训工作的改革。推动人工智能、智慧学习环境等新技术与教师培训课程全方位融合,充分利用虚拟现实、增强现实和混合现实等,建设开发一批交互性、情境化的教师培训课程资源。及时吸收基础教育、职业教育改革发展最新成果,开设模块化的教师培训课程,精选中小学教育教学和教师培训优秀案例,建立短小实用的微视频和结构化、能够进行深度分析的课例库。推广翻转课堂、混合式教学等新型教学模式,形成线上教学与线下教学有机结合、深度融通的自主、合作、探究学习模式。创新在线学习学分管理、学籍管理、学业成绩评价等制度,大力支持名师名课等优质资源共享。利用大数据、云计算等技术,对课程教学实施情况进行监测,有效诊断评价本区县教师学习状况和教学质量,为教师、教学管理人员等进行教学决策、改善教学计划、提高教学质量、保证培训效果提供参考依据。

二、区县级教师培训课程建设重点在于面向需求和提升实效①

教师培训课程体系作为区县级教师培训的关键要素,着眼于区县级教师培训课程体系的现状与未来。李新翠基于全国 30 个省市的调查研究,在《区县教师培训课程体系现状及反思》一文中提出依据目前调研数据结果的分析,建立健全区县级教师培训课程体系可以从以下三个方面思考并推进。

(一)区县级教师培训课程体系建设需遵循一定课程建设基本原理

调研数据显示,总体而言,仅有 51.6% 的区县级教师培训机构负责人选择自主研发教师培训课程体系,由此表明,在被调查的范围内,仅有半数多一点的区县级教师培训机构自主研发了课程体系,而其质量和成效暂且不论。

无论从政策导向,还是从学理分析来看,教师培训课程体系建设应成为区县级教师培训机构建设的核心任务,应该成为区县级教师培训机构未来发展的关键竞争力。区县级教师培训课程体系建设首要的是具备课程意识和课程体系意识。课程意识主要指向“课程是什么”,即课程的定位、价值和内容等问题。课程体系意识则指向系统地、全面地、完整地看待所有教师培训课程及其具体安排。

课程体系是指在一定的课程理念统领下,将课程的各个组成要素,包括课程目标、课程内容、课程功能、课程实施和课程评价等进行有机排列组合,在动态过程中实现培养目标,保障和提高教育教学质量。因此,就基本理论而言,区县级教师培训课程体系建设需把握以下五个基本原则。

---

① 李新翠. 区县教师培训课程体系现状及反思[J]. 中国教育学刊,2019(2):76-81.

1. 课程定位要准确

课程定位是决定课程体系的核心内容,需要体现以下四个方面。其一是符合国家政策导向,充分体现国家关于教育改革发展以及教师队伍建设的战略布局和主要目标,特别是要贯彻全国教育大会的精神以及《中共中央 国务院关于全面深化新时代教师队伍建设改革的意见》。其二是体现理论观照,遵循教育发展、教师专业发展及成人教育规律,反映教师培训理论研究最新成果,特别是要激发教师发展的专业自觉,促使教师走上自主发展之路。其三是基于现实状况,基于教育改革发展对教师的素质要求,特别是区县级教师队伍的实际状况,开展充分的调研,既立足教师专业发展的共性需要,又要满足教师专业发展的区域性的个性化需求。其四是要有开放视野,充分借鉴国内外教师培训的先进做法和成功经验。

2. 课程目标要合理

区县级教师培训课程体系以促进教师专业发展为根本宗旨,以促进学生全面发展为终极目标。具体而言,培训目标的设计要做到以下几点。其一是目标要全面,包括专业理念、专业知识和专业能力等多个方面。其二是目标设定要具体,依据教师专业发展阶段设置分层次的目标体系。其三是目标设定体现个性化,依据每个教师群体的实际,设定切实可行的目标。其四是目标设定要体现专业性,把培训机构和培训人员的自身发展作为培训目标的有机组成部分。

3. 课程内容要丰富

应根据《中小学教师专业标准(试行)》和《中小学幼儿园教师培训课程指导标准》等相关政策文件设计、开发区县级教师培训课程体系。《中小学教师专业标准(试行)》包括专业理念、专业知识和专业能力三个维度。《中小学幼儿园教师培训课程指导标准》将教师培训分为师德修养、学科教学、班级管理和专业发展四个领域。为此,区县级教师培训主要应涵盖以下课程内容。其一是职业道德模块,包括职业认识和理念、职业信仰以及职业伦理等方面的内容,增强教师的职业责任感和使命感,提升教师从教的定力和内生力。其二是学科知识和教育学知识模块,满足教师开展具体学科教学、师生交流、班级管理等具体工作所需要的各类知识。其三是专业能力模块,如教学设计、教学实施、教学评价、教学研究以及教学反思等方面的内容,及时有效地解决一线教师教育教学实践中的问题与困惑。其四是教师专业发展模块,包括职业生涯规划、教师学习的路径和方式以及教师专业发展评价等内容。

4. 课程实施要科学

课程实施是将静态课程转化为动态课程的过程,主要涉及培训者、培训路径、培训方法和培训管理等方面。在实施过程中应关注三个方面。其一是培训教师应多元化,理论和实践专家共同参与,如高校和科研机构的专家、学者,以及教育教学实践经验丰富的教研员和一线名师等。其二是培训路径自上而下和自下而上相结合,包括集中培训、基于自主与合作的校本研修等。其三是培训方法以参与式和体验式为主。注重教师成为学习主体而不是被动接受的客体,引发教师主动思考、积极交流、充分应用等。

5. 课程评价要多元

培训课程评价要从多个主体、多个方面和多种方法进行。从柯氏四级评估模型①来看,

① 唐纳德. L. 柯克帕特里克,詹姆斯·D·木可克帕特里克. 如何做好培训评估 柯氏四级评估法:3 版.〔M〕. 林祝君,冯学东,译. 北京:电子工业出版社,2015.

其一，培训课程评价应注重培训者满意度，学员的满意度，如对培训者，对课程内容、课程实施过程的满意度等。其二，评估教师在接受课程培训后理念、知识和能力方面的收获和变化，即教师的思想观念是否发生了转变，知识是否得到拓展，是否学到了新技能、技巧及策略。其三，评估教师返回工作岗位后的教育教学行为，如课堂教学、班级管理，以及研究与反思等是否有改进。其四，评估参训教师对所在学校教师群体的影响，从与同事分享个人的培训所得、促进教师同伴的教育教学改进以及促进学校整体的发展等方面考察。

（二）区县级教师培训课程体系内容适切性需从整体性、多样化、分层次等方面提高

数据调查显示，区县级教师培训课程体系尚未较好地满足不同学段、不同发展阶段教师需求以及教师发展不同方面的需求。特别是不同学段、不同职称、不同教龄教师对这一指标的评分存在显著差异，且大部分呈现出伴随这些方面的升高而逐步降低的趋势。由此说明，相对而言，区县级教师培训课程体系在满足低学段、初级发展阶段教师的需要方面做得更好，但是对于较高学段和高级发展阶段教师的需要满足方面还应进一步加强和提升。

就区县级教师培训课程体系的总体状况和实施效果两个指标来看，在以上维度方面也存在相似的差异趋势。这些数据从不同侧面说明，区县级教师培训课程体系的内容适切性还存在较大的提高空间。

此外，已有多个调查显示，教师最渴望参加的是区县组织的教师培训，同时培训效果最差的也是区县培训，存在着系统性不够、内容不聚焦、效果不理想等突出问题①，而且其培训效果在区域、城乡、学段、教龄和职称等方面具有明显的差异②。进一步的个案分析也发现，一线教师对区县级教师培训课程体系建设关注最多、提及最多的也是课程体系内容与自身需求之间的匹配问题，如有教师提出："希望能组织不同方面的培训，满足教育教学工作的各方面需求，如多关注青年教师发展，多从如何进行教学设计，如何上好一堂课，如何把握一个单元的教学重点难点，如何进行班级管理等方面提供具体的技能和有效的策略，帮助教师尽快适应教育教学工作，做一名合格的初任教师。"有的教师则提出："对于有丰富教学经验的骨干教师而言，我们更希望有专家和名师的引领，以突破自己的专业发展瓶颈，有更明确的发展目标以及更切实可行的发展路径和方法，不断提升自身专业水平。"这些问题归根结底是要求区县级教师培训课程体系对不同发展阶段教师需求给予充分的回应和满足。

还有的教师则提出："希望组织一些教育教学现实中遇到的问题、难题培训，如乡村教师面临的学生大多是留守儿童，这些孩子家中无人照料，更无人督促他们的学习，且长年累月缺乏父母关爱，因此他们不仅需要学习上的帮助和指导，还需要一些心理沟通，这些都需要得到相应的培训。"

也有教师提出："既然研究对教师成长具有重要的作用，那么作为一线教师究竟如何做研究，从哪些问题切入，采用哪些方法，怎样一步一步地开展研究，已有研究成果如何应用等方面都需要具体的培训。"

---

① 赵海利. 教师培训项目实施成效及影响因素：基于浙江省"农村中小学教师素质提升工程"的实证分析〔J〕. 教育理论与实践，2010，30(29)：3－5.

② 李新翠. 把握需求提升县级教师培训实效：基于全国30个省份近万名教师的调查分析〔N〕. 中国教育报，2018－10－09(08).

这些问题所指向的是区县级教师培训课程体系的内容对于教师发展不同方面需求的回应和满足。教师培训课程体系作为区县级教师培训的关键因素,必须将满足教师发展的需求,即将提高区县级教师培训课程体系内容的适切性放在首位。

1. 要坚持整体性原则

培训课程体系建设要着眼于区县内不同学段、不同学科、不同岗位以及不同学校的教师,同时关注到教师所在学校的具体场域,区分城区、县镇和乡村的教师需求,因此教师培训课程体系的内容设计要着眼于区县内所有教师,体现区县级教师培训课程内容覆盖的整体性。

2. 要坚持体现多样化原则

统筹教师的整体、全方位发展,从教师专业标准来看,包括专业理念与师德、专业知识和专业能力三个方面,而从具体的教师个体来看,教师的专业发展包括师德修养,学习与发展,班级管理和任教具体学科的学科理解、学科知识、学科能力和学科评价等。

3. 要坚持分层次原则

遵循教师专业发展的规律,把握教师发展不同阶段的立体化需求,即不同发展阶段的教师对同一内容范畴的需求具有差异性,以数学教学的设计、实施和评价为例,如果将教师专业发展阶段划分为初任教师、成熟教师、骨干教师和专家型教师四个阶段,那么初任教师通常知道备课和上课应把握课堂教学的目标、内容、方法和评价等一些基本要素。成熟教师则了解启发式教学、合作教学等课堂教学的一些基本方法并加以选择应用。骨干教师则能根据具体教学内容选择适当的教学方法。专家型教师则从把握教学内容的教学本质出发,能够预见学生学习时可能出现的问题和困难,并给予及时、有效的引导①。

因此,针对不同发展阶段的教师,区县级教师培训课程要给予具体的、有针对性的内容设计和支持。

(三)区县级教师培训课程体系效果提升要基于实际、聚焦实践、突出实用

调研数据显示,区县级培训课程体系的实施效果指标得分为 3.70。具体而言,31.1%的教师认为区县级教师培训课程体系效果一般,并且分别有 2.4%、3.7%、45.3%和 17.5%的教师认为区县级教师培训课程的实施效果非常差、比较差、比较好以及非常好。

由此可见,区县级教师培训课程体系的效果还有较大的提升空间。本研究对实践效果的考察主要从三个方面着手,即教师自身需求的满足、对自身专业发展的促进和对教育教学实际问题的解决。

鉴于区县级教师培训在我国整体教师培训体系中的重要地位和作用,以及其自身所具有贴近教师实践和实际的特点,对区县级教师培训课程体系的实际效果应该有更为科学、合理的定位。

正如访谈过程中教育教学一线教师指出的:“既然是培训,就应结合教师实际,培训大家亟须解决的问题或困惑,而不要仅仅达到培训时间就可以。”“减少行政命令式压制性项目培训,尽力满足一线教师教学需求方面的培训”“县教师培训课程体系的理论与实践没有

---

① 教育部办公厅关于印发《中小学幼儿园教师培训课程指导标准(义务教育语文学科教学)》等 3 个文件的通知〔EB/OL〕.(2017 -11 -16)〔2018 - 12 -09〕. http: / / www. moe. gov. cn / srcsite / A10/ s7034/201712/ t20171228_323255. html.

很好地结合，应与教师教学的实际情况相联系。从实践中来，到实践中去！”“深入教学实践一线，充分调研，以助推教师专业成长，开阔教师视野，较好为教师服务，更能促使教师的职业认同感、成就感、幸福感并最终实现教师的自身价值为本。”

无论是从调研结果还是从区县级教师培训的定位来看，区县级教师培训课程体系的建立健全要在“实”字上下功夫。一是基于实际。区县级教师培训作为离一线教师最近的培训，更容易了解、把握本地区内全体教师的实际情况。在当前信息化技术飞速发展的背景下，要通过信息化的手段、大数据的路径充分把握区县级教师的实际状况、实际需求和实际问题，充分基于这些实际状况来构建区县级教师培训课程体系。二是聚焦实践。区县级教师培训课程体系的构建要以教师教育教学工作的实践为逻辑展开；从课程内容上来看，应注重教学环节、教学任务的具体展开；从课程形态上来看，应以经验分享、问题研讨、课例评析、教学反思等课程形态为主，压缩和减少讲授式、单向式的课程；从课程开发和实施主体来看，应多以区县级内教师培训者、名师为主，既了解课程对象的实际，又具有充分的实践经验，更易于提高课程培训效果。三是突出实用。区县级培训对一线教师而言应该是“开小灶”，内容和方式都属于“私人订制”式，学完能够马上运用到自己的教育教学实践中来，这样能够有效解决自己所遇到的问题和困惑，也能够切实提升自身的专业水平。

三、教师培训课程资源的开发与利用①

课程是实现教育目标的重要依据，对教师培训课程资源的科学开发和合理利用，是教师培训成功的重要保证。开发利用课程资源，应着重做好下列三项工作。

（一）根据各类教师培训需求，精心设计课程资源

无论“国培计划”还是普通的教师培训项目，人们都逐渐认识到需求调研的重要性。英国的教师培训非常注重教师的谈判权、参与计划权和选择权。德国的教师进修学院也常常和州文教部、教育科学研究所合作制订教师培训计划，并且在培训方案制订前还要深入中小学校做广泛的调研，了解教师的培训需求。我国的“国培计划”采用竞标的方式落实培训项目，方案申报中历来重视需求调研这一重要环节。从目标的确立、内容的选择到方法的运用、时间的安排都得考虑参训教师的实际需求。县域教师培训，只有按需施培，因势利导，注重对教师的观念引领与能力提升，提高培训的针对性，才能最大限度地满足县域教师的培训需要。

（二）根据培训目标要求，灵活组织课程资源

每一次教师培训都必须有明确具体的培训目标。培训目标不同，课程的选择、设计、组织、实施必然会有所不同。以提升教师的专业理论素养为目的，需要以学科课程为主；以提升教师教育教学技能为目的，则以活动课程为主；提高教师参与度，注重教学交流与对话学习，要以现场培训为主；超越时间限制，体现自主学习，则可充分利用网络课程的优势。县域教师培训应根据不同的培训目标，选择灵活多样的课程内容与课程组织方式。学科课程与活动课程结合，隐性课程与显性课程结合，现场培训与网络课程结合，基地培训与流动培

① 冯光伟. 县域教师培训资源开发与利用[J]. 继续教育，2015，29(1)：26－29.

训结合,提高课程实施的效果,保障教师培训的质量。

(三)根据培训教师的优势与特长,合理安排课程资源

教师培训的课程不像职前教育一样有统一的标准,规范的教材,而是在教师职业成长的过程中,针对教育教学的现实难题与教师专业发展的需要而随机生成的。进修学校有限的师资必然难以满足各种类型参训教师的培训需要,在培训课程资源的设计上除了参考培训课程标准与教师的培训需求,培训教师的因素也是不能忽视的。再优秀的培训教师不可能每次培训都讲同样的内容,应考虑不同培训教师的不同的优势与特长,以适应不同受训教师的培训需要,充分发挥现有的培训资源的作用,不仅避免资源浪费,有时也能收到意想不到的效果。通过变换教师、变换培训内容与培训方式,可以增强培训活力,消除教师培训倦怠。

第五节　加强培训机构专业能力建设

2018 年 2 月 11 日,教育部等五部门关于印发《教师教育振兴行动计划(2018—2022 年)》(教师〔2018〕2 号)的通知,提出"高水平教师教育基地建设行动"。该文件认为应综合考虑区域布局、层次结构、师范生招生规模、校内教师教育资源整合、办学水平等因素,重点建设一批师范教育基地,发挥高水平、有特色教师教育院校的示范引领作用。加强教师教育院校师范生教育教学技能实训平台建设。国家和地方有关重大项目充分考虑教师教育院校特色,在规划建设方面予以倾斜。推动高校有效整合校内资源,鼓励有条件的高校依托现有资源组建实体化的教师教育学院。制定县级教师发展中心建设标准。以优质市县教师培训机构为引领,推动整合教师培训机构、教研室、教科所(室)、电教馆的职能和资源,按照精简、统一、效能原则建设研训一体的市县教师培训机构,更好地为区域教师专业发展服务。按照文件精神,广东省加强区县级教师培训机构专业能力建设的工作显得越来越重要。

一、确立区县级教师培训机构的中枢地位,发挥其中坚作用①

区县级教师培训机构和专业培训者队伍是高质量培训的组织者、实施者、管理者、设计者、促成者和促进者。不论是培训方式、培训内容、学分管理的变革,还是"国培计划"的下移到县、落地到乡镇,以及校本研修常态化,都离不开地方教师培训机构的精心组织、精致实施和精细管理,都需要专业培训者们精准地规划设计培训项目,促成教师专业发展,促进教师终身学习。广东省教育厅要求各地区县级教师培训机构依托现有资源,结合各地实际,逐步推进区县级教师培训机构的建设与改革,实现培训、教研、电教、科研部门有机整合,这无疑是切中要害的。区县级教师培训机构只有"身强体健",才能为提升教师专业素质能力担当中枢地位和发挥中坚作用。

区县级教师培训机构的中枢地位,指的是其自身需要上联高校、中联片区(乡镇)、下联

---

① 王庆军. 内涵、主体与策略:提升区县教师培训品质的研究[J]. 中小学教师培训,2018,385(8):19 – 23.

中小学，实现“国培计划”重心下移、阵地前移，实现线上线下融合的混合研修，实现有指导引领的教师自主选学等。通过中枢地位的真正确立，建立健全高等学校、区县级教师发展中心、片区研修中心、校本研修四位一体的教师专业发展支持服务体系。

区县级教师培训机构的中坚作用，指的是其专业培训者队伍的定位是培训的专家、教研的名家、电教的行家、科研的方家。这支队伍的成员需要履行支持服务教师专业发展的职责，他们应该具备策划设计能力、组织管理能力、研究指导能力和评估服务能力等，他们的专业角色应该是培训讲师、培训管理师、教育教学专家和学校管理专家等。

如果中枢地位和中坚作用得不到确立和发挥，就难以完成高质量的教师培训，在实施效果上大打折扣，那就更谈不上立德树人根本任务的有效完成。因此，为使广东省区县级教师培训机构“身强体健”，各地必须实现培训、教研、电教、科研部门整合。整合不仅可以盘活、增值区县级现有的教师专业发展资源，而且是落实教师培训供给侧结构性改革的必然要求，使建立健全区县级教师培训机构和专业培训者队伍的新时代要求不至于落空。上海、重庆、江苏等地的整合经验，都证明这是提供高质量培训的有效方略。

二、充分发挥区县级教师培训机构的职能，主动引领基础教育改革和教师发展

要加强其主动服务于基础教育的意识和能力。现今的区县级教师培训机构主要开展的是政策性的教师培训工作，对于广大中小学教师教学工作中的问题关注得少，研究得少，服务得少，工作状态非常被动。需要增强区县级教师培训机构主动服务的意识和能力。通过诸如建立名师工作室、选拔培养骨干教师、培育特色学校、举办教学思想与方法研讨会、开展教学改革行动研究等多种方式主动引领基础教育改革和教师的发展。

要从培训机构转变为研发组织①。国家政策要求区县级教师培训机构应该发展为区县级教师发展中心。早在 2013 年，《教育部关于深化中小学教师培训模式改革全面提升培训质量的指导意见》（教师〔2013〕6 号）就要求，“各地要依托现有资源，加快推进区县级教师培训机构与教研、科研和电教等部门的整合，建设县级教师发展中心，发挥其在全员培训的规划设计、组织实施和服务指导等方面的功能”。2015 年，国务院《乡村教师支持计划（2015—2020 年）》明确要求整合高等学校、县级教师发展中心和中小学校优质资源，建立乡村教师校长专业发展支持服务体系。

从外在形态上看，区县级教师培训机构是将培训、教研、科研和电教等整合为“一家”。从内在功能上看，其履行的是支持服务教师专业发展的职责。“支持服务”的功能定位，使得区县级教师培训机构不再是单一职责的培训机构，而应该负责县域内教师培训、教育科研和教育信息化等的政策咨询、组织实施、服务指导和管理评价。因此，区县级教师培训机构就必须具备研发特质，即调查研究教师专业发展现状与需求，设计开发支持服务教师专业发展的项目，使培训品质提升成为现实。

（一）区县级教师培训机构能为教育行政决策提供咨询

教育行政部门希望区县级教师培训机构能围绕教育教学中心工作和教育决策有关重

① 王庆军. 内涵、主体与策略：提升区县教师培训品质的研究[J]. 中小学教师培训，2018，385（8）：19－23.

大问题及热点、难点问题，开展调查、研究，及时为教育行政部门提供有学术价值和使用价值的建议与方案，为领导决策提供咨询服务。

（二）区县级教师培训机构能为学校的发展规划提出建议

在我国社会主要矛盾已经转化为人民日益增长的美好生活需要和不平衡不充分的发展之间的矛盾的今天，学校也在根据实际制定发展规划，以不断满足受教育者对优质教育的需要。这样，教师培训机构就不能只满足于课堂教学的研究，对区域内的政治、经济、文化、教育、人口与环境等都要进行研究，对学校的发展规划提出有价值的建议。

（三）区县级教师培训机构能为学校的课程建设提供服务

课程建设是学校的核心工作，学校的育人目标要靠课程去实现。学校教师平时开展教学改革比较多，但真正进行课程改革则把握不好，教师对课程体系设置、课程结构、课程实施、管理制度、保障机制、效果评估等，都希望得到指导。

（四）区县级教师培训机构能为学校的教学常规把脉支招

教学常规是学校教育教学工作的基石，是优化学校育人功能的重要基础。抓好教学常规是规范学校办学行为、促进学生生动活泼学习和健康快乐成长的重要途径。学校希望区县级教师培训机构作为专业的“旁观者”，能为学校的教学常规把脉支招。

（五）区县级教师培训机构能为教师的专业发展提供引领

学校希望区县级教师培训机构能及时收集和整理国内外教育教学理论、先进经验、本地的典型案例、教师的教学反思等教育信息资料，通过简报、网络、会议等途径传递，让学校领导和教师随时把握改革的脉搏，更加主动地转变教育观念，改进教学行为，引领教师专业发展。

（六）区县级教师培训机构能为提高课堂教学质量提出切实可行的建议

课堂上如何做到以学生学习为中心，在课堂上教师教学、课程性质、课堂文化这些要素如何影响教学质量，有哪些课堂教学模式能实现教学的低负高效、快乐和谐，等等。这些都需要区县级教师培训机构提出切实可行的建议。

（七）区县级教师培训机构能通过网络给学校更贴心的帮助

在“互联网 +”时代，教学方式发生了翻天覆地的变化，翻转课堂、慕课等新生事物层出不穷。教研形式也就不能仅限于面对面地听课、评课，必须与时俱进，培训机构通过网络给学校更加便捷、更加个性化的帮助①。

三、构建学习型机构文化，打造区域教师培训的品牌

区县级教师培训机构实质是一个学习型组织，因此建立学习型机构文化应成为培训机

① 刘明. 教研，在继承的基础上创新[N]. 中国教育报，2018 - 04 - 10(04).

构文化的建设目标。学习型文化认为人是主体，重视人的素质的全面提升，注重工作与员工的和谐发展，是“人本”管理的最高层次体现。广东省各级教师培训机构要梳理自身的文化积淀，发扬与摒弃，借鉴其他各省市培训机构优秀的机构文化，加以整合、内化，总结凝练出自身的机构文化，内化为自己的工作方式和价值理念。例如，江苏省南京市玄武区教师培训机构基于“四位一体”的运作机制，提出了“精义致用，诚心致化”的办学理念，以“更高尚、更智慧、更敬业”作为全体专业人员的精神追求，以建设更具“道德力、研究力、引领力的区县级教师研训机构”为发展愿景，共同培育科研、教研、培训和信息技术深度整合的“融通精进”的学校文化。

考量区县级教师培训机构，重点在培训产品的品牌和信誉。没有品牌，就没有品质；缺少品牌，就缺失信誉。区县级教师培训机构的品牌可能是政府与上级教育行政部门授予的，如示范性县级教师培训机构。但是，真正的品牌在基层学校和教师的心中和口中：口赞许之，心向往之，对区县级教师培训机构提供的支持服务有强烈期待，并乐于其中。

区县级教师培训机构在支持服务教师专业成长的“产品”上，没有自身的“品牌”，难以堪当应有的“信誉”，极有可能让自己失去“地”（机构存在的必然性）和“位”（机构生存的必要性），终将会被自己“洗牌”。

区县级教师培训机构要不断形成自己的“生长点”。生长点，即比喻事物借以迅速增长、蓬勃发展的部分。区县级教师培训机构的“生长点”在于其核心竞争力（知名度、美誉度）。没有核心竞争力，就无所谓培训产品的品牌和信誉，更不用提培训的效果质量和课程特色。区县级教师培训机构的知名度和美誉度，包括来自机构内外和系统内外的肯定和嘉许。“爱恨交加”“叫好不叫座”的培训，参训教师还是有些许肯定的，但是更多的是遗憾。培训效果低质量和培训课程无特色的，带给参训教师的却往往是“恨”和“唾弃”。缺少知名度、没有美誉度的区县级教师培训机构必须改变①。

四、建立健全教师发展数据库，提高区县级教师培训机构的专业诊断与支持能力

建立健全区县级教师发展数据库，把握教师培训需求是提升区县级教师培训实效的战略起点②。调研结果显示，区县级教师培训的数量、内容、模式和效果等方面均存在可提升空间，同时，区县级教师培训对不同学段、不同发展阶段及城乡教师的实效性存在显著差异。这些情况都说明，区县级教师培训没有系统把握区县域内教师培训的总体需求和个性化需求，存在“一刀切”的情况。把握教师需求对于做好培训工作至关重要，是提高教师培训实效的首要环节，兼具系统性和复杂性。为此，应充分利用现代信息技术，顺应教师管理信息化的要求和趋势，建立健全县域教师发展数据库。这一数据库应涵盖县域内所有学段教师，指标包括显性和隐性两大类。其中，显性指标主要包括教师的学历、专业、任教学段、学科、教龄，参加培训数量、级别、类型等，隐性指标包括所有教师的专业理念、专业知识、专业能力等。目前，教育部已经颁布了语文、数学和化学学科教师培训课程标准，后续还会颁

---

① 王庆军. 内涵、主体与策略：提升区县教师培训品质的研究[J]. 中小学教师培训，2018，385(8)：19－23.

② 李新翠. 把握需求提升县级教师培训实效：基于全国30个省份近万名教师的调查分析[N]. 中国教育报，2018－10－09(08).

布其他学科、师德修养、班级管理、学习与发展等教师培训课程标准，每个标准中都有教师发展水平诊断工具，区县级教师培训机构应充分利用这一资源，监测县域内教师在师德修养、各个学科、班级管理和学习与发展等方面的水平，以便更好地把握区县级教师培训的需求。

建立健全区县级教师发展数据库，加快推进教育信息化建设，利用“互联网+”技术为区县级教师培训机构提供专业平台支持，提高区县级教师培训机构的专业诊断与支持能力。调查表明，区县级教师培训机构对区域内教师专业发展诊断与提供支持的能力亟待加强。在这方面可以借鉴哈佛大学博克教学和学习中心(简称博克中心)的做法。博克中心的服务内容主要包括课堂教学支持、教学评价和反馈、教学研究与出版，其活动形式主要包括个人咨询与辅导、专题研讨会和午餐会、工作坊和模拟剧场。博克中心人员不仅是教学技术专家、也是教学评价和诊断专家，这对区县级教师培训机构的启示是教学评价与教学改进的重要性。区县级教师培训机构要强化教学评价与教师发展工作的关系，为教师发展活动开展提供制度保障，解决教师遇到的问题。广东省应不断加强区县级教师培训机构对区域内教师专业发展的诊断能力，满足区域内教师专业发展的需要①。

(五)突破编制障碍，提升区县级教师培训机构专业能力

关于区县级教师培训机构的人员编制，国家近20年来没有相关政策出台，这些机构基本处于编制封闭状态，大多数采取借调学校教师的方式开展工作。由于没有新增编制，机构内的人员主要是自然减员，老人退休以后增加新人，这导致了机构发展困难。因此，突破编制障碍、重新核定机构编制，加强人力支持，强化专业能力，是我国以及广东省区县教师培训机构能力建设的重要路径和举措。

《中共广东省委 广东省人民政府关于全面深化新时代教师队伍建设改革的实施意见》(粤发〔2018〕25号)提出，建立省、市、县三级教职工周转编制制度，深化中小学教师“县管校聘”管理体制改革；加强对编制的总量管理和动态调整，促进县域内教师资源均衡配置，实现教师从“学校人”向“系统人”转变。以此为契机，广东省各区县级教师培训机构应重新核定人员编制，补充高职称、高学历的专职教师，不断补充新鲜血液，使区县级教师培训机构充满生机和活力。

第六节　建立有效的评价体系

一、借鉴国外的做法，改革考评制度，教师参与培训工作更加积极

近年来，各国也都在关注教师队伍建设，几乎所有的国家都把教育竞争的着力点放在了建设高素质教师队伍上，频频出台新政与举措，力促教师资质与能力提升，这为广东省教师队伍建设提供了有益的借鉴。

① 卿素兰.区县教师培训机构功能有待提升：一项基于我国区县教师培训机构建设状况的调研[N].中国教育报，2018-08-07(03).

(一)制定专业标准,教师"资能"提升有目标

自跨入21世纪以来,为保障教师资质和能力的不断提升,一些国家以研制与实施新的教师专业标准为抓手,着力提升教师的专业素养与教育教学能力。

为提升并保障教师质量,2004年,德国基于"不来梅决议",从联邦政府层面出台了德国《教师教育标准》。该标准提出了德国教师在四大领域应具备的一些具体能力。在教学能力领域,强调教师是教与学的专业人员。教师要科学、合理地设计教学,通过学习情境的创设支持学生的学习活动,促进学生自主学习与自主作业;在教育领域,强调教师要从事育人工作。教师要促进学生个体发展,要帮助学生形成自主判断和自主行为的能力;在评价能力领域,强调教师合理而负责地从事评价与咨询活动。教师要学会诊断学生的学习条件与学习过程,并为他们及其家长提供咨询;在创新能力领域,强调教师不断提升自身的"学习力"。教师要认识到自身职业的终身学习任务,教师要主动参与学校项目与计划的制定及实施。

面对现代教育信息技术给教师带来的挑战,2007年,法国国民教育部出台了新的中小学教师专业能力标准,从知识、技能和态度3个维度界定了教师必备的10项专业能力。新标准体系更加清晰、系统,新增了改革创新能力,突出强调了信息和通信技术及协作能力对教师职业的重要性。10项专业能力包括:教师作为国家公务员的道德和职责;教学和沟通的语言能力;学科教学能力和综合文化素质;计划并实施教学活动的能力;组织班级工作的能力;了解学生多样性的能力;评价学生的能力;使用信息与通信技术的能力;与学生家长和学校伙伴协调合作的能力;改革创新能力。

为强化教师的专业性、追求卓越的教师质量,2012年,英国教育部颁布了新修订的《英国中小学教师标准》,将教学质量的提高作为核心目标。要求教师不仅要有专业发展意识,而且要有专业责任意识。其中,教师教学标准主要由8个部分构成:设置高预期目标,鼓舞、激励、鞭策学生;促进学生进步,对学生的学业、个人成长和发展负责,并积极引导学生自我反思;具备良好的学科知识和课程知识素养;能对结构化课程进行有效的组织和教学。提高课堂教学效率,增强学生理解能力;立足学生优势和需要,因材施教;进行准确而有效的评估;有效管理学生行为,营造一个优质、安全的学习环境。承担更多的专业职责,与家长进行有效沟通。

(二)改革考评制度,教师对参与培训工作更加积极①

近年来,一些国家与时俱进,通过改革教师考评制度,让优秀教师有奔头,让能力不足的教师无退路,从整体上提升了教师质量。

韩国实施一项名为"教师能力开发与评价"的新制度。评价对象包括全国公立和私立小学至高中及特别支援学校全体教师,其中也包括校长及中层干部。教师评价由校长、教导主任等5人组成评价小组,同时学生及家长参与对教师满意度调查与评价。教师评价分为5个方面和18个项目。评价分为5个等级,分别是非常优秀、优秀、普通、不足和非常不足。

依据这种评价体系,韩国教师评价机构将教师同行、学生和家长评价的结果,进行分数

① 罗朝猛.世界各国"强师"在行动[N].中国教育报,2018-04-03(08).

换算,5 分为满分。每个小项的得分情况都会通知到教师本人,同时要求教师把得到的通知结果制作成“结果分析及能力开发计划书”,以此进行反思与改进。对于评价得分较低的教师,要参加短期或长期的特别研修学习。长期研修时间一般为 6 个月,约 210 学时,短期研修时间为 60 学时以上。

日本则重视建立既能约束教师又能激励教师的考核评价制度。日本文部科学省调查结果表明,日本各都道府县组织开展的教师评价大都由实绩评价、能力评价、态度评价和综合评价 4 部分构成,90% 的教师评价结果都在 B 等以上。

评价的步骤主要包括:对照评价量表中的内容进行评价;通过听课等观察、记录、评价其工作态度和教学能力;通过查看教师与学生日常相处和交往的观察记录进行评价;根据教师分管学校事务执行的情况进行评价;通过学生、家长对教师评价来进行判断;通过教师自我评价进行评估;通过查看教师所制定的各种计划和总结进行评价;根据其他方面的内容来进行评价。

在评价方式上,日本现行教师评价与原有的勤务评定制度有本质上的区别,注重双向互动评价。实行教师自己申报、自我评价、自我反思,并与学校、教委评价双向互动;教导主任第一次评价是参考了教师自我评价以及其他主任的评价意见,而校长第二次评价又是在教导主任第一次评价基础上进行,相对来说,更加客观、公正,除保留原来的绝对评价外,还增加了相对评价。有的采取以实绩评价为重点的方式;有的把能力评价和态度评价通过加权重来进行;有的采取实绩评价、能力评价和态度评价同等比重的方式。

日本中小学教师评价的具体操作流程为:教师根据学校目标和课题进行相关资料收集整理,将自己制定的工作目标和将要采取的措施等与校长、教导主任面谈、沟通交换意见,进行第一次申报;按照自己制定的目标书,开展教育教学实践;对自己开展教育教学实践中达成目标的情况进行总结梳理,调整工作目标,形成中期报告,并再次与校长、教导主任面谈,然后进行申报;按照新调整的工作目标与举措再实施教育教学实践活动;对相关资料进行收集整理、自我评价,形成最终的申报书。

在新加坡,教师的工作表现每年都要受到专业人士用多种方法进行评价与鉴定,包括课堂教学与教学效果,与学生家长及社区人员的合作,以及对同事及学校的整体贡献等。

以色列引进了家长和学生对教师的评价。“重赏之下必有勇夫”,在以色列的中小学,如果教师让原本成绩不高的学生有所进步,将会得到更多的奖励。

二、区县要打牢教师培训学分管理及评价的节点和落点①

为完善区县级教师培训制度,进一步激发教师参训动力,促进教师终身学习,不断提升教师能力素质,教育部制定了《教育部关于大力推行中小学教师培训学分管理的指导意见》(教师〔2016〕12 号)(以下简称《意见》)。《意见》对于推动地方和学校加强教师培训工作,激发教师参训动力,具有非常重大的现实意义。该项基础性工作主要有“四项建设”:一是课程体系建设,即分层、分类、分科建立教师培训课程体系;二是学分标准建设,即对不同层次与类型的培训课程赋予相应学分;三是管理平台建设,以实现对教师培训选学、学分审核

① 汪文华. 区县要打牢教师培训学分管理的节点和落点[EB/OL]. www. jyb. cn,中国教育新闻网 - 蒲公英评论网. 2017 年 05 月 15 日.

认定、学分转换和学分应用等全过程的信息化管理；四是导控机制建设，落实对市县培训学分管理工作的指导和监测评估。

省级教育行政部门的“四项建设”是市县推进教师培训学分管理的基本依据和基础条件，主要发挥统筹引导作用。从纵向（省—市—县—校）层级线来看，要扎扎实实做好学分管理工作，市级只是中间纽带，主要职责是对区县进行学分审核和工作导控，而关键节点在区县级教育行政部门及县级培训机构，落点必然在中小学校及教师。如果“节点”的工作不专业，“落点”的工作不到位，教师培训学分管理工作就势必出现“穿新鞋走老路”的情况，浮在表面，流于形式，难以起到“深化教师培训管理改革，进一步提升培训质量”的作用。

目前，广东省不少区县仍在等待和观望，缺乏工作自觉性和主动性。一是区县级教育行政部门固守《意见》出台前的做法和程序，等着上级文件下来进行转发、不见市级通知不做事情等情况在一些区县确实存在。二是区县级教师培训机构缺乏调查和研究，对国家和省有关教师培训领域的改革政策文件不明就里，对本地中小学教育教学实际需要和教师专业发展需求心中无数；同时，不少专职培训者不能持续进行专业性学习，专业素质能力难以适应改革发展需要，甘当“考勤员”“事务员”，不当“研训员”“研究员”的所谓培训者不在少数。

在推进教师培训学分管理工作上，中小学校的任务主要有两项：一要制订校本研修规划，有针对性地设计校本研修项目、开发校本研修课程，着力解决教师日常教育教学问题，促进教师自主发展；二要科学规范地开展教师培训学分申报与管理，真实有效反馈教师培训学习成效。同时，县级以上的教师培训项目和经审核确认的教研活动，需要中小学校选派教师参加；教师自主选学离不开中小学校的有效引导和合理统筹。另外，还需要接受上级对学校参与相关工作的指导与监管并反馈给教师。但是不少中小学校仅第一项工作就较难完成。

要提高“节点”工作专业性，仅通过出台意见、办法和实施细则等是无法奏效的，必须从健全培训学分管理组织机构、加强县级教师发展中心建设，提升区县培训工作管理者和培训者的专业化水平着手，使区县的教师培训规划制定、培训课程研发等适应性高、针对性强，使区县本级各类培训的项目立项、组织实施和申报审核有效运作，以及对中小学校的指导与监管等工作规范运行。

推进“落点”工作的到位，仅靠将教师培训学分管理纳入学校办学水平评估、校长考评的指标体系的规定，还不是根本之策。为了调动校长的责任感、激发教师的自主性，必须加强对校长的专业化培养，让“引领教师成长”成为校长的自觉行动；需要落实对教师的支持服务，让教师在自我专业发展的精准性资源支持、即时性行动服务中有获得感、成就感，以破解应付了事的难题。

三、改革区县级教师培训机构专职教师职称评聘和考核表彰制度

改革区县级教师培训机构专职教师职称评聘和考核表彰制度。一是将区县级教师培训机构专职教师职称评审从中专（或中职、中小学）中单列，体现教师培训师的专业要求。二是在“特级教师”“学科带头人”等业务表彰和教师年度绩效考核等方面，要对现有政策进行修改完善，让优秀教师培训者脱颖而出，让专兼职培训者的积极性被充分调动起来。

加大教师培训工作专项督导力度。着力教师培训质量提升，建立对教师培训工作的专

项督导制度，充分发挥教育督导的强大作用。省级教育督导部门加强对区县级教师培训的专项督导。定期公布检查结果。区县级教育行政部门将教师培训列入中小学办学水平评估和校长考评的指标体系。各地将落实培训经费作为教育督导的重要内容，与政府及教育行政部门主要负责人年度考核挂钩，建立由中央、省统一预算、地方财政支持的教师培训经费保障机制，有力保证了培训经费按时足额拨付到位①。

四、加强对区县级教师培训机构的评估与资助

广东省教育行政部门要加强对区县级教师培训机构的政策引导和扶持，成立区县级教师培训机构评估委员会，基于区县级教师培训机构资质标准，实行每 3 年 1 次的评估制度，分为不合格、合格、良好、优秀等级。公布评估结果，向区县级教育行政部门进行问责，不合格的限期改革，根据评估结果进行不同的奖励和资助。

① 汪文华．县级教师培训机构建设发展策略研究：基于 A 省的专项调研[J]．当代教师教育，2015(1)：80－84，90．

第六章　广东省地域个案研究

教师是教育的第一资源。高素质的教师队伍是高质量教育的一个基本条件。加强开发教师人力资源的力度,提升教师队伍质量已经成为当前教育形势发展的主流。本章以广东省揭阳5个县区以及深圳市坪山区为例,对广东省地域区县的教师培训相关问题进行分析,在此基础上反思广东省区县级教师培训队伍建设。

第一节　区县级教师培训需求调查报告——以广东省揭阳市为例[①]

教师是教育与教学活动中的关键人物,《国家中长期教育改革与发展规划纲要(2010—2020)》(以下简称《纲要》)中谈到要加强教师队伍建设,即把建设高素质教师队伍作为教育改革与发展的重要保障。《纲要》指出:"教育大计,教师为本。有好的教师,才有好的教育。"因此,为了更好地响应"国培计划",也为了提高区县级教师培训的针对性与有效性,对此次揭阳市100名教师进行调查以了解他们的基本情况、在职学习与工作现状、培训需求,并为以后的教师培训工作提供借鉴与参考。

一、调查目的

教师专业发展是由教师培训质量所决定的,其中区县级中小学教师培训是由相关部门组织的对本辖区教师进行培训[②]。通过对参加区县级这一层次的教师培训的老师进行调查,了解与掌握区县级教师培训需求,科学合理地制定教师培训方案,认真选取更加适合的教师培训内容,积极地创新教师培训模式,让教师培训工作更具有针对性与时效性,切实提高教师工作能力与水平,提升教师的综合素质,促使教师在实施素质教育及教学工作的创新与发展中更好地发挥作用。

二、调查对象

本次调查对象为揭阳市揭西县、惠来县、揭东区、榕城区等5个县区的100名参加培训的区县级这一层级的小学各年级教师。

---

① 本文系曲中林指导的、由肇庆学院教育科学学院毕业学生刘云完成的本科毕业论文《县区级教师培训需求调查报告:以广东省揭阳市为例》编辑而成。

② 李显明.县区级教师培训的困境与突破[J].未来教育家,2018(1):22-23.

三、调查方法

采用问卷调查形式。设计问卷是在充分借鉴了国内外相关问题研究的结论基础上展开,共设计16个问题,主要针对教师的职培训需求情况进行调查。其中包括了有关受访人员个人情况的4个问题,问卷设计在经过预填与修订后最终定稿。在问卷设计时,相关问题在设置时也参考了他人研究的相关结论,这使得问卷内容上的有效性可以得到保证。

四、调查结果

(一)受访人员的基本情况

1. 性别、年龄与工作年限

在提交有效问卷的92名培训对象中,男女教师比例相差不大,男教师占比为41.51%,女教师占比为58.49%。且受访教师年龄均在50岁以下,40岁以上的教师所占比例为68.14%。绝大多数教师工作的年限为5~10年,少数教师工作年限在10年以上,由此可见培训教师教龄多为新手教师。

2. 学历层次与参加培训次数统计

从学历层次上看,参加调查的教师均为专科及以上学历,本科学历的受访人员最多,占95.34%,拥有硕士及以上学历和专科学历的教师比例均为2.33%。在是否曾参加过相关的教师培训统计中,从没参加过的占13.34%,参加过1~2次的占33.33%,参加过3~4次的占36.67%,参加过5次以上的占16.66%,可见有关部门对区县级教师培训的重视程度亟待提高。

(二)教师工作与在职学习的现状

本调查主要以多选题的形式从教师的工作理念、工作方式、专业提升与困惑和问题等四个维度对受访教师的工作现状进行调查。

1. 工作理念

在对教师工作的理解上,14.63%的教师认为教师稍加学习就可以担当,86.07%的教师认为教师需要专门的知识技能,9.30%的教师选择其他方面。新时期教师工作的转变中,90.70%的教师把更新理念放在了第一位,其次是师生关系和教学方法多变,分别占76.74%和74.42%,最后是教学活动新颖,占62.79%。调查结果如图6-1所示。

2. 工作方式

在进行教育与教学活动时,教师主要运用的方法与手段如下:运用自己已掌握经验是其进行教学管理最常见、最重要的方法与手段,占26.67%;其次是运用学习过的理论知识指导与自己摸索,最后是借鉴其他教师的工作经验。调查结果如表6-1所示。

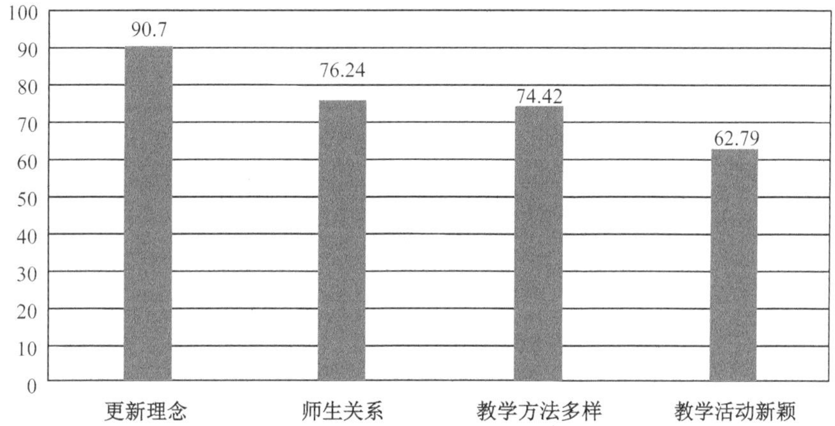

图 6-1　教师工作应实现的转变

表 6-1　教学管理主要的方法与手段

方法与手段	次数/次	比例/%
运用已有的经验	80	26.67
运用理论知识指导	76	25.33
借鉴其他教师的经验	70	23.33
自己摸索	74	24.67

3. 在职学习与专业提升

在业余学习方面,32.56% 的教师在工作之余没有进行相关教师培训学习,44.19% 的教师每天学习 1 个小时左右,6.98% 的教师每天学习 2～3 小时以至更长时间,16.28% 的教师不清楚自己的学习时间。以上数据显示,76.76% 的教师每天学习时间不超过 1 小时,教师相关培训学习时间有待提高。统计结果如图 6-2 所示。

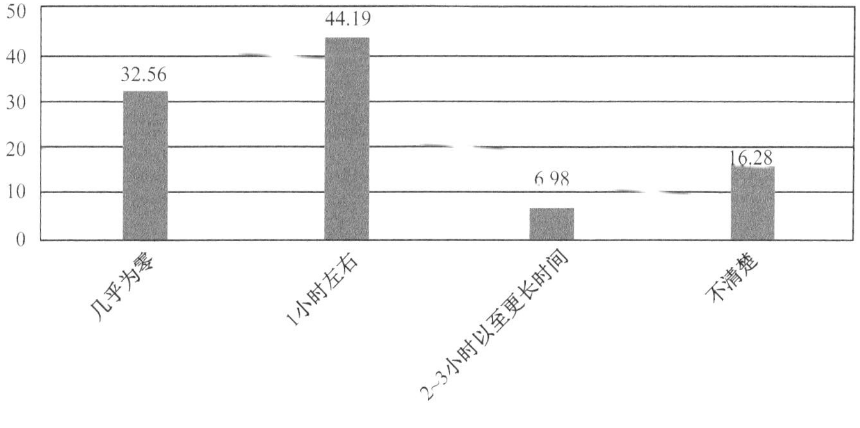

图 6-2　教师业余学习时间统计(单位:小时)

4. 困惑与问题

受访教师在日常工作和在职学习中所遇到的困惑和问题(表 6-2)中,学生心理健康指导是教师面临的主要困惑与问题,占 29.85%,其次是教师的知识技能方面,占 25.75%,最后依次是留守儿童教育、家校沟通和其他方面。

表 6-2　教学工作中遇到的困惑与问题

困惑与问题	次数/次	比例/%
教师的知识技能	69	25.75
家校沟通	57	21.29
留守儿童教育	47	17.53
学生心理健康指导	80	29.85
其他	15	5.58

(三)教师培训需求的调查分析

这一部分以多选题的形式调查了教师对培训的认识,对培训内容、培训方式、培训时间、培训师资、培训考核方式和培训机构能力建设等方面的需求。

1. 教师对培训内容的需求

在教师最希望学习到的培训内容方面,教师专业实践与教学新技能所占比例最高,为 57%,然后是教科研能力与专业发展,所占比例为 25%,教育有关理论与学科新知识占比例为 15%,教师道德与素养仅占 3%。在分析相关数据后,教师们比较希望获得有关课堂教学实践、提升课堂操作能力方面的培训,相比之下,教师对于自身课堂实践能力发展较为看重,对理论知识、专业发展等涉及个人发展的内容需求也不低。调查结果如图 6-3 所示。

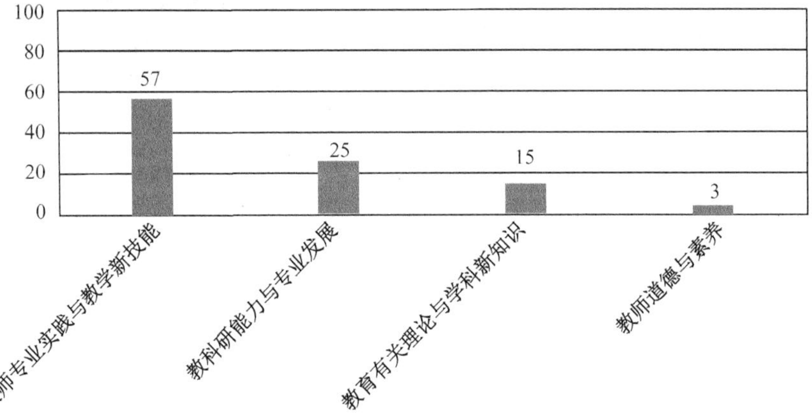

图 6-3　教师对培训内容的需求

2. 教师对培训形式的需求

就具体的教师培训形式需求而言,问卷通过设置 5 个选项请被调查教师进行重要程度排序。排在第一位的是多种培训形式相结合,占了 33.2%。即观摩示范、教师实践与考察、专题讲座与交流讨论、案例研讨等多种方式相结合。在具体培训的方式上,大家认为最有效的是观摩优秀教师示范课,占 24.6%,案例研讨占 24.84%,选择专题讲座与交流讨论方式少于 10%。在此基础上得出,教师培训内容决定培训方式的选择,两者相衔接,方式多数集中在实践性较强的、交流更多的选择上，由此可看出教师们希望得到针对性的指导与交流。调查结果如表6-3所示。

表6-3 教师对培训形式的需求

培训形式	次数/次	比例/%
多种培训形式相结合	85	33.20
观摩优秀教师示范课	63	24.60
教学实践与考察	61	23.83
案例研讨	38	14.84
专题讲座与交流讨论	9	3.53

3. 教师对培训时间安排的需求

在教师对培训时间安排的需求中，有68%的教师希望在有教学任务的时间里安排培训，28%的教师希望在为期两个月的暑假接受培训，极少数教师希望在假期较短的时间接受教师针对性培训。由此说明教师们一方面希望在可调控的时间内参加教师培训，一方面能有自己的时间更好地对工作和家庭负责，从中也反映出老师们对假期能够自由安排时间的意识较强，希望在国家规定的节假日里享受美好的时光。

4. 教师对授课教师的需求

在教师最希望遇到的培训教师方面，教师们最希望拥有丰富经验的一线教师和全国性优秀教师来担任教师培训的授课讲师，分别占42.49%、40.41%，进修学院教研员和培训机构教师分别以6.2%、5.69%居后。有丰富教学实践经验教师在培训中作用较大，教师们希望得到他们的引领，拥有更多的教学实践经验，又希望遇到具有专业前瞻性的讲师，其中，教师们对进修学院教研员和培训机构教师的需求不高，由此可见，这两种类型的讲师水平和能力亟待提高。调查结果如表6-4所示。

表6-4 教师对授课教师的需求

授课教师	次数/次	比例/%
进修学院教研员	12	6.20
培训机构教师	11	5.69
全国性优秀教师	78	40.41
有着丰富经验的一线教师	82	42.49
其他	10	5.21

5. 教师对培训考核的需求

教师对培训的考核方式的需求，以多选题的方式给出。教师最认可的选择是由期中抽查考核和期末笔试考核相结合，占比例为59%。通过实践测评，占比为22%，专业练习以及实践能力检测占比为15%，最后是期末统一笔试，占比例为5%。说明参加培训的教师比较接受期中抽查考核和期末笔试考核相结合这种考核评价方式。当然，对注重实践性的实践性评价方式也比较认可,通过专业练习的方式进行考核也在可接受的范围内。

6. 教师对区县级教师培训机构的需求

在教师对培训机构的需求上,则是以附加问题的形式给出的,总结起来有以下几方面的。第一是要求培训模式多样,现阶段培训形式跟不上教师对培训要求的更新速度;第二是培训观念创新,根据新课程标准的改革,教师培训观念也需要随之改变;第三是培训组织的自愿性,教师自愿而非强制性参加培训;第四是要求培训效果高效,参加培训的教师对培训的效果极为看重,如若不能在培训中取得效果,教师参加培训的欲望将会减少,可能导致培训效果不理想。

五、调查分析

(一)明确培训目的,认识培训的重要性

教师培训若想取得应有的效果,各方对培训的重视程度是极为重要的,由上至下即培训承办单位、教育行政部门、学校领导、参与培训教师等方面应真正重视培训,应把培训作为提升教师专业水平的重要途径之一。对于学校而言,如果派出参加培训的教师把培训当成一项上级发布的任务而不是一次进修学习、增长知识的机会,又或者以此为借口来逃避正常的教学任务。那么,再丰富再精彩的培训内容也不可能取得想要的实际效果。因此,上级部门和学校的领导需要让参加培训的教师将自己放到提高自身能力促进教育公平的高度,从而重视培训、参与培训,并且要考察教师在学校教育教学的工作能力与表现,在此基础上让教师能积极主动参与培训,成为有学习动力、积极向上的学员。此外,为应对教师工作学习的特点,培训应以教师参与者为中心,充分挖掘并激活教师已有的经验,在此基础上提供能够帮助教师连接新知与旧知的方式①,只有这样,才能在一定程度上避免参加培训教师对培训课程敷衍了事的问题。

(二)优化培训内容,重视培训的科学性

当确定参加培训教师拥有正确的培训认识之后,下一个步骤就是对教师培训内容的选择。了解和掌握参加培训教师培训需求是尤为重要的,依据教师以及项目培训要求,设计与完善教师培训项目的相关课程。具体做法如下:在培训开始前,先由上级行政部门确认参加培训教师的名单,再让培训承办单位通过分析与处理参加培训教师的需求,设计相应的培训课程,然后再由需求出发聘请相关的专家或教师担任培训教师。换言之,就是要因材施培。同时,可以依据理论最新动态,让参加培训的教师了解与掌握较新的理论知识,运用到教育教学实践中,例如,时下较新的翻转课堂理论,可以在学员传递有关翻转课堂研究方面的理论成果以及信息,以及探讨如何在教学实践中实施具体的翻转课堂。

(三)创新培训形式,追求培训的有效性

培训内容决定培训形式,在了解与掌握参加培训教师对培训内容的需求以及完善相关

---

① 《教育部关于进一步加强中小学班主任工作的意见》(教基〔2006〕13 号)[EB/OL]http://www.moe.gov.cn/,2006 年 6 月 4 日。

的培训内容后，就要考虑培训内容以哪种形式呈现会比较适合。教师培训形式要通过创新以适应教学方式以及学习方式变化，采取相关形式进行培训，例如，互联网培训、近远程培训结合、境内外研修等多种有效途径。在培训中应关注教师的学习兴趣、学习质量、学习能力。培训者应及时调整培训的形式，为教师创设轻松、信任、合作的氛围。在课程实施过程中一定要强调教师自己动手，当教师们都主动去做时，才有提高、进步的可能，才有可能改变过去在培训过程中的很激动，却无法用到实际工作中的现象，这样培训才会有一定的效果。当然，在当下的教育改革发展形势以及教师专业发展的形势下，需要有其他培训内容与之相配套，例如，学生安全教育专题、职业教育专题、班主任专业化发展与管理专题等。因此，不仅要实现培训形式多样化，还需要追求实施形式的有效性。

（四）重视培训师资，建设队伍的实践性

一支有素质、有技能的教师队伍的打造，需教师后期经过学习与培训。当然教师培训活动的开展也就需要一支专业性较强、质量较优的培训者队伍。这说明了培训者在培训中的重要程度。一般情况下，培训承办单位都会挑选相关专家担任培训者，这样权威性更高，而且比较方便。往往这样做就容易导致一个问题，即不重视参加培训教师对培训的需求，随之弊端也就出现了，培训没有根据当地教学实践进行。专家往往只是对自己所专心研究的内容与形式比较熟悉，尤其是从外地来的专家，无法针对当地教育教学情况进行指导，只能在自己的专业领域范围进行培训，所以在授课时就难以做到理论与实践并行。对于那些期待能在培训过程中接受指导来解决实际教学问题的学员而言，这就是最实际也是最突出的问题。因此，要以专兼结合的方式，除了有专家的资源外，当地教学经验丰富的一线优秀教师、名师也是不可缺少的，这样不仅能充实培训师资队伍，还能确保实践型教师的参与，倾力建设一支既有理论支撑又有实践基础的师资队伍，彰显培训师资队伍的建设性与实践性。

（五）保证培训质量，考核培训的合理性

有效的教师培训离不开对参加培训教师的考核。目前，教师在培训期间的考核及监督，缺乏相应的激励和制约机制、已经成为影响教师培训实效的一个重要因素①。在许多教师看来，培训结果只是一张结业证书，认为只是教师生涯中的履历证明而已。为何会导致参加培训的教师对培训考核的不重视？原因是忽视了教师培训考核结果，而且没有对其进行有效的评价和激励，从而出现与培训意愿相违背的现象。因此，教师培训考核制度需要进一步得到完善和落实，监督检查的力度也需要进一步加强。为此，制约机制与激励机制都要进一步建立与完善，用来提高教师参加培训的意识。当然，教师培训工作的监督评估也需要进一步加强。总而言之，培训承办单位不仅要对参加培训的教师在培训期间的表现进行评价，同时，直接颁发培训结业证书的传统形式需要改变，要在了解与掌握培训期间学员各方面的表现之后再对学员的等级进行评定，作为此次参加培训教师的考核结果。此外，上级行政部门要对教师培训奖励与惩罚制度进一步完善，要对培训期间成绩优秀的教师进行大力表彰，对成绩不佳的教师则在一定程度进行惩罚。

---

① 兰州教育学院课题组，刘国军．关注教师需求 提高培训实效：兰州市中小学教师培训需求调查报告[J]．兰州教育学院学报，2012，28(1)：136－139.

(六)提高培训能力,加强培训机构建设

在如今的教师培训中,培训的模式比较单一、管理模式也变得陈旧,上课形式多为集中授课,忽视培训对象的多样化需求,要针对培训教师学习倾向与整体差异进行培训模式的多样化管理。培训观念滞后,当前教育形势对教师的素质提出了更高的要求,着眼未来,教师不仅要求自身专业发展,而且要注重学科体之间的知识联系。教师参加培训应是文理兼修,才能适应教师自身的可持续发展①。然而在目前实际培训中经常采用惯用的人海技术,片面地追求整齐划一,从而受到参加培训教师的抵触。在培训的组织上往往出现强制性培训,即现在培训会以政策性手段要求教师参与培训,在一定程度上带有强制性,这有悖于教师培训的初衷。由于培训模式单一、观念滞后、组织强制,从而导致培训效果不佳,也抑制了教师参加培训的愿望。

总之,要在了解与掌握参加培训教师需求的基础上,科学合理地设计培训内容,选择更加适合的培训方式,才能有利于培训者更好地开展培训工作,提高培训的针对性与实效性,才能更有效地促进教师自身的专业发展。如何让教师培训更加有效、合理,更好地服务于教育教学工作,更好地促进教师的专业化发展,是每一位培训者与教育工作者应该深入思考的问题。

附件:区县级教师培训需求调查(教师问卷)②③

尊敬的老师:

您好!我是肇庆学院的一名应届本科生。本问卷调查是本科毕业论文的一部分,内容是关于区县级教师培训需求的调查,目的在于调查区县级教师对培训的需求。本调查结果仅作为研究之用,对您的回答我们将严格保密。希望您能对问卷的问题给予真实、客观的回答,您无须具名,问题回答均无对错之分。请您根据自己的实际情况独立填写,并在符合您情况的选项上打"✓"或把答案写在横线上。非常感谢您的合作!

1.您的性别是:

A.男　　B.女

2.您的年龄在:

A.30 岁以下　　B.30~40 岁　　C.40~50 岁　　D.50 岁以上

3.您的学历是:

A.专科　　B.本科　　C.硕士及以上

4.您的教龄有:

A.少于 3 年　　B.5~10 年　　C.10~20 年　　D.20 年以上

5.您参加教师培训的次数是:

A.0 次　　B.参加过 1~2 次　　C.参加过 3~4 次　　D.参加过 5 次以上

① 刘延金,刘一.农村教师培训负偏差的类型分析与对策[J].中小学教师培训,2018(2):10-13.

② 周开军.淮北市中学教师培训需求问卷调查报告[J].新课程(教育学术),2011(9):161-162.

③ 注爱武.长春市初中化学骨干教师培训需求调查报告[J].长春教育学院学报,2011,27(10):5-7.

6. 您对教师工作的理解是：

A. 教师稍加学习就可以担当　　B. 教师需要专门的知识技能　　C. 其他

7.（多选）您认为新时期教师工作需要转变的是：

A. 更新理念　　B. 师生关系　　C. 教学方法多变　　D. 教学活动新颖

8.（多选）您从事教学活动主要运用的方式是：

A. 运用已有的经验　　B. 理论知识指导

C. 借鉴其他教师的经验　　D. 自己摸索

9 您在工作之余进行相关教师培训的时间是：

A. 几乎为 0 小时　　B. 1 小时左右

C. 2～3 小时以至更长时间　　D. 不清楚

10.（多选）您在日常工作和在职学习中所遇到的困惑问题是：

A. 教师的知识技能　　B. 家校沟通

C. 留守儿童教育　　D. 学生心理健康指导

其他（请填写）：____________________

11. 您希望在培训时学习的内容是：

A. 教育实践与教学新技能多媒体　　B. 专业发展与教科研能力

C. 教育理论与学科新知识　　D. 教育政策与法规和职业道德与素养

其他（请填写）：____________________

12.（多选）您希望培训以怎样的方式进行：

A. 多种培训形式相结合　　B. 观摩优秀教师示范课　　C. 案例研讨

D. 专题讲座与交流讨论　　E. 教学实践与考察

其他（请填写）：____________________

13. 您希望培训时间安排在：

A. 学期中　　B. 双休　　C. 暑假　　D. 寒假

14. 您希望遇到怎样的授课教师：

A. 优秀教研员　　B. 进修学校教师

C. 有着丰富经验的一线教师　　D. 全国优秀教师

其他（请填写）：____________________

15. 您希望的培训考核方式是：

A. 实践观察与测评　　B. 过程性考核和终结性考核相结合

C. 作业练习以及实践技能测试　　D. 统一笔试

其他（请填写）：____________________

16. 您对教师培训机构有什么要求吗？

（请填写）：____

第二节 区县级教师培训的困境与突破
——深圳坪山样本①

瑞士,近代最有名的儿童心理学家让·皮亚杰说:“关于教育的问题,没有一个不与师资有关,如果没有足够的合格教师,再好的教改方案也会半途而废。”教师培训质量决定教师发展高度,我国中小幼教师以区县为基本组织单元,加强对区县教师培训组织的研究具有很强的现实意义。

区县中小学教师培训,是在特定的区(县),由相关部门组织的对本区域教师进行的在职培养行动。目前国内比较流行的培训模式有高校引领、区域进修、部门主导、校本研训、市场服务和混合培训等类型。

一、区县级教师培训组织的实践探索

深圳市坪山区成立于2009年,2017年建立行政区。建区之初,共有中小学23所,教师1 502人,无特级教师,高级教师仅占5.2%。教育归属公共事业局,设两个管理部门:教育科和教育科学研究管理中心。教育科学研究管理中心负责全区的教育督导、教育科研、坪山区教师培训、学科教研、名师管理、德体卫艺、学前教育、职教特教、家庭教育等。坪山区教师培训从零起步开始了有益的探索。

1. 培训起步。确定1名中学教研员兼职负责教师培训,各校确定1名继续教育专干,成为区教师培训管理的基本力量。

2. 培训保障。设计制度与规范管理。坪山区相继制定《坪山区中小幼继续教育管理办法》《校本培训管理办法》《教学工作常规》《德育工作常规》《幼儿教师工作规范》等制度,规范有序管理全区的教师培训。

3. 培训支撑。开发平台与完善服务。2014年,坪山区开发了坪山区教师继续教育管理平台,相继推出选课、远程学习、学时认定、基础管理等功能,并与市教师继续教育网对接。平台的运行理清了教师培训家底,为教育决策、教师评价等提供了依据。

4. 培训重点。落实常规与突出主题。本区教师培训强调“面向全员、突出骨干、倾斜实操”,奉行“专业、质量、实效、服务”。每年完成的常规培训有全员培训、校园长与教研员业务培训、公需课程培训、网络选课培训、新教师培训等,近年来强化了青年教师培训、骨干教师培训、教育信息能力培训、学历提升培训等。

5. 培训方向。与时俱进不断创新。在培训目的上,既促进专业发展又增强专业自觉;在培训内容上,既有理论研修又有实操实训;在培训形式上,既有供给式集中培训、菜单式按需培训,也有个性化项目研修等。

经过6年努力,全区自主培养正高级教师1人、省特级教师2人、深圳市年度教师1人、省名校长工作室主持人1人、省名教师工作室主持人1人、市级名师17人、深圳市地方领军人才2人,教师市级以上业务竞赛获奖由新区成立之初的年均30多项增长到现在的400

① 李显明.县区教师培训的困境与突破[J].未来教育家,2018(1):22-23.

多项。

二、区县级教师培训机制面临的困境

结合坪山区实践，区县级教师培训的组织存在六大结构性矛盾。

1. 教师培训海量工作与管理人员严重不足的矛盾。坪山区目前中小学校34所，幼儿园68所，在校学生6万多人，在职教师4 300多人。每位教师年继续教育学时最低要求为72学时，加上公需课、专项培训、专题研修、名师项目、基地课程建设、校本培训、共同体建设和各种检查、评估、总结、考核等，培训组织工作呈“海量”级。目前，每校只有一名学科教研员，还要兼职管理工作。

2. 部门培训各自为政与多头管理的矛盾。除教研中心外，办公室、基教科、教育服务中心等部门都组织行政、业务、党建、管理等培训，多头培训导致业务和工作冲突，影响培训质量。

3. 培训组织与教学工作冲突的矛盾。公办学校教师承担的课时量普遍偏多，且教研、课题、研修、检查、评比、总结等活动繁多。参与培训影响的课时一般以代课、补课、停课等方式解决，影响教学秩序和质量；“二孩”政策、行政部门抽调、活动频繁等导致学校人事安排捉襟见肘。民办学校教师身心更是负荷超重，几乎没有时间培训。这导致出现一种局面：无论多么契合需要、多高水平的培训，如果不是行政强制，教师不愿参与。

4. 过度培训与培训不足的矛盾。教育管理人员、骨干教师需承担更多的工作，此类人员的比例较低，导致培训过度、过频，出现“厌培”情绪，而普通教师获得培训机会要少得多。

5. 课程有限性与需求多元化的矛盾。教师培训需求多元化需要课程形态多样化。2016年，坪山区教师培训的课程结构大致为：网络课程28.2%、区自主开发课程16.8%、社会提供25.4%、学校开发课程9.5%、教师开发课程10.6%、其他课程9.5%。由于课程开发主体条件不同、供需方信息不对称等，导致课程供需很难完全匹配。

6. 市、区、校之间培训不平衡的矛盾。深圳教师培训的中学部分主要由市教育局负责，小学、幼儿园由各区负责。市级层面由市师资处、市教科院、深圳大学、深圳城市学院组织，教师培训的日常工作更多地落在了区级层面，由于各区条件差异，各级培训繁多，缺乏有效组织协调机制，难免出现冲突或空白。

三、困境的突破策略

基于现实问题和发展需要，本着系统、整体、持续、可行原则，完善区域教师培训机制，开发培训精品项目成为突破县区级教师培训组织困境的基本策略。

（一）建立前瞻可持续的区域教师培训机制

1. 更新教师培训理念。教师培训要以教育学、心理学、成人教育、建构主义、学习金字塔、人的全面发展等理论为指导，实现学教研训一体化。培训组织宜从三个层面综合考虑：宏观层面，跳出教育看教育，教育与社会经济发展结合，打通教育与其他领域的联系；中观层面，关注国内外教育发展趋势，跟踪教育理论前沿、教改成功实践、育人成熟模式；微观层面，关注现代教师核心素养，提高专业技能和问题解决能力。

2. 完善培训组织机构。成立县区教师进修学校或教师发展中心,配备足够的专职专业人员或购买社会服务,统筹协调区域培训,减少部门耗损,提高组织效率。

3. 优化培训政策制度。从人事、财政、业务等多方面制定完整的区域教师专业发展的制度,促进教师培训管理与服务、培训组织与运行、培训引导与激励。在原有教师培训制度基础上补充《教育人才培养》《教育人力资源科学配置》《教师评价激励》等制度,并建立名师成长、项目带动、团队建设、业务竞赛、合作研修、辐射示范等专业成长平台。

4. 建设三级培训基地。开发区内优质学校、学科、项目资源,建立本土教师培训基地;依托高校、科研院所、教育发达区域资源,建立相对稳定的区外培训基地;通过缔结国际友好学校、友好城区等,开发海外培训基地。

5. 缔结多方合作联盟。要善于借力借势,与市内各区域结成合作联盟,与国内教育强区建立帮扶关系,与国内外知名教育智库、师训机构签订合作备忘录等。

6. 开发一批课程资源。整合区内外优质课程资源,采取自主开发与购买服务、网络课程与现场课程、通识课程与专业课程、固定课程与可变课程、全员课程与个性化课程相结合的手段,开发系列课程,完善区域培训课程资源库。

7. 建立智慧评价系统。发挥区教师培训平台的作用,优化教师培训评价。开展培训项目反馈式评价、校本培训绩效性评价、教师培训发展性评价、培训课程满意度评价等。建立"积分银行",培育教师自组织研修团队,创设"人人需学,处处能学,时时可学"的培训场景。

(二)开发科学有实效的区域教师培训精品项目

培训者应追求"把每场培训做成一件作品"。在培训对象上,既全员覆盖又突出重点;既分层分类又兼顾全体。在培训目标上,既立足教育又要跳出教育;既关注知识又关注技能;既关注理念又重视实践;既满足现实又要考虑长远。在培训形式上,既有现场培训又有网络培训;既有集中培训又有分散培训;既有讲座分享又有参与互动;既有在岗培训又有跟岗研修;既有个体自学又有群体合学;既有本岗位研训又有跨岗位锻炼。在培训课程上,既落实公需课程又满足选修课程;既建设常规课程又开发动态课程;既完善区域课程又培育校本课程;既建设当前课程又谋划未来课程。

附　　录

附录 A　广东省教师培训机构资质条件

一级指标	二级指标	观测点及权重	内　容	备　注
组织领导（16 分）	组织保障（6 分）	重视程度（2 分） 经费投入（4 分）	1－1－1 县级人民政府、教育行政部门高度重视县级教师培训机构专业化建设与发展，将其纳入当地教育发展规划和督导检查。	
			1－1－2 县级人民政府将本地中小学教师培训经费列入政府预算，按不低于本地教职工工资总额的 1.5% 拨付年度教师培训经费。对农村中小学按照不低于年度公用经费预算总额的 5% 安排教师培训经费。 1－1－3 建立以地方财政拨款为主的经费保障机制，保证经常性经费、基本建设经费和专项经费按时、足额拨付。	
	机构管理（4 分）	机构性质（2 分） 功能整合（2 分）	1－2－1 县级人民政府领导，县级教育行政部门主管，具有独立法人资格的办学实体。负责本地区教师培训和教学研究的策划设计、组织实施、服务指导、管理评价。 1－2－2 允许多种机构形式发展和功能的整合，负责本地区的教师学习与资源的协调和管理。	
	领导班子（6 分）	成员结构（2 分） 素质能力（2 分） 团队合作（2 分）	1－3－1 领导班子主要负责人应具有高级职称。 1－3－2 领导班子成员熟悉教师培训与教研，了解本地区基础教育和培训需求，富有改革创新精神。 1－3－3 领导班子作风正派，分工明确，团结协作，近 3 年考核综合满意率达 80% 以上。	
基础设施（17 分）	校舍条件（7 分）	校园建设（2 分） 建筑面积（2 分）	2－1－1 有独立校园校舍，规划合理，功能明确，校园环境文明整洁。 2－1－2 有固定培训场地，能满足当地中小学教师培训需求。	
		培训容量（1 分） 专业教室（2 分）	2－1－3 校舍和配套生活设施能同时承担 150 人以上专项集中培训。 2－1－4 具备计算机网络教室、多媒体教室、多功能学术报告厅、心理健康辅导室、图书资料室等专业教室，能满足本地区教师培训的需要。	

续表

一级指标	二级指标	观测点及权重	内容	备注
基础设施（17分）	培训条件（10分）	设备设施(1分) 网络环境(2分) 远程支持(1分)	2-2-1 配备计算机不少于50台；配备视频投影、教学录播系统、双向视频等设备。 2-2-2 具有支持本地区教师有效开展远程学习和校本研修的网络平台。 2-2-3 能为本地中小学教师提供网络研修和校本研修有效的支持和服务。	
		图书音像(2分) 数字资源(2分)	2-2-4 报刊不少于30种，图书资料（各类教材除外）1万册以上。其中基础教育类的报刊和图书资料占总数的85%以上。 2-2-5 建有覆盖全区域的教师学习资源平台和资源库，实现资源共享。	
		实践基地(2分)	2-2-6 有附属学校或实验学校作为开展教学研究、教师培训的实践基地，正式聘有一批高水平的实践指导教师，协助开展教师培训。	
教师队伍（22分）	专任教师（10分）	教师数量(3分) 结构比例(2分) 培训提高(1分)	3-1-1 专任教师数一般不低于本地区中小学专任教师总数的5‰（教师总数5 000人的县级培训机构教师不少于40人），学科配备齐全。 3-1-2 专任教师占机构在职教职工总数80%以上。 3-1-3 专任教师按要求参加培训者培训，每年培训时间不少于72学时。	
		学历状况(2分) 职称比例(2分)	3-1-4 50周岁以下专任教师100%达到大学本科及以上学历。 3-1-5 90%以上教师具有中、高级职称，高级职称占20%以上。	
	兼职教师（4分）	结构比例(2分) 教师管理(2分)	3-2-1 聘请高等院校、科研单位、社会上的知名专家、中小学优秀教师任兼职教师；兼职教师与专任教师的比例不低于1.5:1。 3-2-2 兼职教师管理规范，工作任务明确，能满足开课需要。	
	能力建设（8分）	策划设计能力(2分) 组织管理能力(2分) 研究指导能力(2分) 评估服务能力(2分)	3-3-1 培训教师具有策划设计能力，能策划培训方案，研发课程资源，设计培训活动。 3-3-2 培训教师具有组织管理能力，能规范有效地组织实施各项培训活动。 3-3-3 培训教师具有研究指导能力，能具体指导校本研修和网络研修。 3-3-4 培训教师具有评估服务能力，培训后能对培训绩效进行客观评估。	

续表

一级指标	二级指标	观测点及权重	内　容	备　注
专业效能（33分）	培训管理（10分）	发展规划（1分） 培训规划（1分） 培训绩效（2分）	4-1-1 具有明确的培训者队伍建设目标和发展规划，指导区域内全体中小幼教师制定专业发展计划。 4-1-2 协助县级教育行政部门制定中小幼教师全员培训五年规划，组织指导本地区教师培训、校本研修。 4-1-3 加强教师培训需求调研和培训项目研发，优化培训内容，创新培训方法。采取集中培训、远程培训、校本研修等多种手段，提高培训的针对性和实效性。	
		质量监控（2分） 评估制度（1分）	4-1-4 建立教师培训质量监控和测评制度，完善教师培训质量评估机制和体系。 4-1-5 采取多种有效方式，对培训项目实施过程评价和绩效评估。	
		管理规范化（1分） 管理信息化（2分）	4-1-6 培训管理制度健全，过程管理规范，培训服务周全，培训考核严格并有记载。培训过程有记录表单，培训结束有总结反馈及整改措施。 4-1-7 教师培训实现信息化管理，信息登记及时，电子档案齐全。	
	功能发挥（23分）	全员培训（3分） 专项培训（2分） 管理者培训（1分）	4-2-1 有计划地开展教师5年一周期的全员培训，实施新任教师岗前培训、在职教师岗位培训和骨干教师培训。 4-2-2 有效组织班主任、课程改革、师德修养、心理健康、安全教育、教育技术、紧缺学科等各种专项培训。 4-2-3 制定本地区中小学校长、幼儿园园长以及中层干部的培训规划。多途径开展中小学校长、幼儿园园长及中层干部培训。	
		学历提升（1分）	4-2-4 配合地方教育行政部门做好本地区教师学历提升规划，有效组织和指导教师参加学历提升教育。	
		课题研究（4分） 研究成果（3分）	4-2-5 重视课题研究，近5年内参与地市级课题研究不少于1项。曾参与省级或国家级教育科研课题研究，并发挥重要作用。 4-2-6 近5年内公开发表的科研成果达到专任教师人均1项，其中教育教学研究或培训研究成果不少于50%。	

续表

一级指标	二级指标	观测点及权重	内容	备注
专业效能(33分)	功能发挥(23分)	专业指导(4分)	4-2-7 培训机构主管领导每学年深入中小学校了解指导教学、听课;专职教师每学年下校听课、蹲点指导、送教上门。 4-2-8 及时发掘、总结、推广本地区优秀教师的先进教育教学经验。	
		校本研修(2分)	4-2-9 为本地区中小学开展校本研修提供有效支持,指导本地区中小学制定校本研修计划,建立和完善校本研修制度。 4-2-10 每学年至少组织1次区域性的校本研修工作会,交流推广校本研修经验和成果。	
		专业咨询(2分)	4-2-11 为本地区中小学、幼儿园,提供有效的专业咨询服务。	
		社会服务(1分)	4-2-12 为所在地区相关机构、组织、社区提供学校资源、设施设备与咨询指导等服务,在推动学习型社会建设方面发挥积极作用。	
特色影响(12分)	评价(6分)	服务对象评价(2分) 同行评价(2分) 社会评价(2分)	5-1-1 工作成效得到所在区域教育行政部门、中小学校长和教师高度评价,满意率在80%以上。 5-1-2 工作成效得到同行高度评价。 5-1-3 新闻媒体和社会舆论有较高评价。	
	创新(6分)	特色创新(6分)	5-2-1 在教师培训、教学研究、资源建设、教育科研等方面有效创新,形成显著的办学特色。 5-2-2 积极开展教师自主选课、个性化菜单式培训的试点。 5-2-3 在探索教师培训机构专业化上做出新的探索,新的贡献。	
备注	认定对象包括县(区、市)级教师培训机构。			

《广东省教师培训机构资质条件》指标评分操作说明

《广东省教师培训机构资质标准》共有一级指标5个,二级指标12个,观测点和权重包括54个方面的内容。

1-1-1　县级人民政府、教育行政部门高度重视县级教师培训机构专业化建设与发展,将其纳入当地教育发展规划和督导检查。

本指标需查阅县级人民政府、教育行政部门的有关教师培训的发展规划、上级部门颁布的有关教师培训机构的政策法规和相关会议记录进行评分。主要看是否把培训机构的建设与发展纳入当地教育发展规划,是否把培训机构的建设与发展纳入督导检查。两个要素都达到,得2分。否则,每个要素扣1分。

1-1-2 县级人民政府将本地中小学教师培训经费列入政府预算,按不低于本地教职工工资总额的1.5%拨付年度教师培训经费。对农村中小学按照不低于年度公用经费预算总额的5%安排教师培训经费。

本指标为必达指标。需查阅县级或以上人民政府近5年年度经费预算表、县级或以上人民政府近5年年终经费决算报表、县级或以上教育行政部门及农村中小学校的相关教育经费账目。主要看拨付年度教师培训经费是否不低于本地教职工工资总额的1.5%,农村中小学教师培训经费安排是否按照不低于年度公用经费预算总额的5%。

1-1-3 建立以地方财政拨款为主的经费保障机制,保证经常性经费、基本建设经费和专项经费按时、足额拨付。

本指标需要查阅县级或以上人民政府近3年年度经费预算表、县级或以上人民政府近3年年终经费决算报表、县级或政府近3年季度财务报表、县级或政府近3年教育事业统计报表。主要看经费的拨付是否按时,是否足额。两个要素都达到,得2分。否则,每个要素扣1分。

1-2-1 县级人民政府领导,县级教育行政部门主管,具有独立法人资格的办学实体。负责本地区教师培训和教学研究的策划设计、组织实施、服务指导、管理评价。

本指标为必达指标。需要查阅县级人民政府、县级教育行政部门下达关于培训机构体制、定位及功能任务的文件和培训机构法人资格证明。主要看是否具有独立法人资格,是否综合发挥服务本地区教师培训的功能。

1-2-2 允许多种机构形式发展和功能的整合,负责本地区的教师学习与资源的协调和管理。

本指标需要查阅教师培训机构的各项规章制度。主要看是否有力地整合当地的教师培训资源,是否有序地组织和管理当地教师培训工作。两个要素都达到,得2分。否则,每个要素扣1分。

1-3-1 领导班子主要负责人应具有高级职称。

本指标需要查阅领导班子名册及职称证件复印件。领导班子主要负责人应具有高级职称,得2分;仅有中级职称,得1分;没有任何职称,得0分。

1-3-2 领导班子成员熟悉教师培训与教研,了解本地区基础教育和培训需求,富有改革创新精神。

本指标需要查阅近3年领导班子述职报告;近3年领导班子成员发表的论文及获奖证书复印件;领导班子学习制度、近3年学习现代教育理论和科学理论的记录和有关资料。主要看领导班子成员是否熟悉教师培训的管理业务;是否具有从事教师培训工作的教学、研究能力。两个要素都达到,得2分。否则,每个要素扣1分。

1-3-3 领导班子作风正派,分工明确,团结协作,近三年考核综合满意率达80%以上。

本指标需要查阅近3年领导班子考核和民主评议统计数据。近3年考核综合满意率达80%以上(含80%),得2分;60%~80%,得1分;低于60%,得0分。

2-1-1　有独立校园校舍，规划合理，功能明确，校园环境文明整洁。

本指标需要查阅培训机构用地红线图、规划图。主要看是否有独立校园校舍；是否有功能明确的校园规划。两个要素都达到，得2分。否则，每个要素扣1分。

2-1-2　有固定培训场地，能满足当地中小学教师培训需求。

本指标为必达指标。需要查阅培训机构产权证书。

2-1-3　校舍和配套生活设施能同时承担150人以上专项集中培训。

本指标为必达指标。需要查阅培训机构建筑面积有关资料。

2-1-4　具备计算机网络教室、多媒体教室、多功能学术报告厅、心理健康辅导室、图书资料室等专业教室，能满足本地区教师培训的需要。

本指标需要查阅培训机构室内规划及设计图表。主要看是否同时拥有计算机网络教室、多媒体教室、多功能学术报告厅、心理健康辅导室、图书资料室等5类课室，每缺1类课室扣0.4分。

2-2-1　配备计算机不少于50台；配备视频投影、教学录播系统、双向视频等设备。

本指标为必达指标。需要查阅近5年电教设备档案册。主要看是否配备不少于50台的计算机；是否配备视频投影、教学录播系统、双向视频等设备。

2-2-2　具有本地区教师有效开展远程学习和校本研修的网络平台。

2-2-3　能为本地中小学教师提供网络研修和校本研修有效的支持和服务。

该两项指标为必达指标。需要查阅局域网、研修网站、资源库、多媒体网络教室功能室、办公系统设备设施登记册和有关资料。

2-2-4　报刊不少于30种，图书资料（各类教材除外）1万册以上。其中基础教育类的报刊和图书资料占总数的85%以上。

本指标为必达指标，需要查阅图书资料、各类报刊登记册及使用数据档案记载。

2-2-5　建有覆盖全区域的教师学习资源平台和资源库，实现资源共享。

本指标需要查阅资源库、电子读物、音像资料的登记册及资源（平台）用户数据统计表。主要看是否建设教师学习资源平台，是否有建设教师学习资源库。两个要素都达到，得2分。否则，每个要素扣1分。

2-2-6　有附属学校或实验学校作为开展教学研究、教师培训的实践基地，正式聘有一批高水平的实践指导教师，协助开展教师培训。

本指标需要查阅关于设立附属学校或实验学校的相关文件和资料、附属学校或实验学校的教师花名册。主要看是否建设附属学校或教师培训实践基地，是否聘请一批高水平的实践指导教师。两个要素都达到，得2分。否则，每个要素扣1分。

3-1-1　专任教师数一般不低于本地区中小学专任教师总数的5‰（教师总数5 000人的县级培训机构教师不少于40人），学科配备齐全。

本指标为必达指标，需要查阅近5年年初教育事业统计报表。

3-1-2　专任教师占机构在职教职工总数80%以上。

本指标需要查阅教职工名册表和近年专任教师调入调出统计表。专任教师占机构在职教职工总数80%以上得2分；超过60%但不足80%的得1分；低于60%的得0分。

3-1-3　专任教师按要求参加培训者培训，每年培训时间不少于72学时。

本指标需要查阅专任教师培训证或结业证书。主要看责任教师是否按要求参加每年不少于72学时的培训者培训，达到的得1分，否则，得0分。

3－1－4　50周岁以下专任教师100%达到大学本科及以上学历。

本指标需要查阅专任教师学历、职称证件复印件。50周岁以下专任教师100%达到大学本科及以上学历得2分;50周岁以下专任教师60%以上达到大学本科及以上学历的得1分;50周岁以下专任教师达到大学本科及以上学历的低于60%的得0分。

3－1－5　90%以上教师具有中、高级职称,高级职称占20%以上。

本指标需要查阅专任教师学历、职称证件复印件。主要看是否90%以上教师具有中、高级职称;高级职称的教师是否占20%以上。两个要素都达到,得2分。否则,每个要素扣1分。

3－2－1　聘请高等院校、科研单位、社会上的知名专家、中小学优秀教师任兼职教师;兼职教师与专任教师的比例不低于1.5∶1。

本指标需要查阅兼职教师名册表。主要看是否聘请高等院校、科研单位、社会上的知名专家、中小学优秀教师任兼职教师;兼职教师与专任教师的比例是否不低于1.5∶1。两个要素都达到,得2分。否则,每个要素扣1分。

3－2－2　兼职教师管理规范,工作任务明确,能满足开课需要。

本指标需要查阅兼职教师管理等相关规定和兼职教师工作量统计表或任务表。主要看兼职教师的管理规范是否齐全;兼职教师的工作任务是否明确。两个要素都达到,得2分。否则,每个要素扣1分。

3－3－1　培训教师具有策划设计能力,能策划培训方案,研发课程资源,设计培训活动。

本指标需要查阅近5年教师培训方案统计汇编,培训机构研究和开发的培训课程、培训教材。有教师培训方案和课程的资料汇编而且质量较高的,得2分;有教师培训方案和课程的资料汇编但质量一般的,得1分;没有教师培训方案和课程的资料汇编的,得0分。

3－3－2　培训教师具有组织管理能力,能规范有效地组织实施各项培训活动。

本指标需要查阅近5年培训活动统计表或培训活动视频。有近5年培训活动统计表或培训活动视频,统计表规范工整,培训活动高效有序,得2分;有近5年培训活动统计表或培训活动视频,统计表或培训活动质量一般,流于形式,得1分;没有近5年培训活动统计表或培训活动视频,得0分。

3－3－3　培训教师具有研究指导能力,能具体指导校本研修和网络研修。

本指标需要查阅近5年培训教师指导校本研修和网络研修情况介绍。培训教师的指导扎实有效,得2分;有培训教师的指导,但流于形式,得1分;完全没有培训教师的指导,得0分。

3－3－4　培训教师具有评估服务能力,培训后能对培训绩效进行客观评估。

本指标需要查阅五年培训教师对课堂教学质量分析和评估案例或视频,近5年培训教师参加各种教育专业培训、研究、评估的主要成果。培训教师的评估成果客观有效,得2分;培训教师的评估成果流于形式,得1分;完全没有培训教师的评估成果,得0分。

4－1－1　具有明确的培训者队伍建设目标和发展规划,指导区域内全体中小幼教师制定专业发展计划。

本指标需要查阅培训者队伍建设目标和发展规划。主要看是否有发展规划,有,则得1分;没有,则得0分。

4－1－2　协助县级教育行政部门制定中小幼教师全员培训五年规划,组织指导本地

区教师培训、校本研修。

本指标需要查阅本区域中小幼教师培训五年规划。主要看是否有发展规划，有，则得1分；没有，则得0分。

4-1-3　加强教师培训需求调研和培训项目研发，优化培训内容，创新培训方法。采取集中培训、远程培训、校本研修等多种手段，提高培训的针对性和实效性。

本指标需要查阅近5年教师培训工作的总结报告、中小幼教师专业发展案例集或视频。总结报告具有针对性，案例或视频具有实效性，得2分；总结报告内容空洞，案例或视频流于形式，得1分；完全没有总结报告和案例视频，得0分。

4-1-4　建立教师培训质量监控和测评制度，完善教师培训质量评估机制和体系。

本指标需要查阅培训机构的培训质量管理制度以及执行情况记录。主要看是否有质量管理制度，是否有执行情况记录。两个要素都达到，得2分；否则，每个要素扣1分。

4-1-5　采取多种有效方式，对培训项目实施过程评价和绩效评估。

本指标需要查阅培训学员满意度调查汇总表、近5年各专题培训项目的专项绩效评估报告、学员专题培训成果论文集。主要看评估方式是否多样有效，有，则得1分；没有，则得0分。

4-1-6　培训管理制度健全，过程管理规范，培训服务周全，培训考核严格并有记载。培训过程有记录表单，培训结束有总结反馈及整改措施。

本指标需要查阅培训机构的培训管理制度以及执行情况记录。主要看是否有培训管理制度，是否有执行情况记录。两个要素都达到，得1分；否则，每个要素扣0.5分。

4-1-7　教师培训实现信息化管理，信息登记及时，电子档案齐全。

本指标需要查阅运用信息化手段进行教师培训管理的有关资料（如培训报名、注册、学分登记、电子档案等）。资料齐全得2分，否则，得0分。

4-2-1　有计划地开展教师5年一周期的全员培训，实施新任教师岗前培训、在职教师岗位培训和骨干教师培训。

本指标需要查阅近5年本区域教师学历提升工作计划及实施情况。主要看是否开展新任教师的岗前培训，是否开展在职教师的岗位培训，是否开展骨干教师的培训。满足3个要素的得3分；否则，每缺少1个要素的扣1分。

4-2-2　有效组织班主任、课程改革、师德修养、心理健康、安全教育、教育技术、紧缺学科等各种专项培训。

本指标需要查阅近5年本区域教师学历提升工作计划及实施情况。主要看是否开展班主任、课程改革、师德修养、心理健康、安全教育、教育技术、紧缺学科等各种专项培训。能够开展6种以上专项培训的得2分；能够开展3~5种专项培训的得1分；开展专项培训低于2种的得0分。

4-2-3　制定本地区中小学校长、幼儿园园长以及中层干部的培训规划。多途径开展中小学校长、幼儿园园长及中层干部培训。

本指标需要查阅近5年本区域教师学历提升工作计划及实施情况。主要看是否能够制订教育干部培训的规划，是否能够开展教育干部培训。满足两个要素的得1分，每缺乏1个要素扣0.5分。

4－2－4　配合地方教育行政部门做好本地区教师学历提升规划，有效组织和指导教师参加学历提升教育。

本指标需要查阅近5年本区域教师学历提升工作计划及实施情况。有，则得1分；没有，则得0分。

4－2－5　重视课题研究，近5年内参与地市级课题研究不少于1项。曾参与省级或国家级教育科研课题研究，并发挥重要作用。

本指标为必达指标。需要查阅近5年参与省（地）课题研究的立项证书、取得成果等相关资料。主要看近5年内是否参与地市级课题研究不少于1项，是否曾参与省级或国家级教育科研课题研究。

4－2－6　近5年内公开发表的科研成果达到专任教师人均1项，其中教育教学研究或培训研究成果不少于50%。

本指标需要查阅近5年参与省（地）课题研究的立项证书、取得成果等相关资料。近5年内公开发表的科研成果达到专任教师人均1项的得2分；近5年内公开发表的科研成果达到专任教师人均0.5项以上的得1分；近5年内公开发表的科研成果中教育教学研究或培训研究成果高于或等于50%得1分。

4－2－7　培训机构主管领导每学年深入中小学校了解指导教学、听课；专职教师每学年下校听课、蹲点指导、送教上门。

本指标需要查阅近5年主管领导、专任教师指导教学有资料（计划、听课本、教学设计、过程记录、总结等）。主要看主管领导是否深入中小学听课指导；专职教师是否深入中小学听课指导。两个要素都满足得2分，每缺少1个要素扣1分。

4－2－8　及时发掘、总结、推广本地区优秀教师的先进教育教学经验。

本指标需要查阅近5年县级推广优秀教师经验活动的相关材料。主要看是否发掘并总结本地的先进教育教学经验；是否推广本地的先进教育教学经验。两个要素都满足得2分，每缺少1个要素扣1分。

4－2－9　为本地区中小学开展校本研修提供有效支持，指导本地区中小学制定校本研修计划，建立和完善校本研修制度。

本指标需要查阅近5年指导教学教研的有关资料（计划、过程记录、总结等）和近3年中小学校校本研修计划。有相关资料得1分，否则，得0分。

4－2－10　每学年至少组织1次区域性的校本研修工作会，交流推广校本研修经验和成果。

本指标需要查阅近5年县级校本研修工作交流活动材料。有相关资料得1分，否则，得0分。

4－2－11　为本地区中小学、幼儿园，提供有效的专业咨询服务。

本指标需要查阅中小学、幼儿园相关文件或证明材料。主要看是否为中小学提供有效的专业咨询服务；是否为幼儿园提供有效的专业咨询服务。两个要素都满足得2分，每缺少1个要素扣1分。

4－2－12　为所在地区相关机构、组织、社区提供学校资源、设施设备与咨询指导等服务，在推动学习型社会建设方面发挥积极作用。

本指标需要查阅国内外教师教育培训机构、社会舆论或新闻媒体对机构的评价资料，社会服务相关记录。有相关资料得1分，否则，得0分。

5－1－1　工作成效得到所在区域教育行政部门、中小学校长和教师高度评价，满意率在80%以上。

本指标需要查阅教育行政部门、区域内中小学对培训机构的工作评价资料。主要看是否有相关的资料，是否以肯定性的评价为主。满足两个要素的得2分，缺少1个要素的扣1分。

5－1－2　工作成效得到同行高度评价。

本指标需要查阅教育行政部门、区域内中小学对培训机构的工作评价资料。主要看是否有相关的资料，是否以肯定性的评价为主。满足两个要素的得2分，缺少1个要素的扣1分。

5－1－3　新闻媒体和社会舆论有较高评价。

本指标需要查阅国内外教师教育培训机构、社会舆论或新闻媒体对机构的评价资料。主要看是否有相关的资料，是否以肯定性的评价为主。满足两个要素的得2分，缺少1个要素的扣1分。

5－2－1　在教师培训、教学研究、资源建设、教育科研等方面有效创新，形成显著的办学特色。

本指标需要查阅在教师培训、教学研究、资源建设、教育科研等方面创新的有关资料。主要看是否积累了相关资料，是否特色创新的地方。满足两个要素的得2分，缺少1个要素的扣1分。

5－2－2　积极开展教师自主选课、个性化菜单式培训的试点。

本指标需要查阅开展教师自主选课，个性化菜单式培训的有关资料。主要看是否积累了相关资料，是否具有特色创新的地方。满足两个要素的得2分，缺少1个要素的扣1分。

5－2－3　在探索教师培训机构专业化上做出新的探索，新的贡献。

本指标需要查阅教师培训机构专业化建设的有关资料。主要看是否积累了相关资料，是否特色创新的地方。满足两个要素的得2分，缺少1个要素的扣1分。

广东省教师培训机构能力建设

基 本 情 况 表

申报单位(盖章):________________________

单位负责人:____________________________

项目执行部门:__________________________

部门负责人:____________________________

广东省教育厅印制

二〇一四年

填 表 说 明

1. 第一部分申报单位情况中单位负责人为本单位法人代表（事业单位为单位领导）。项目执行部门名称为本单位相关职能部门。部门负责人为项目执行部门主要负责人。管理团队须为本单位工作人员。管理工作分工包括项目统筹、项目管理、后勤保障等。教学团队可以有兼职人员。

2. 第二部分项目承担情况，各指标应按实际情况填写，并提供客观证明材料。

3. 第三部分组织架构着重描述申报单位承担或参与培训项目的内部管理机制，描述执行部门的分工和合作情况。

一、申报单位情况

<table>
<tr><td colspan="2">单位名称</td><td colspan="5"></td></tr>
<tr><td colspan="2">通信地址</td><td colspan="3"></td><td>邮编</td><td></td></tr>
<tr><td rowspan="2">法人代表</td><td>姓名</td><td></td><td>职务</td><td></td><td>职称</td><td></td></tr>
<tr><td>联系电话</td><td></td><td>手机</td><td></td><td>邮箱</td><td></td></tr>
<tr><td colspan="2">项目执行部门名称</td><td colspan="5"></td></tr>
<tr><td colspan="2">通信地址</td><td colspan="3"></td><td>邮编</td><td></td></tr>
<tr><td rowspan="2">部门负责人</td><td>姓名</td><td></td><td>职务</td><td></td><td>职称</td><td></td></tr>
<tr><td>联系电话</td><td></td><td>手机</td><td></td><td>邮箱</td><td></td></tr>
</table>

培训管理团队

姓名	年龄	学历	专业	工作分工

教学团队

姓名	学科/领域	职称	联系方式	工作单位

二、项目承担情况

<table>
<tr><td rowspan="8">近3年承担培训项目情况</td><td>项目名称</td><td>级别</td><td>实施起止日期</td><td>培训对象</td><td>人数</td><td>培训时长</td></tr>
<tr><td></td><td></td><td></td><td></td><td></td><td></td></tr>
<tr><td></td><td></td><td></td><td></td><td></td><td></td></tr>
<tr><td></td><td></td><td></td><td></td><td></td><td></td></tr>
<tr><td></td><td></td><td></td><td></td><td></td><td></td></tr>
<tr><td></td><td></td><td></td><td></td><td></td><td></td></tr>
<tr><td></td><td></td><td></td><td></td><td></td><td></td></tr>
<tr><td></td><td></td><td></td><td></td><td></td><td></td></tr>
<tr><td>项目满意度情况</td><td colspan="6"></td></tr>
<tr><td>项目成效与影响</td><td colspan="6"></td></tr>
<tr><td>承担教师培训科研项目</td><td colspan="6"></td></tr>
<tr><td>特色与创新</td><td colspan="6"></td></tr>
</table>

三、组织架构与后勤保障

项目执行部门的分工与合作情况	（不超过500字）
内部管理规范	
项目质量监测及绩效评估手段	
项目长效跟踪机制	
后勤保障情况	（包括教学设施、食宿条件、医疗保卫等，不超过500字）
资源情况	

四、申报及评审意见

申报单位意见	（申报单位对实施广东省中小学教师继续教育培训项目的承诺等） 法人代表或法人授权代表签名： 年　　月　　日
地市推荐意见	盖章 年　　月　　日
专家组评审意见	评审组组长签名： 年　　月　　日
省教育厅审批意见	盖章 年　　月　　日

附录 B　广东省教育厅 广东省机构编制委员会办公室 广东省人力资源和社会保障厅广东省财政厅 关于推进县级教师发展中心建设的意见 (粤教继函〔2017〕58 号)

各地级以上市教育局、机构编制委员会办公室、人力资源和社会保障局、财政局：

为贯彻落实国家、省教育规划纲要和教育发展“十三五”规划，全面推进教育现代化，根据《国务院关于加强教师队伍建设的意见》(国发〔2012〕41 号)《教育部 国家发展改革委 财政部关于深化教师教育改革的意见》(教师〔2012〕13 号)和《广东省人民政府关于统筹推进县域内城乡义务教育一体化改革发展的实施意见》(粤府〔2017〕48 号)精神，进一步加强县级教师培训机构建设，提升教师专业发展水平，建设一支师德高尚、业务精湛、结构合理、充满活力的教师队伍，现就加强县级教师发展中心建设提出以下意见。

一、重要意义

教育大计，教师为本。为促进中小学教师专业发展和提升教育质量水平，适应基础教育教学改革需要，支持县(市、区)整合教师进修学校和教研、科研、电教部门相关职能和资源建设县级教师发展中心，是以教科研为引领，提升教师专业发展水平，加快推进教育现代化的重大决策，是大力推进教育体制机制改革创新，构建省、市、县三级教师发展中心定位准确、层次分明、互联互通、资源共享的中小学教师专业发展新体系的重要举措，也是我省教师培训和教科研转型升级的重要标志。通过整合培训资源，将实现区域内教科研训一体化，做到管理统一、资源共享、信息贯通、精准施训、提高效益，使教师培训重心下移，更好地为教师专业发展服务，全面提高教育教学质量。

二、指导思想

认真贯彻落实党的十八大和十八届三中、四中、五中、六中全会和省十二次党代会精神，以习近平总书记系列重要讲话精神和治国理政新理念新思想新战略为指导，以“四个坚持、三个支撑、两个走在前列”要求为统领，以全面提高教师队伍整体素质和基础教育质量水平为目标，以服务教育教学改革和教师专业发展为主题，以“强师工程”为抓手，遵循教师专业发展和教师成长规律，坚持改革创新，优化资源配置，建立融合发展、协同创新机制，努力构建新型现代教师培训机构，使之成为广大教师、校(园)长成长的“加油站”，名教师、名校长的“孵化器”，实施教师精准培训和系统培训的重要阵地，为提升教育质量、推进素质教育和率先实现教育现代化提供有力保障。

三、基本原则

(一)坚持政府主导，统筹规划。各地要从加强教师队伍建设、推进教育现代化的高度统筹谋划，积极推动县级教师发展中心建设。教育、机构编制、人力资源社会保障、财政等部门要按职能落实各自责任，积极支持教师发展中心建设。

（二）坚持资源整合、精干高效。要整合教师进修学校、教研、科研和电教部门等相关职能和资源，优化人员结构，严把人员入口关，实现小实体、多功能、大服务、高效率，教科研训一体化，协同发展，促进教师全面发展。

（三）坚持因地制宜，积极推进。各地根据教育改革发展和教师队伍建设的需要因地制宜设置县级教师发展中心。整合后的县级教师发展中心，人员编制要能够适应中小学教研、科研、培训和教育信息化工作的基本需要，财政经费不少于整合前的单位资金总和。对部分县（市、区）已成立的研训一体化教师发展平台（如教育发展中心、教科研中心、教育发展研究院等）按照省定的教师发展中心标准加强研训条件建设，充分发挥作用；暂不具备整合条件的县（市、区），要进一步加强现有教师培训机构的建设，实现培训与教研、科研和电教功能整合，充实研训条件，积极开展中小学教师、校（园）长培训工作，促进教师、校（园）长专业发展，同时创造条件，推动教师发展中心建设。

四、目标任务

到2018年，全省约30%的县（市、区）建成教师发展中心；到2020年，原则上全省县（市、区）均建成教师发展中心并达到省制定的建设标准。鼓励和支持东莞、中山市在乡镇（县级别）设立教师发展中心。

五、主要职责

在县（市、区）教育行政部门领导下，主要承担以下工作职责：

（一）承担在职教师、校（园）长培训。组织实施本区域中小学、幼儿园教师和校（园）长的全员培训、职务培训和提高培训；统筹组织开展本区域中小学、幼儿园校（园）本研修和培训质量监测。

（二）开展教育科学研究及成果推广。结合基础教育改革，组织开展教育教学研究和教改课改实验，积极推广应用国家、省、市基础教育教学成果，建造完备方便的教科研交流展示平台，以教科研成果引领教师培训，提升教师专业发展。

（三）促进教师专业发展。制定本区域中小学、幼儿园教师、校（园）长专业发展规划，提出教师专业发展指导意见；承担本区域名教师、名校（园）长工作室、教师专业发展学校建设的协调和指导工作，为本区域中小学、幼儿园教师、校（园）长专业发展提供服务。

（四）推动教师教育信息化建设。承担本区域中小学、幼儿园教师、校（园）长培训信息化管理工作；建立教师教育信息化平台，统筹组织开展网络研修，充分利用各种信息资源开展自主学习与自我发展；指导中小学、幼儿园教师开展现代信息技术与学科教学融合应用，提升教学质量和水平。

（五）提供教育决策服务。开展本地区教育改革与发展重大课题研究和教师队伍建设研究，为教育行政部门制定政策提供服务。

（六）积极完成上级交办的工作任务。

六、人员配备和待遇

县级教师发展中心属于中小学系列办学实体。按照一把手负责制的原则，配备精干、高效、富有创新精神的领导班子。打破原来各单位（部门）的人员界线，科学设置内设机构，对有关人员按照工作需要和个人业务能力重新优化组合，岗位设置要根据教师发展中心高职称人员聚集的实际和事业发展需要统筹安排,予以倾斜。中心教师纳入中小学教师管理体系,其担任教师培训研修班主任视同中小学班主任履历,在教师培训研修班授课学时,视同中小学校授课学时,其送培到乡村视同在乡村学校授课经历,在职称评定、工资待遇等方面按照中小学系列对待。根据工作需要,可聘请兼职教师。

七、工作要求

(一)统一思想,强化组织领导。各地要把县(市、区)教师发展中心纳入教育现代化建设总体布局,认真制定建设规划,明确有关部门的职能和分工,协调并督促有关部门予以落实,要妥善处理中心建设中机构编制、人员、财务等问题,加快相关职能整合步伐,确保中心建设顺利进行。

(二)突出重点,加强基础建设。要重点加强适用于教师研训的学术报告厅、计算机网络平台、多媒体教室、培训功能室、教师培训资源库等设施建设,保障中心各项工作正常运行需要。

(三)优化结构,配强研训队伍。要以教研员作为研训教师队伍的主体,选调具有高级职称的名教师、名校长充实研训教师队伍。根据需要,选聘一批高校、科研机构、中小学的知名专家担任兼职教师,努力打造一支结构合理、人员精干、业务熟悉、水平高、能力强的专业研训教师队伍。

(四)落实经费,确保有效运作。各地要多渠道筹措建设经费。切实保障县级教师发展中心正常运转经费,并列入年度财政预算予以保障。

(五)注重实效,纳入评估验收。加强县级教师发展中心建设,是提升教师专业发展水平推进教育现代化的重要内容,是我省推进教育现代化先进县评估的重要指标。各地要在基础教育现代化奖补经费中统筹安排县级教师发展中心建设经费。

本意见有效期五年,从 2018 年 1 月 25 日起施行。

广东省教育厅 广东省机构编制委员会办公室　广东省人力资源和社会保障厅　广东省财政厅

2017 年 12 月 25 日

附录 C　广东省县级教师发展中心建设标准

一级指标	二级指标	具体标准
组织领导	机构定位	1. 县级人民政府领导，县级教育行政部门主管，具有独立法人资格的事业单位，承担本区域教师培训、教研、科研和教育信息化等方面策划设计、组织实施、服务指导、管理评价等方面的基础性工作。 2. 实现教师培训、教研、科研、电教等机构的相关职能和资源的有效整合，建成县级教师发展中心。
	保障机制	1. 县级人民政府和教育、机构编制、人力资源社会保障、财政等部门高度重视县级教师发展中心建设，将其纳入当地教育现代化发展规划，制定建设计划方案。 2. 县级人民政府将教师发展中心经费列入年度财政预算予以保证，原则上整合后的教师发展中心财政经费不少于整合前几个单位经费总和。
	领导班子	1. 领导班子实行任期目标责任制。 2. 领导成员政治素质好、组织管理能力强、具有胜任岗位职责所必需的专业知识和职业素养，全部具有大学本科及以上学历和中级以上职称，主要负责人应具有高级职称 3. 领导成员道德品行端正，遵纪守法，廉洁从业。
基础设施	校舍条件	1. 有独立校园。校园的办公、教学、生活用房配套、布局合理，有体育活动场地。 2. 建有能满足教研、科研、培训和教育信息化所需的校舍功能教室和配套生活设施。校舍和配套生活能同时承担 100 人以上专项集中培训。
	研训条件	1. 具备计算机网络教室、多媒体教室、多功能学术报告厅、心理健康辅导室、图书资料室、综合实验室、音乐教室、美术教室、研训室等专业教室，能满足本地区教师培训、教研、科研、教育信息化工作的需要。 2. 建有千兆以上局域网，百兆到桌面，互联网出口带宽不低于 100 M，与区域内所有学校互联互通。数据管理、资源存储、信息安全、信息共享功能齐全，设备运转正常、使用率高，符合安全、消防、卫生等方面要求。 3. 建有覆盖全区域的教师学习资源平台、资源库和教师网络研修社区，能有效支持本地区教师开展网络培训、工作坊研修和校本研修。 4. 根据教育信息化的需要，拥有相当数量的能满足教师需求的电子图书，实现省、市、县、校网络互通，资源共享共建，并进行及时更新。

续表

一级指标	二级指标	具体标准
教师队伍	人员规模	中心专任教师(含教研员)人数要能够满足中小学教研、科研、培训和教育信息化工作的基本需要。
	研训教师	1. 专业素质高,综合能力强,能够胜任教科研训一体化工作要求。 2. 粤东西北地区教师发展中心专任教师均具有8年以上基层学校工作经历,副高级以上职称比例达到60%以上并逐年提高,50周岁以下教师均具有大学本科以上学历,硕士研究生比例达到10%以上,特级教师或正高级教师占专任教师比例不低于3%;珠三角地区教师发展中心专任教师均具有8年以上基层学校工作经历,副高级以上职称比例达到80%以上并逐年提高,50周岁以下教师均具有大学本科以上学历,硕士研究生比例达到15%以上,特级教师或正高级教师占专任教师比例不低于5%。五年内需到一线中小学任教一年,保持队伍活力。 3. 建立教师培训专家库。兼职教师来源广泛(包括省内外高校、科研机构、中小学一线优秀教师),结构合理,具有副高及以上职称,熟悉教师培训基本规律,有学科专长,能有效开展培训。兼职教师与专任教师比例不低于1.5∶1。 4. 建立研训教师准入机制,新进入教师需有副高以上职称,师德高尚,专业水平比较高,指导能力比较强。
	专业管理者	1. 配备一定的专职技术、管理人员,保证教师培训、教研、教育信息化工作的正常开展。 2. 各类技术人员、管理者具有相应的专业技能和管理能力,能胜任岗位工作要求。
功能发挥	教育研究	1. 科学规划区域内教研、科研工作,制定五年规划和年度实施计划,工作目标明确,制度健全,措施到位,保障有力。 2. 开展教育教学、教师教育、教师培训、教育信息化等研究,有效组织和指导区域内教师开展教育教学研究和教改课改实验。 3. 建立区域教研、科研、研训信息化质量监控与评估体系。 4. 形成教研、科研成果转化机制,推广优秀教育教学经验和成果。
	专业指导	1. 深入中小学校了解指导教研、科研、培训和教育信息化工作。 2. 建立和完善区域内校本研修制度,统筹组织开展区域内中小学校校本研修,指导本地区中小学制定校本研修计划,规范实施。 3. 加强对区域内省、市、县名教师、名校(园)长工作室管理指导,充分发挥名师、名校长在教师、校长培训中的示范引领作用。 4. 建设优质网络平台,为教师提供专题讲座、微课视频、案例课例、教学素材等网络资源,加强专业指导。

续表

一级指标	二级指标	具体标准
功能发挥	培训实施	1. 开展本区域教师、校（园）长专业发展状况调研，提出教师、校（园）长专业发展的规划和指导意见，科学制定教师、校（园）长专业发展培训研修计划。 2. 有计划地开展教师5年一周期的全员培训；系统开展新任教师岗前培训、在职教师岗位培训和骨干教师提高培训等，有效组织课程改革、思想政治、师德修养、心理健康、安全教育、教育信息化和紧缺学科教师等各种专项培训，为教师专业发展提供平台。 3. 组织开展中小学校长、幼儿园园长培训研修。 4. 组织实施乡村教师支持计划，开展本地区乡村中小学教师、校（园）长培训工作。
	示范引领	1. 定期开展示范性研训活动，为本区域学科教师进行示范性教学科研、专题讲座、专项培训和教育科研观摩活动。 2. 有8～10所教师专业发展学校作为培训实践基地，办学有特色、有较好的社会声誉，发挥示范引领作用。 3. 成为本地区教师干部培训中心、教科研指导中心、教育教学评价与质量监控中心、信息资料中心、网络教育中心。
	服务管理	1. 为本区域教育行政部门开展教师培养、培训、职称评审、管理等方面的工作提供基础性服务，开展相关专题研究，提供决策与咨询服务。 2. 构建统一、开放、规范的教育信息化运行服务体系，推进教育信息化工作。 3. 网络研训和网络管理形成常态，信息化保障队伍健全，信息资源建设有规划、有成效，信息资源利用率高。 4. 为所在地区相关机构、组织、社区提供学习资源、设施设备与咨询指导等服务，在推动学习型社会建设方面发挥积极作用。 5. 为本地区中小学、幼儿园，提供有效的专业咨询服务。
特色创新	特色创新	1. 在研训一体化方面机制健全，措施有力，成效显著，特色明显，在省内起到一定的示范作用，在同行内具有一定影响力。 2. 教科研成果突出，应用到教师培训中，效果好。

附录 D　广东省教育厅关于加强“十三五”广东省中小学教师培训工作的意见(粤教继函〔2017〕27 号)

各地级以上市及顺德区教育局,各有关高校,各省属中小学校、中职学校和幼儿园:

为进一步加强我省中小学(含中等职业学校、幼儿园、特殊教育学校,下同)教师和校长队伍建设,全面提高教师队伍专业化水平,为建设教育强省,打造南方教育高地,率先基本实现教育现代化提供师资保障,根据《国家中长期教育改革和发展规划纲要(2010—2020年)》和《广东省中长期教育改革和发展规划纲要(2010—2020 年)》《广东省教育发展“十三五”规划(2016—2020 年)》及《广东省教师队伍建设“十三五”规划》等文件精神,在总结我省“十二五”期间教师培训工作的基础上,制定加强“十三五”全省中小学教师培训工作的意见。

一、“十三五”教师培训工作面临形势和工作目标

教师培训是加强教师队伍建设的重要途径。“十二五”期间,我省教师培训工作取得长足进步,在完善培训制度、扩大培训规模、创新培训模式等方面取得一定成绩,但从总体上看,存在重项目设计、轻整体规划,重统一培训、轻教师选学,重短期学习、轻持续提升等问题,教师培训工作还不能满足教师专业发展的需要,还不适应教育改革发展的需要。因此需要深化培训改革,进一步提高培训质量和管理水平。“十三五”时期,是我省基本实现教育现代化的关键阶段,是建设教育强省和全面实施素质教育的重要时期。教育大计,教师为本,教师队伍建设面临着新的形势和任务,教师培训工作必须拓展新思路、探索新方法、谋求新发展,全面提高教师整体素质和专业水平。

(一)面临的形势

1. 建设教育强省,推进教育现代化建设迫切需要一支高素质专业化的教师队伍。我省教育正处于“争先进,当标兵,建高地”的推进教育现代化的关键时期,教育从注重规模扩大的外延式发展向注重提高质量的内涵式发展的转变,迫切需要高素质专业化的教师队伍作保障。培训工作是提升教师整体素质和专业发展水平的有效手段和途径,必须大力加强教师培训工作。

2. 推进教育综合改革,办人民满意的教育迫切需要提高教师队伍的整体素质和水平。教师是推进教育综合改革的参与者和实施者,只有全面提升教师素质和专业发展水平,才能承担起教育综合改革的重担,确保教育改革发展的顺利进行,办人民满意的教育。

3. 促进教师专业发展,提升教师水平对教师培训工作提出了更高要求。接受培训既是教师的义务也是教师的权利。接受高质量的培训是广大教师专业发展的迫切需求,也是提高教学质量的保证。教师培训是一项专业化工作,必须做到精心设计、精准培训和精细管理,确保培训质量;必须加大教师培训改革力度,依循人才成长和教师专业发展规律,更新培训观念,创新培训模式,注重培训实效,提高培训质量,才能满足教师发展需求,不断提升教师专业发展水平。

（二）工作目标

根据我省"争先进，当标兵，建高地"中心工作和促进教育公平、提高教育质量的总体部署，遵循教育规律和教师成长规律，以教师和校长专业标准为依据，以提高师德素养和业务能力为核心，加强统筹规划和顶层设计，创新培训模式和载体、提高培训质量和实效，全面促进教师和校长专业发展，为建设教育强省、实现教育现代化提供师资保障。具体目标如下：

——高质量完成5年一周期教师全员培训任务。省、市、县、校四级培训统筹规划、互为补充，确保每位教师5年内完成360学时、每年72学时的培训任务。加强骨干教师、校长培训，省、市县（区）分别按教师总数1%和10%的比例开展骨干教师、校长培训研修。

——建立健全分层分类、分科分段教师精准培训体系。建立省市县校分级负责、分工明确的教师培训体系，根据教师类别、教师专业发展的不同阶段和学科特点开展分层分类、分科分段教师和校（园）长培训，构建分级负责、层次分明、相互衔接的具有学科特色的精准培训体系。

——加强省、市、县教师培训机构建设。整合教师培训、教研、科研和电教等机构资源，鼓励地方构建"四位一体"符合地方实际的中小学教师发展中心或加强教师进修学校建设，为教师、校（园）长分层分类精准培训研修、助力教师专业发展提供保障。到2020年，各市、县（区）均建有教师发展中心或相应的教师培训机构，并达到规定的建设标准。

——改革培训模式，提升培训质量。围绕教育教学改革，创新培训模式，突出"实践"导向，推动培训理论与实践相结合，线上线下相统一。制定教师培训质量管理意见，研制培训质量评估标准，推进培训规范化管理，提高教师培训信息化管理水平，促进教师培训工作的可持续发展。

二、省级培训工作主要任务和重点项目

以"强师工程"为抓手，继续组织实施"幼儿园教师和特殊教育教师能力达标工程""中小学教师素质强化工程"和"职业院校教师能力提升工程"，以高端研修、专项培训和培训者培训为重点，充分发挥省级培训的示范和带动作用，全面推进教师、校长全员培训工作。

1. 实施教师、校长高端研修，加强高层次人才队伍建设。遵循高层次人才成长规律，构建骨干教师（校长）、卓越教师（校长）、名教师（名校长）递进式人才培养培训体系。继续实施"广东省中小学新一轮百千万人才培养工程""广东省名班主任培养工程"，开展卓越教师（校长）高级研修，实施"京苏粤"跨区域中小学卓越校长高级研修、"京苏粤浙"跨区域中小学卓越教师高端研修等项目，打造我省中小学高层次领军人才队伍，培养一批在国内外具有较大影响力和知名度、处于领军地位的"粤派名师、名校长"和教育家；按全省中小学教师总数1%的比例开展骨干教师、校（园）长省级培养研修，帮助骨干教师拓展国内外教育视野、总结教育教学经验，凝练教育理念和方法，提升教科研能力和指导青年教师的能力，形成个性化教学风格，培养造就一大批师德高尚、具有先进教育理念和丰富理论知识、扎实教育教学能力和教学管理水平的优秀教师和校（园）长。

2. 开展乡村骨干教师、校（园）长省级专题培训研修。落实国家和省乡村教师支持计划，大力开展乡村骨干教师、校（园）长省级培训，组织开展乡村幼儿园骨干教师转岗培训、幼儿园骨干园长培训、乡村骨干教师置换培训、多学科骨干教师教学能力提升培训和乡村中小学骨干校长培训等项目，全面提升乡村中小学骨干教师、校（园）长能力素质和水平，推

进乡村教育教学水平的提高。开展薄弱高中校长专项培训,提高校长管理能力和专业发展,提升办学水平;加强校(园)长后备队伍培训,为建立校长梯队提供保障。

3. 围绕教育教学改革重点工作开展紧缺学科教师和重点领域专项培训。重点开展新课程改革和音、体、美、信息技术等紧缺学科骨干教师示范培训,开展督导、教研、科研、电教、实验教学、图书管理、高考考务、班主任工作、德育教育、法治教育、优秀传统文化教育骨干教师专项培训,提升教师师德水平和综合素质能力。

4. 开展信息技术应用能力骨干教师示范培训,为各地培养种子教师。省级重点对骨干教师、中小学校长、培训管理者进行培训,大力提升骨干教师的信息化素养和校长的信息化领导力,促进教育教学与信息技术的深度融合,推动实现教育理念、教学方式、教学手段的变革。

5. 加强中职学校教师培训,培养"双师型"职业师资。以提高职业道德水平、理论教学和实践教学能力为重点,以校企合作为依托,培养一批专业理论扎实、职业技能娴熟、实践经验丰富、掌握现代职业教育方法,能够在教育教学中起引领示范作用的骨干教师。组织开展骨干教师、青年教师企业实践、校长高级研修等省级示范培训项目,开展创新创业教师、"中高职衔接"、现代学徒制等专项培训。加强职业院校专业课教师培训基地建设,依托职业院校和有条件的企业建设一批省级职业教育教师培训基地。

6. "走出去"与"请进来"相结合,拓宽教师、校长国际视野。以名教师、名校(园)长、研训专家和紧缺学科骨干教师培训为重点,加大出国(境)培训力度,学习借鉴国(境)外先进的教育理念和办学经验,开拓教师、校长国际视野。加大引智培训力度,通过国(境)外教育专家送教的方式,集中提升中小学教师、校长的教育教学能力和治校办学能力。

7. 加强培训者和管理人员培训,提升教师、校长培训专业化水平。开展各级名师、名校长工作室主持人研修,发挥工作室主持人在骨干教师、校长培养培训工作中的示范和引领作用,提升培养培训质量。开展教研员、市县教师培训机构培训者和继续教育管理者等培训,提升其对教师研训工作的指导能力和组织能力。开展中小学幼儿园校本研修负责人培训,切实提升校本研修的质量和成效,充分发挥校本研修对广大教师专业发展的促进作用。

三、市县分级负责,促进培训工作重心下移

1. 建立健全分级负责的培训管理体系,明确工作目标任务。加强顶层设计,理顺培训关系,建立省、市、县、校分工合理、责任明确的四级培训管理体系。省级层面着重做好培训政策制定、监督检查、质量评估等工作,开展中小学骨干教师、校(园)长省级高端研修等;市主要开展骨干教师、校(园)长提高培训、统筹组织和指导县(市、区)开展全员培训等;县(市、区)主要开展全员培训,统筹指导中小学校开展校本培训等;学校主要开展个性化校本研修。

2. 加强市、县骨干教师培养,推动地方教育教学改革。市、县要按中小学教师总数10%的比例开展骨干教师、卓越教师、教学名师培养,充分发挥骨干教师(校长)、卓越教师(校长)、名教师(校长)的示范和带动作用,推动教师、校长全员工作的开展,促进当地教育教学改革和培训质量的提升。

3. 积极推进分层分类、分科分段的教师全员培训工作,助力教师专业发展。各地要按照幼儿园、特殊教育、小学、初中、高中、中职等教师类别开展分门别类、符合教师专业标准的培训;要分段开展培训,按照教师专业发展的不同阶段,分初任教师、初级教师、中级教师和高级教师等类别开展针对性培训，助力教师专业发展；要区分学科类别，按照不同学科教师的特点和需求开展培训，构建分级负责、层次分明、相互衔接的具有学科特色的精准培训体系。

4. 城乡联动，加大乡村教师培训力度。落实教育部《乡村教师培训指南》，省市统筹，区县组织，依托本地培训团队，整合区域外培训资源，实行任务驱动，积极开展乡村教师、校（园）长培训工作。要建立城乡联动、对口帮扶教师队伍培养培训机制，各级各类骨干教师和校（园）长培训计划项目时，培训计划和名额要向乡村教师倾斜。欠发达地区应以乡村教师为重点，积极组织开展送教下乡、乡村教师网络研修和校本研修整合培训、乡村教师工作坊研修、乡村教师培训团队置换脱产研修等培训项目和乡村骨干教师跟岗培训，特别要加强乡镇农村以下小学、教学点教师的培训工作；发达地区在制定本地区教师培养培训计划的同时，要同步将帮扶市乡村教师培养培训纳入计划，每年将不低于5%的培养培训名额用于帮扶市乡村教师，积极开展学校结对、教师支教跟岗、送教下乡、网络研修指导等活动，促进城乡联动，切实提高乡村教师教育教学能力，促进乡村教育水平和质量的提升。

5. 积极开展紧缺学科教师培训，确保开齐开足开好课程。积极开展音乐、美术、舞蹈、体育、英语、小学科学和中学理化生实验教师、心理教育教师等学科教师培训，为推进素质教育奠定师资基础；加强班主任工作、法治教育、优秀传统文化教育专项培训，强化师德教育，弘扬民族优秀文化传统，提升教师综合素质。

6. 深入开展信息技术应用能力培训，提升教师信息化素养，促进信息技术与教育教学的深度融合。各地要建立教师信息技术分层分类分科分段提升信息技术应用能力的培训机制，深入开展基于教育教学深度融合的教师信息化教学能力精准培训。要推动培训成果的延伸，积极组织教师开展信息技术应用教学设计、教学课件、教学课例评比活动，做好与“一师一优课、一课一名师”活动的衔接，营造良好的应用氛围，促进信息技术与课堂教学的深度融合。

7. 加强中小学校长和幼儿园园长培训工作，提升学校管理水平。校（园）长培训要以提升教育理论素养、树立科学教育理念、提高依法治校能力为重点内容，通过培养，提高校长现代管理能力，切实担负规划学校（幼儿园）发展、营造育人文化、领导课程教学（保育教育）、引领教师成长、优化内部管理和调适外部环境的专业职责。各地要根据《省教育厅关于进一步做好中小学校长、幼儿园园长任任职资格培训工作的通知》（粤教继函〔2016〕36号）的要求，加强新任校长（园长）任职资格培训的组织和管理，确保新任校长（园长）完成300学时的培训任务；各地要加强校（园）长后备干部培训和校（园）长提高培训工作，省根据校长职业特点和专业发展阶段需求，制定初级校长、中级校长和高级校长的培训课程指南，加强对各地校长培训工作的指导，推动校长全员培训开展，促进我省中小学校长（园长）专业化发展。

8. 围绕教改工作，积极开展各类专项培训。分级开展义务教育道德与法治、语文、历史学科教师专项培训和音、体、美、信息技术等紧缺学科骨干教师提高培训，积极开展教育督导、教研、科研、电教、班主任工作、法治教育、优秀传统文化教育教师和实验员专项培训等，全面提升教师师德水平和综合素质，为基础教育改革发展提供良好师资保障。

9. 加大教师、校（园）长出国（境）培训力度，提高教育国际化水平。各地要以推进教育现代化为契机，加大教师、校（园）长国际交流学习的力度，结合实际，有计划有重点选派骨干教师和骨干校（园）长、名教师和名校（园）长出国（境）培训研修和交流学习，学习借鉴国

(境)外先进的教育理念和教育思想,拓宽国际视野,提升教师、校(园)长的教育教学能力和治校办学能力,提高区域教育国际化水平。

四、进一步加强培训模式改革,全面提升培训质量

1. 大力推动校本培训,促进教师个性化学习。市县教育行政部门要将校本培训纳入整体培训规划,县教师培训机构建立校本培训备案制度和定期巡回指导制度,加强对校本培训工作的指导。学校根据区县要求,制定校本培训规划,组织开展网络支持下的校本研修,推动个性化培训。充分发挥省市教师专业发展学校的示范和带动作用,建立发展学校与乡村薄弱学校的协作机制,推动乡村薄弱学校校本培训工作的开展,促进教师专业成长。

2. 倡导团队培训,促进教师互助式学习,大力推进名师名校(园)长工作室、研修社区等基于学习共同体的互助交往式学习,实现线上学习和线下研讨、理论提升与跟岗学习相结合的多元化、混合式培训研修。“十三五”期间,省重点建设400个名师工作室、100个名校(园)长工作室,采取实体与网络工作室合二为一的建设模式,各地市、县(区)也要结合实际建设本地名师、名校(园)长工作室,充分发挥名师工作室在培养当地学科带头人、名校(园)长工作室培养当地骨干校(园)长的作用,同时发挥网上工作坊研修示范引领和成果辐射作用,提高全省学科教师、校(园)长专业水平。

3. 推行混合式培训研修,提高培训针对性和实效性。适应教学方式和学习方式的变化,采取集中培训、跟岗学习、置换脱产研修、远程培训、送教上门、校本研修、组织名师讲学团和海外研修等多种有效途径进行教师培训研修。改进培训教学组织方式,倡导小班教学,采取案例式、探究式、参与式、情景式、讨论式等多种方式开展培训,增强培训的吸引力和感染力。

4. 推广菜单式选学培训,进一步落实按需施训。鼓励各地积极探索教师自主选学机制,建设“菜单式、自主性、开放式”的选学平台,方便教师自主选择培训内容和培训机构、培训时间和培训方式,满足教师个性化需求,提高教师参加培训的积极性。

5. 加强远程培训,实现教师培训常态化。强化县(区)、学校教师培训功能,建立县(区)、片区、学校教师网络研修社区,推动教师线上和线下研修结合、虚拟学习和教学实践结合的混合学习;开展区域间教师网上协同研修,促进教师同行交流;培养网络研修骨干队伍,打造教师学习共同体,实现教师培训常态化。推动网络研修与校本研修整合,推进高校、教师培训机构与中小学校结对帮扶,引进优质培训资源,建立校本研修良性运行机制。

五、加强培训能力建设,提升培训专业化水平

1. 加强培训体系建设。有效利用高等学校优质资源,整合县域资源,建立省、市、县三级教师培训机构、中小学校四位一体的教师专业发展体系。加强省级培训机构建设,重点建设好8个省级中小学教师发展中心;鼓励市、县结合实际,整合当地教研、科研、电教等机构资源,建设市、县教师发展中心,打造成当地教师培养培训的重要基地。省研究制定市、县(区)教师培训机构建设标准,推进市、县级教师培训机构建设。加强培训实践基地建设,加强培训实践环节,提高培训实效性。“十三五”期间建设500所左右省级中小学教师专业发展示范校,推动市、县建设2 000所左右教师专业发展学校,为师范生教育实践、在职教师跟岗实践和高校教师挂职锻炼等提供场所,推动教师教育职前职后相衔接。

2. 建立专业化教师培训课程体系。以教育教学改革为引领,加强培训课程建设,将师德教育、提高教师教育教学技能作为培训主要内容,将信息技术应用、文化传统教育、法治教育、安全教育等内容贯穿培训全过程。培训要以典型教学案例为载体,创设真实课堂教学环境,紧密结合学校教育教学实际,开展主题鲜明的技能培训,其中实践性课程应不少于教师培训课程的50%。省制定教师分层分类培训课程指南,鼓励各级教育部门根据培训课程指南,与符合条件的师范院校、科研院所等单位合作,通过招标采购、共同开发、购买引进等方式引进培训课程。完善培训课程评审和淘汰机制,加强优质培训资源建设,重点建设典型案例和网络课程资源、积极开发微课程。

3. 建立教师培训质量监控体系。建立培训机构准入机制,加强对培训项目和培训方案的评审,实行竞争性遴选培训机构。制定培训项目管理流程,重视对培训的过程性指导和培训效果的跟踪调查。强化质量评估,科学研制教师培训评价指标体系,建立专业机构评估、网络匿名评估和主管部门督查三结合的评估体系,合理分配权重,保证评估的信度和效度,全面提高教师培训的针对性、实效性和发展性。

4. 加强教师专业发展学科建设。省将教师专业发展研究列入教育规划研究项目,鼓励和支持高等院校积极开展中小学教师专业发展规律、政策、制度、机制、模式、方式等方面的研究,为各级教育行政部门和中小学校制定教师专业发展规划及教师培养培训提供理论支持和实践指导,提高教师培养培训的科学性和针对性。

六、加强培训管理,提高信息化管理水平

1. 完善机制,规范培训管理。根据教育部《关于大力推进中小学教师培训学分管理的指导意见》,制定《广东省教师培训学分制管理办法》,推行教师培训学时学分管理,建立并完善学时学分登记制度,激发教师参训动力。

2. 推进信息化建设,促进教育技术与教师培训管理的深度融合。开发研制“广东省中小学教师继续教育管理系统”,构建省、市、县、校四级,教育行政部门、培训机构、中小学校互联互通的培训管理平台,完善培训项目评审、培训方案审核、需求调研、学员选派、培训选学、培训过程管理、学时学分认定、绩效评估一体化功能,实现全面、动态、系统地引领和支持教师培训工作,通过教师培训大数据分析,实现精准培训,精细管理。

七、加大保障力度,确保完成“十三五”培训任务

1. 加强领导、明确责任。各地政府要将中小学教师、校(园)长培训纳入当地教育发展整体规划,统筹安排,优先保障。市、县教育行政部门要加大教师继续教育管理机构建设力度,明确承担此项工作的机构并做好工作人员的配备,做到组织、机构、人员落实到位。要将教师参加培训作为教师年度考核、奖惩、职务晋升、职称评审、定期注册的重要条件,促进教师培训工作的落实。要把教师培训工作纳入推进教育现代化先进市、县(区)和标兵市、县(区)督导验收指标体系,积极引导各地更加重视教师培训工作,提高培训质量。

2. 完善政策,激发活力。研究制定职前教师教育和职后培训一体化相关政策,明确高校特别是师范院校开展教师培训研修工作是高校服务社会的重要内容,列入高校创新强校指标体系;明确从事培训工作的高校和中小学校教师在教学工作量、职称评聘、成果认定等方面,具有从事职前培养教师同等待遇,在超出额定工作量时,要按照有关规定给予报酬。制定培训与使用相结合、培训与成果应用相结合政策,充分发挥名师、名校长、国家级和省级培训学员在当地培训、教育教学改革中的示范引领作用,扩大培训成果的受益面,提升培

训质量和教育教学质量。

3. 加大投入、强化保障。各地要按照国家和省的有关规定，足额落实教师培训经费，市、县级政府财政预算要按照不低于本地教师工资总额1.5%列支继续教育经费，中小学校（含幼儿园）按照年度公用经费总额的5%安排教师培训经费。鼓励珠三角地区各市、县（区）财政在上述比例的基础上增加安排继续教育经费和培训经费，使更多教师得到更高质量的专业培训。各地要积极探索培训经费管理方式改革，市、县（区）设立的教师培训专项经费可按照经费标准将培训费落实到中小学学校，教师参加培训时实行缴费学习，培训结束后凭结业证书回学校报销培训费，提高经费使用效益。

4. 加强监控、确保实效。加强培训管理，完善培训需求调研、项目立项、实施监管、绩效评估机制，强化监督检查。加强经费使用监管，制定省级培训经费管理办法，各地结合实际制定本地本校培训经费管理办法，完善项目预决算，严格经费管理，确保专款专用。培训食宿安排要厉行节约，要切实落实中央八项规定的要求，严禁使用培训经费安排与培训无关的参观考察活动。

广东省教育厅

2017年6月17日

后　　记

广东省是全国的经济大省、教育大省，但还不能称作是教育的强省。广东省推进南方教育高地建设进程、打造教育强省战略目标的实现，必须重视教师队伍建设和教师培训工作。广东省教师队伍建设工作的总体思路是全面贯彻党的教育方针政策，落实立德树人根本任务，紧紧围绕“争先进、当标兵、建高地”的目标，以推进“强师工程”和振兴教师教育为抓手，以“提高质量、优化结构、均衡配置”为重点，以提升教师师德素养和专业水平为核心，以深化教师队伍管理制度改革为动力，全面推进教师队伍建设攻坚行动，为推进广东省教育现代化提供师资保证。因此，广东省从教育大省迈向教育强省，必须加强区县级教师培训体系及能力的建设。

本书是曲中林主持的2018年广东省“强师工程”专项资金“区县级教师培训体系及能力建设研究”（项目编号:2018JKZ014）的研究成果。

本书的三位作者长期在师范院校从事职前教师培养、职后教师培训以及教师教育学术研究工作，积累了丰富的研究资料，前期发表了系列相关研究成果，这是本书研究的基础。同时，本书在对广东省区县级教师培训机构进行了广泛调研的基础上，基于国内外学者关于区县级教师培训的一些零散理论研究成果，以更系统完整的角度，进行理论与实践的综合研究，着眼于发展研究。本书的写作过程得到了肇庆市教育局教研室郭志勇主任、怀集县教科研中心莫美雄主任、肇庆学院教师教育学院张琼博士等的帮助，特别是对于参考和借鉴的专家、学者的学术资料和研究成果，在本书出版之际，一并表示衷心感谢。

著　者

2019年12月